あるくみるきく双書

田村善次郎・宮本千晴【監修】

宮本常一とあるいた昭和の日本 3

九州②

農文協

はじめに

――そこはぼくらの「発見」の場であった――

「私にとって旅は発見であった。私自身の発見であり、日本の発見であった。書物の中で得られないものを得た。歩いてみると、その印象は実にひろく深いものであり、体験はまた多くのことを反省させてくれる。」これは『私の日本地図』の第一巻「天竜川にそって」の付録に書かれた宮本常一の「旅に学ぶ」という文章の一節である。これは宮本先生の持論でもあった。近畿日本ツーリスト・日本観光文化研究所に集まる若者の誰もが幾度となく聞かされ、旅ゆくことを奨められた。そして「どうじゃー、面白かったろうが」というのが旅から帰った者への先生の第一声であった。一生を旅に過ごしたといっても過言ではないほど、旅を続けた宮本先生にとって、旅は面白いものに決まっていた。それは発見があるからであった。発見は人を昂奮させ、魅了する。

この双書に収録された文章の多くは宮本常一に魅せられ、けしかけられて旅に出、旅に学ぶ楽しみと、発見の喜びを知った若者達の旅の記録である。一編一編は限られた村や町の紀行文であるが、こうして地域ごとに集めてみると、期せずして「昭和の風土記日本」と言ってもよいものになっている。

日本観光文化研究所は、宮本常一の私的な大学院みたいなものだといった人がいるが、この大学院は学歴も職歴も年齢も一切を問わない、皆平等で来るものを拒まないところであった。それだけに旺盛な好奇心と情熱をもった多様な性向の若者が出入りしていた。『あるく みる きく』は、この研究所の機関誌的な性格を持った月刊誌であり、所員、同人が写真を撮り、原稿を書き、レイアウトも編集もすることを原則としていた。編集者もデザイナーも筆者もカメラマンも、当時は皆まだ若かったし、素人であった。公刊が前提の原稿を書くのは初めてという人も少なくなかった。発見の喜び、感激を素直に表現し、紙面に定着させるのは容易なことではない。何回も写真を選び直し、原稿を書き改め、練り直す。徹夜は日常であった。素人の手作りからの出発であったが、この初心、発見の喜びと感激を素直に表現しようという姿勢、は最後まで貫かれていた。

月刊誌であるから毎月の刊行は義務である。多少のずれは許されても、欠号は許されない。特集の幾つかに宮本先生の古くからのお仲間や友人の執筆があるし、宮本先生も特集の何本かを執筆されているが、これらは欠号を出さず月刊を維持する苦心を物語るものである。

『あるく みる きく』の各号には、いま改めて読み返してみて、瑞々しい情熱と問題意識を感ずるものが多い。それは、私の贔屓目だけではなく、最後まで持ち続けられた初心、の故であるに違いない。

田村善次郎　宮本千晴

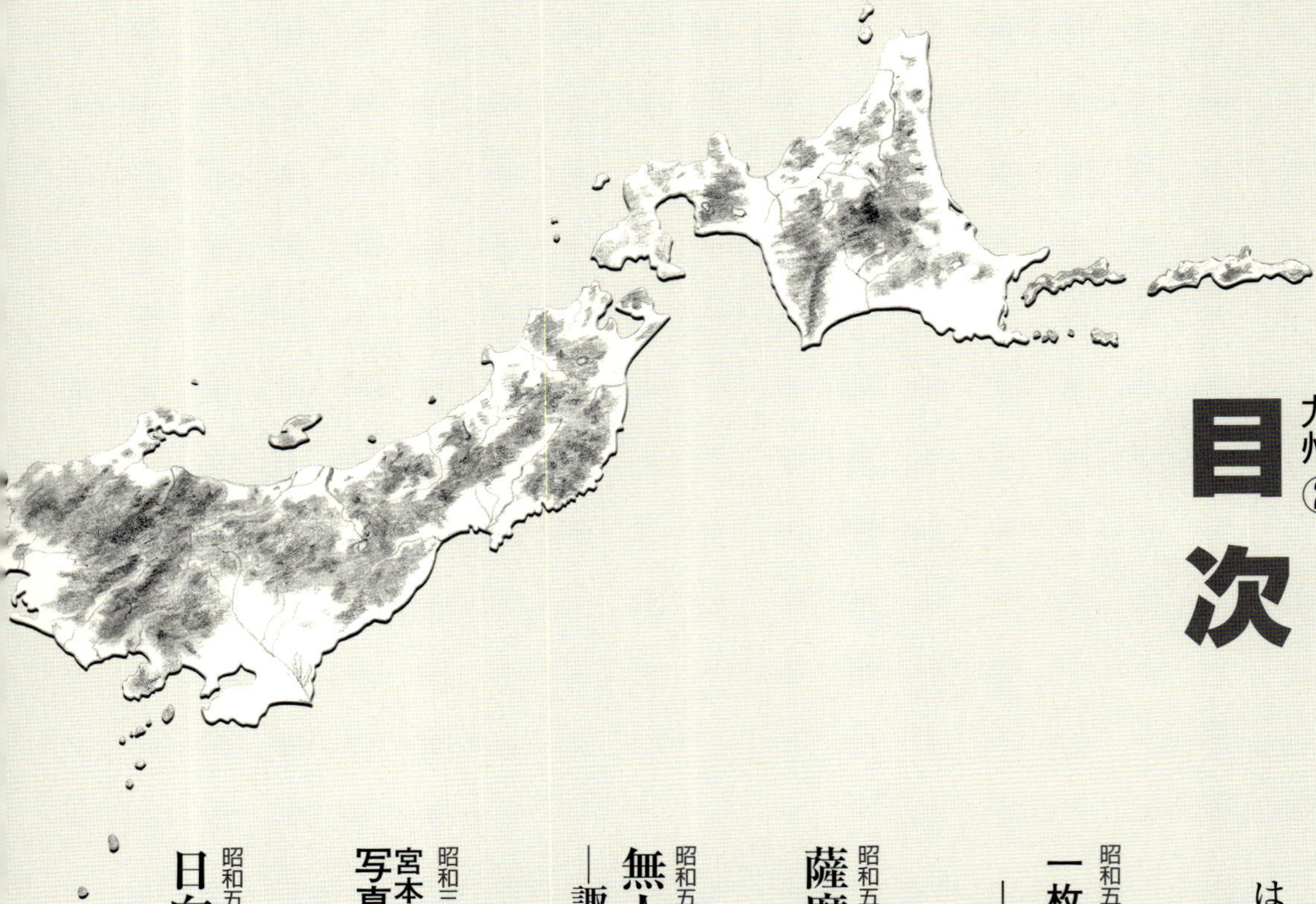

九州② 目次

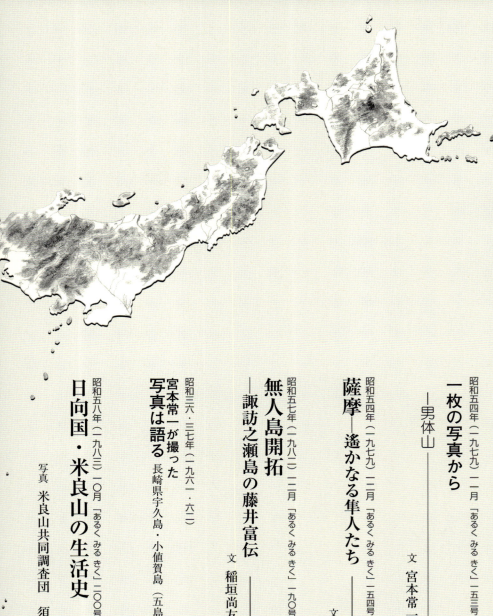

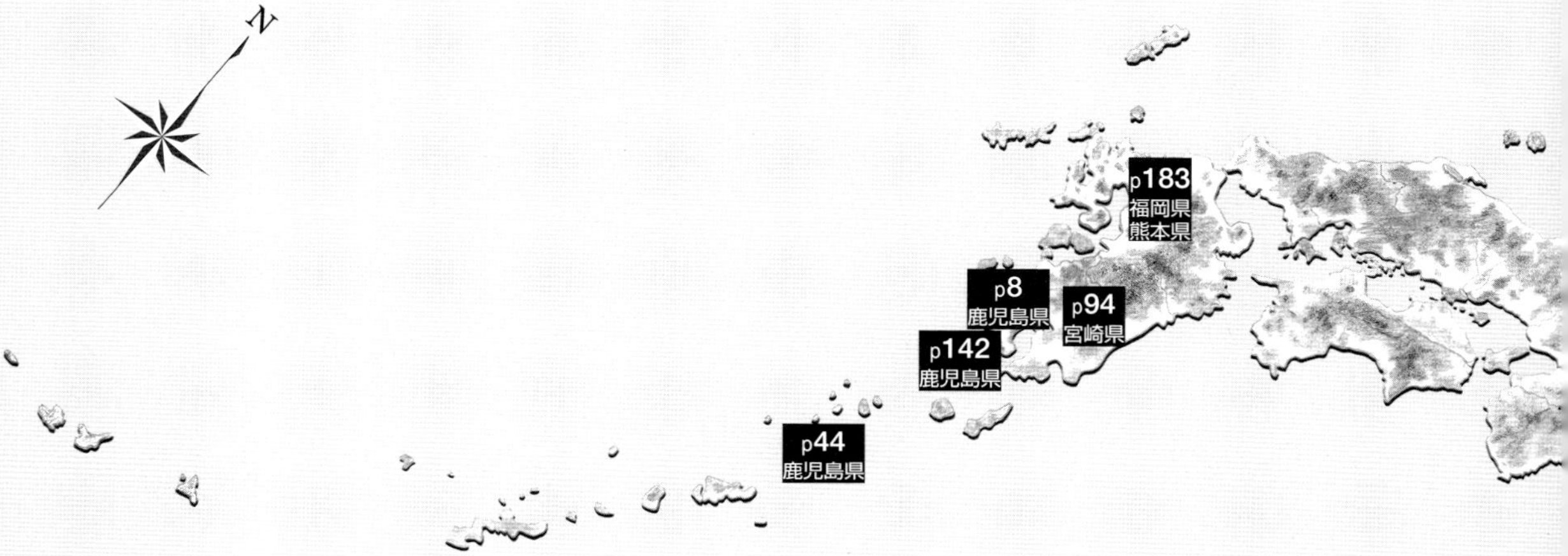
N
p183
福岡県
熊本県
p8
鹿児島県
p94
宮崎県
p142
鹿児島県
p44
鹿児島県

凡例

*この双書は『あるくみるきく』全二六三号のうち、日本国内の旅、地方の歴史・文化、祭礼行事などを特集したものを選出し、それを原本として地域および題目ごとに編集し合冊したものである。

*原本の『あるくみるきく』は、近畿日本ツーリストが開設した「日本観光文化研究所」の所長、民俗学者の宮本常一監修のもとに編集し昭和四二年（一九六七）三月創刊、昭和六三年（一九八八）一二月に終刊した月刊誌である。

*原本の『あるくみるきく』は一号ごとに特集の形を取り、表紙にその特集名を記した。合冊の中扉はその特集名を表題にした。

*編集にあたり、それぞれの執筆者に原本の原稿に加筆および訂正を入れてもらった。ただし文体は個性を尊重し、使用漢字、数字、送仮名などの統一はしていない。

*印字の都合により原本の旧字体を新字体におきかえたものもある。

*写真は原本の『あるくみるきく』に掲載のものもあれば、あらたに組み替えたものもある。また、原本の写真を複写して使用したものもある。

*図版、表は原本を複写して使用した。また収録に際し省いたもの、新たに作成したものもある。

*掲載写真の多くは原本の発行時の少し前に撮られているので、撮影年月は特に記載していないものもある。

*市町村名は原本の発行時のままで、合併によって市町村名の変わったものもある。

*収録にあたって原本の小見出しを整理し、削除または改変したものもある。

*この巻は森本孝が編集した。

一枚の写真から

宮本常一

―男体山―

男体山　昭和47年（1972）11月　栃木県日光市　撮影・須藤　功

男体山《なんたいさん》は日光奥の中禅寺湖畔にそびえる二四八四メートルの円錐形の山である。私がこの山を見たのは飛行機の上からである。新潟から羽田へ飛行機で帰って来たときこの山を眼下に見た。その日新潟平野は雪におおわれていたが、越後山脈をすぎてからは雪は少なく、高い山も頂を除いては地肌を見せていた。そしてそこには古い火山が群がっていたが、男体山は朝顔の花か何ぞのように円形を描き、中央の頂が白かった。

　私がこの山の風景を山すそから見る機会をまだ持っていないのは理由のあることである。それはこの山について美しいイメージをもっているからである。そのイメージを作ってくれたのはアメリカの学者、E・S・モースである。モースには『日本その日その日』というすぐれた著書がある。その書をはじめて読んだのは昭和五～六年頃である。財団法人科学知識普及会から石川欽一の訳で出版されたのが昭和四年であったが、私はその本を大阪の天牛という古本屋で買った。そしてモースの、日本と日本人に対して愛情をこめたこまやかな観察に心をうたれた。そ

して何回も読んだのであるが、昭和二〇年夏の戦災で焼いた。この本の抄本が昭和一四年に創元社から創元選書の一冊として出ていたので、戦後それを買って読みなおし、また人にもすすめた。幸い、古本屋の店頭で完本を見付けることができ、それを求めたが、さらにまた別の機会に完本を見つけて手に入れた。最近英文の本を佐渡鬼太鼓座の諸君がアメリカ巡行のとき買って送ってくれ、大変うれしく思っている。

私に日本の風土を見る眼をひらいてくれた最初の人はラフカディオ・ハーンである。ハーンを知ったのは大正一五年であった。師範学校の友人から教えられて、全集の何冊かを読んだ。私はハーンの見た隠岐の風景を見るため、昭和九年夏、この島にわたってハーンが見たと同じ風景を見て感動したことがあった。

次にモースの『日本その日その日』に深い感動を覚えた。モースは日本へ来て間もない頃男体山へのぼっている。モースが日本へ来たのは明治一〇年であった。モースの眼には日本の風物のすべてがすばらしく映った。

「登る途中所々に毎年巡礼に来る日本人たちが休んで一杯の茶を飲む休憩所があったが、かかる場所に来ることは気持がよかった。外国人は影も形も見えず、また空瓶・箱・新聞紙等が眼に入らないのはうれしかった。時々われわれは小さな屋根板のような薄く細長い板片をひろった。これには漢字が書いてあるが、それはお祈りであるということであった」と書いている。また「話によると、日本の高山の、全部とまでは行かずとも、ほとんどすべてには、神社があるそうである。驚くべき意想であり、彼等の宗教に対する帰依である。八月にはかかる場所へ、日の出と共に祈祷をささげんとする人びとが何千人と集る。その中には難苦を堪え忍んで、何百哩の旅をする者も多い」と書いている。

モースは山頂に一時間ほどいて、中禅寺湖畔に下った。「路は二哩ばかりの間湖水に沿うている。これが中禅寺と湯元とを結ぶ唯一の街道なので、くさむらが両側からせまり、歩く人にさわったりするが、しかもよく踏み固められてある。ときどき、われわれは半裸体の土民や背に荷を負った妙な格好の駄馬にいきあった。歩きながら赤坊に乳房をふくませる女が来る。間もなくもう一人、両肌ぬぎで日にやけた上半身をあらわし、駄馬をひきながら片手で赤坊を荷物のようにかかえ、その赤坊がこんな風なぎこちない位置にいながら乳を吸っているというのが来る」

女馬子が馬をひいてあるきながら子供に乳をのませているというのである。この地方には女が馬をひいてかせぐという風習が古くからあり、モースより少しおくれて日光から会津田島への道をあるいたイサベラ・バードの紀行文にもこの女馬子のことが記されている。

「やがて道は湯元の村に入る。そこは温泉場で「浴場は道路の片側にならんでいる。前面の開いた粗末な木造の小屋で、内には長さ八フィート、幅五フィートの風呂桶があり、湯は桶の内側にある木管から流れ入ったり、単に桶の後方にある噴泉から桶の縁を越して流れ込んだりしている。一つの浴場には六、七人が入浴していたが、

皆しゃがんで肩まで湯に浸り、時に水を汲んでは頭からかけていた。しかしもっとも驚かされたのは老幼の両性が一緒に風呂に入っていて、しかもそれが低い衛立がいく分かくしてはいるが、通行人のある往来に向けてあけ放しであることである」ときわめて素朴な入浴のさまをのべている。そしてモースはその浴場のスケッチを一枚のせている。

「われわれに比して優雅な丁重さは十倍も持ち、態度は静かで気質は愛らしいこの日本人でありながら、裸体が無作法であるとは全然考えない。全く考えないのだから、われわれ外国人でさえも、日本人が裸体を恥じぬと同じく、恥しく思わず、そしてわれわれにとっては乱暴だと思われることでも、日本人にはそうでないとの結論に達する」とモースは日本人が裸体を人に見せるのにこだわらぬことにおどろくとともに、日本人のおおらかさというようなものに感動している。

「一軒の家の前のほとんど往来の上ともいうべき所で、一人の婦人が例の深い風呂桶で入浴していた。かかる場合誰しも、身に一糸もまとわぬ彼女としては、家の後にかくれるか、すくなくとも桶の中に身体をかくすかすることと思うであろうが、彼女は身体をあらうことを中止せずに平気でわれわれ一行を眺めやった。人力車夫たちは顔を向けもしなかった」

そこには自然の中にのびのびと生きている日本人の姿がある。それは決して未開の姿ではなく、モースも日本人の礼儀深さについてはいたるところでふれている。それでいて他人に対してほとんど無警戒であった。そういう風景はそのままその美しい自然に調和していたのではなかろうか。

私はモースのこうした文章を読んだとき、中禅寺湖畔に住む人の素朴で健康で解放的な姿が絵のように心に焼きつけられたのである。しかもそういう風景はもう遠い過去になってしまっているように思う。そしてきらびやかということは、このように素朴で健康なものをおしひしぎ、次第に隠微なものにしていって、しかもはなやかな虚飾の衣でつつんでいくことではないかと思う。湖畔にはいま大厦高楼《たいかこうろう》がならぶ。その背後に山はもとのままそそり立っている。しかし山頂には空罐も空瓶もおちていない昔のままの姿があるであろうか。何となくこの地を訪れる気のしなくなったのはそうしたこだわりのためであった。後年モースのもとを訪れた日本人が「もう一度日本へいって見ませんか」とさそったら「夢がこわれるから」といってことわったそうである。

●モースが描いた男体山のスケッチ。
六頁　＝男体山頂と社遠望。
七頁上＝山頂の社。
七頁下＝中禅寺湖畔から望んだ男体山
（モース著の『日本その日その日1』平凡社・東洋文庫より）

城山から望む鹿児島市内と桜島

薩摩
――遥かなる隼人たち

文・写真　近山雅人

西鹿児島駅（写真中央部）と駅前を走る路面電車。市内の繁華街に近く鹿児島の表玄関として機能していた

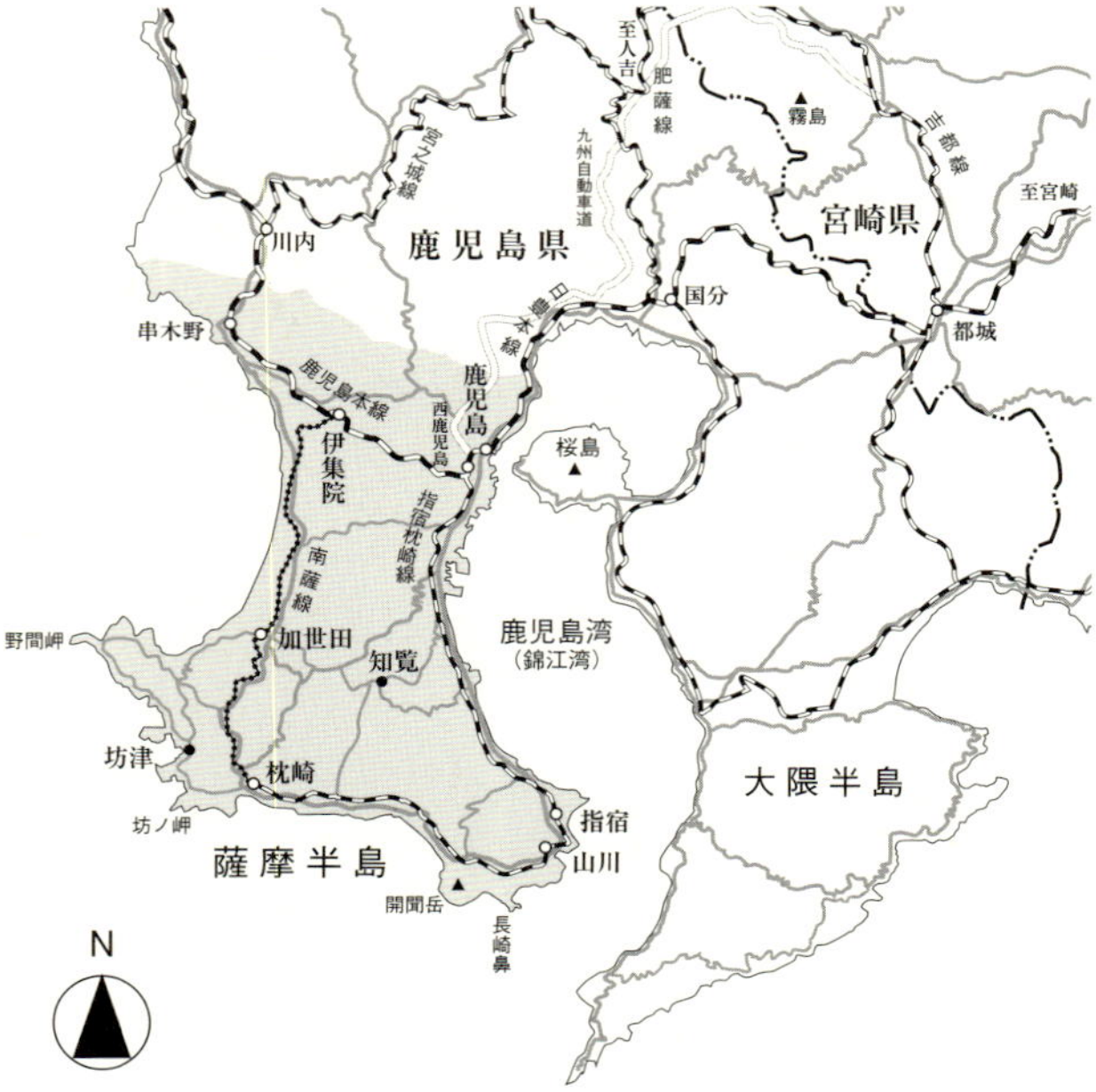

鹿児島市

いよいよ薩摩の地に着いた。とはいっても、予備知識の中にある薩摩は僅かなもので、さてどこへ行こうかと考えても、皆目見当がつかない。

放り出された駅前。だが、ここでぼやっとしていても仕方がない

まずは島津七十七万石の城址に立てば、この地の雰囲気が掴めるかも知れないと、鶴丸城址に向って歩き始めた。そして、偶然出会ったのが、西田橋という石造のめがね橋である。ふだん旅していて、橋などに興味を持つことは、めったにないのだが、この橋のことは、すぐに思い出した。

数年前、民話とか童話とかに興味を持っていた頃読んだ本の中に、今西祐行さんの『肥後《ひご》の石工』（講談社文庫）という物語があった。この橋は、そこに登場する橋なのである。

この物語は、熊本城の石垣造りの流れをくむ肥後の石工達が、薩摩の殿様である島津斉興《なりおき》に呼ばれ、鹿児島の中央を流れる甲突《こうつき》川に五つの石造の橋をかけるのだが、それらは、橋の中央にある石をひとつはずすと崩れ落ち

路面電車の停留所「天文館」。天文館通りは市内最大の繁華街

西田橋。「眼鏡橋」と通称されるとおり、光のさし方によってあたかも眼鏡のような光景が見られる。
橋の長さは49.6メートル、幅6.3メートルで、四つのアーチ橋である

る、いざという時のための軍事的色彩の強い橋であった。そして、その秘密を守るために、石工達は刺客の手によって永送り〔暗殺〕にされる。

不思議な機縁で生き残った石工の頭領、岩永三五郎は、故郷の肥後に帰り、様々な変遷の後、今度は人々の生活のために必要な、水道橋《すいどうきょう》などの石橋を造るという、アンデルセン賞に輝く物語である。

今回の薩摩の旅で、この橋を探し出そうと思ったわけではなく、実際のところ、ほとんど忘れかけていた物語ではあり、また、物語の世界のことと思い、もし残っているにしても通行止めにして保存してあるのだろう、などと考えていた橋を、渡ってしまったのである。

幅五メートル、長さ五十メートル程の、現在でいえば小さな橋である。しかし、その上を路線バスやトラックなどの、かなり大きな車までが往き来しているのには驚いた。橋が今も実際に使われているのを見て、「生き残っている」という、嬉しいような、それでいて、ちょっと勿体ないような気がした。

この西田橋は、四つのアーチが連なる、連アーチの石橋である。それらアーチのつながりがそのまま、すぐ下を流れる川の水面に映り、眼鏡が二つならんで見える。橋脚は川の流れの邪魔にならないよう流線形に造られ、石の重みで川の中へどっしりと、力づくで割り込んだという感じがしないのが、より一層、石橋を川の風景の中に自然に溶け込ませている。そして、欄干の擬宝珠《ぎぼうし》のせいか、西洋伝来の、というよりは、日本的な橋にさえ見える。橋床はといえば、アスファルトで舗装されてしま

西田橋以外の四つの石橋には傍らに歩道がつけられている

西田橋は島津斉興が招聘した肥後（熊本）の石工岩永三五郎が1846（弘化三）年に築いた

っているために、建築当時の石畳を見ることができず、『肥後の石工』にあるように、中央のひとつの石をはずすと崩れ落ちるのかどうかわからない。しかし、この橋のできた後にも、薩英戦争とか、西南の役とか、戦火にまみえることがあり、その際、落とされていないのだから、物語の中のフィクションなのかも知れない。

興味の湧く方へ、進路をかえてみる

西田橋のたもとには、案内板があり、「五大石橋」の由来が書いてある。この橋から、上流、下流にそれぞれ二つずつ、合計五つの石橋があるのだが、できたのは、江戸末期の天保から弘化年間（一八四〇年代）であるとのこと。五つあるのなら全部見てみよう、と行く先をかえて、川沿いに歩いてみることにした。

今では、新しいコンクリート製の橋が、石橋に混ざっていくつもかかっているのだが、歩いてみると石橋は、上流から順に、玉江橋、鶴尾橋、新上《しんかん》橋、西田橋、高麗《こうらい》橋、武之橋と、数えて六つあるのである。

五大石橋に入っていない鶴尾橋も含めて、石橋はみな連アーチ式で、ほとんど同じつくりである。鶴尾橋は、鹿児島刑務所の正門前にかかる橋なので、あえて五大石橋に加えられていないのかも知れない。玉江橋、鶴尾橋、新上橋、高麗橋の四つは、自動車専用であり、そのすぐわきに、石橋に沿って歩道橋がついている。西田橋は、歩道、車道共通だが、車の往来も頻繁で、橋の上に立って、ゆっくり川や橋のつくりを眺めるというわけにはいかない程である。一番下流の武之橋だけは、川幅に合わせて五連のアーチであり、また歩行者専用で、すぐ傍に、市電も通る幅の広い橋がかけられている。この武之橋は別にしても、こうやって全ての橋を回ってみると、百年以上も前にかけられた石橋が、随分丈夫なものであることがわかる。

何故、このような橋を造ったのだろう。軍事的な意味あいからなら、従来の木造の橋の方がよいと思えるのに。木の橋ならば、いざという時、打ち壊しても、火をつけてでも簡単に破壊することができる。薩摩の殿様は「洋もの好み」だったといわれるが、単にそれだけの理由からだったのだろうか。

石積みの橋の技術は、戦国時代随一の洋もの好みの殿様・織田信長が、宣教師から西欧の城壁が石造りであることを聞き、城をそれまでの山城から平城に移し、石垣を造ったところから始まるが、この一五〇〇年代から、薩摩の甲突五橋のできる一八〇〇年代までの三百年もの間、石工達は何を造って、その技術を伝えていたのだろう。日本で最初の石橋は、長崎の眼鏡《めがね》橋で、寛永十一年（一六三四）の建築であるが、この橋も彼ら肥後の石工達の手によるものだったのだろうか。

この甲突五橋から後、明治になってからも、肥後の石工達は、いくつもの石橋をかけている。皇居の二重橋や日本橋、万世橋などがそれである。

実際に目にする橋は、あまりにも日本的で、西欧風、洋もの好み、という感覚からは、ほど遠く感じられ、つい、日本にも独自の石造り文化があったのだろうかと考えずにはおられない。そして、わざわざ石工達を呼びよせて、橋を造った背景には、何か他の理由、必然性があったのではなかろうかと思われるのである。

江戸時代、城の建築、増改築をはじめ、石橋など永久橋の建設も禁止されていた。そんな時代に、あえて造った石橋は、薩摩の幕府に対する反骨精神の象徴、薩摩らしさのあらわれとも思えるのである。

僕と薩摩との出会いの最初は、多分、大学時代の写真史の授業だったろう。写真術は一八三九年フランス人ダゲールによって発明、発表された。有名な銀板写真《ダゲレオタイプ》である。ほとんど同じ頃、イギリスでもタルボットという人が、紙ネガを使った写真術を完成しているのだが、紙を使うことにより不鮮明になってしまい、ネガ・ポジ法という今の写真のやり方に近いにもかかわらず、余り評価されていなかった。この写真術が日本に伝わるのは、発明されてから割合早く、二年後の一八四一年だといわれている。

輸入された写真術の熱心な擁護者が、第二十八代藩主・島津斉彬《なりあきら》であった。斉彬は、長崎の写真師・上野俊《しゅん》之丞《のじょう》を鹿児島に招いて、自ら被写体となり、嘉永元年（一八四八）六月一日、写真撮影を行ったが、これが日本における公式の写真撮影の最初であり「写真の日」の由来ともなっている。当時、写真に撮られるためには、写りをよくするため顔や手に白粉《おしろい》を塗りたくり、また、現在のネガ・ポジ式の写真と異なり、左右が逆に写るので、着物を左前に着、刀を右腰にさしたりと、かなり不自然な姿を強いられる上に、晴天下《ピーカン》で三十分から一時間、かなりの長時間じっとしていなければならなかった。こんな撮影のための被写体を自ら引き受けて撮影会を行ったのだから、斉彬という殿様は、かなりのハイカラ好み、好奇心の強い人だったのだろう。

その頃から、写真に写されると魂を抜かれるとか、寿命が縮むとか言われたのは、当時の銀板写真や湿板写真が左右逆像になるため、当り前に着た着物は左前に写ってしまうし、それを正すには着物を左前に着なければならず、どちらにしても縁起の悪い「左前」は避けられなかったことに起因していると思われる。また、炎天下で緊張した状態で、三十分もじっとしていると、かなり体力も消耗し、撮影が終わると同時にぶっ倒れる人も多かったらしい。写真が、現像してみないとわからないのは今も同じだが、昔の現像の成功率は低かったのだから、成功するまで何度でも炎天下で被写体に立つ覚悟もしなければならず決して体によかったとは思われない。

日本の営業写真館の祖は、長崎に開業した上野俊之丞の子・彦馬と、横浜の下岡連杖《しもおかれんじょう》の二人になるが、斉彬の撮影会からおよそ十四年を経た文久二年頃のことである。このように、写真の伝来も、営業写真館としての開花も、長崎など、外来文化の先進地である二大貿易港での出来事であったのに、これらの土地から離れた薩摩の殿様が、そのパトロンであったというのもおもしろい。

この日本最初の銀板写真があるかも知れないと、郊外の磯にある尚古集成館《しょうこしゅうせいかん》へ足を向けた。

集成館のある磯という土地は、第十九代藩主・島津光久が別邸を建てた場所である。代々、島津の殿様は仰々しい城というものを好きではなかったらしく、本城の鶴丸城も天守閣などをもたない館造りで、加えて、その他の土地にいくつかの別邸を建てた。これら別邸のうち最大のものが、磯別邸「仙巌園《せんがんえん》」である。言わば、鶴丸城は官邸であり、磯別邸などは私邸であったと考えられる。

時が過ぎていく。まず頭が、少しずつ、土地の空気に馴じんでくる

仙巌園も、隣にある尚古集成館も一般公開されている。仙巌園の入口を入ると、右手に土産品店、左手に反射炉の跡が見え、その傍にある花時計の道を登ると食堂になっている。正面の道をまっすぐ行くと、左右に番所のある立派な門があるが、ここが屋敷の正門で、かつてはこれが仙巌園の入口であった。この門の右手正面に、薩摩の特産品、錫《すず》を使った、錫門という名の唐風の小ぶりな門が立っているが、その奥が屋敷の本邸になる。集成館は正門の左手方向になる。

錫門を抜けると邸の玄関があり、その前から順路に従って庭を巡れるようになっているのだが、まず、その広さに驚いた。庭のところどころに、獅子乗り灯篭とか鶴灯篭とかいう、幅四メートル、高さ二メートルもある大灯篭があるのだが、本邸の縁側から見ると、丁度ふつうの灯篭を近くで見る位に見える。そしてその向うに、雄大な桜島がデンと鎮座しているのである。桜島そのものを借景として、その大きさに合わせて庭を造ったのだろうか。

順路に従ってしばらく行くと、保津川という渓流に出る。京の保津川渓谷にちなんで付けられたのだろう。というのは、その先に曲水の庭園があるからである。「曲水の庭園」とは、曲りくねった渓流に、上流から酒杯を流し、下流の者が杯が自分の前を過ぎぬうちに詩歌を詠み、杯を取り上げ酒を飲むという、京の公家の間で行われた風雅な遊びのための庭園であるが、この「曲水の宴」は、平安時代の頃の話で、この薩摩の地に、しかも江戸時代に造られた庭に、このようなものがあるとは思ってもみないことだった。

人々がつくり、使ったものを、追いかけ、その延長を辿ってみる

磯の雅な京風の別邸の雰囲気に、全く異質の変化を与えたのが、写真術のパトロン・斉彬であった。彼は幕末の英主とも言われているが、この薩摩藩主別邸の地に、集成館を建て、この付近一帯を、薩摩の、いや、当時の日本一の工業地区にしてしまったのである。

斉彬は、嘉永四年（一八五一）から、たった七年間在位しただけだが、その間に随分たくさんの事をした。集成館の設立はそのひとつである。これは、薩摩藩の一大兵器廠であり、同時に、西欧の先進科学技術の総合的な研究施設でもあり、明治維新以後の、新しい日本の、殖産興業の原点になったと言っても良いところである。ここで研究、製造されたものは、鉄砲、大砲、水雷、地雷などの兵器をはじめ、薩摩切子《さつまきりこ》（ガラス工芸）、薩摩焼などの工芸品や、砂糖、櫨蠟《はぜろう》、樟脳などの専売品、和文、欧文の活字や写真術などの近代文明にかかわる新技術など、実に多岐にわたっている。日本で最初の洋式軍艦「昇平丸」が竣工されたのもこの地であるし、時代は下るが、西欧式の紡績所が、初めてできたのもこの隣地

島津公の別邸「仙巌園」の花時計

尚古集成館に展示されている薩摩切子（上）と大砲や機器類（左）。薩摩切子は島津斉興が江戸のびいどろ師・四本亀次郎を招いてガラス窯を築いたのが、その始まりという

である。

　集成館の事業の中でも、殖産興業の花形にすべしと、斉彬が特に力を入れたもののひとつに薩摩切子がある。切子というのは、読んで字の如く、カットガラスのことである。オランダ語に由来する「ぎやまん」と同じ意味であり、ポルトガル語に由来するガラス細工、特に、吹きガラスの意味の強い「びいどろ」とは多少異っている。この薩摩切子は、斉彬の父・島津斉興が、江戸のびいどろ師・四本亀次郎を招いて、製薬用のガラス器具や、薬瓶などを作るために、鹿児島市内の騎射場《きしゃば》の近くにガラス窯を建てた弘化三年（一八四六）から始まるという。

　斉彬は、イギリス風のカットガラス器に魅せられて、その製作を命じ、安政二年（一八五五）にほ、ガラス窯を集成館に移し、無色の素地ガラスの表面に、赤や藍などの色ガラスを被せ、模様を削った、薩摩切子の皿や鉢などを多数作らせた。そのために、館内には、さらに大小多数のガラス窯が増設され、最盛期には、技術者、職人合わせて二百人近くの人々が、このガラス細工に携わっていたらしい。そして製品の数々は、宮中や各大名に贈られ、薩摩藩の技術水準の高さで、その名を上げたと言われている。

しかし、その直線模様の美しい薩摩切子も安政五年（一八五八）に斉彬が急死すると、ただちに製造規模が縮小されてしまう。集成館にガラス窯が移されてから、たったの三年間で、薩摩がガラスの製造を始めた時から数えても、十数年間という短い期間に、難しい色被せガラスの切子をつくり上げ、しかも殿様が死んだとたんに終焉してしまうというのも不思議な話である。技術を創り出し、物を作り上げる職人の技というものが、それほど簡単に現われ消えるとは思えない。

このあと、偶然別の機会に、ガラス細工の職人さんに会うことがあり、薩摩切子のことを聞いてみたことがある。切子というのは大変難しい技術であり、同時に、大変お金のかかる技術なのだそうだ。そして当時ならば、大名のおかかえでもない限りは、いくら技があっても作れないものだったろうということであった。

斉彬の死後、藩主が薩摩切子を庇護することをやめてしまったのであろうか。それにしても薩摩切子は、余りにも簡単に終ってしまう。

尚古集成館には、参勤交代に使われた駕籠や鎧など、江戸時代ならではの品々も多く展示されているが、薩摩切子をはじめとして、紡績工場で使われた機械類、かつて集成館で製造された大砲や砲弾など、幕末の薩摩藩の雰囲気を伝えるものが多い。目当ての銀板写真も展示されていた。最初館内を一通り回った時には見落してしまい、改めて注意して探してようやく見つけたが、思っていたより小さなもので、手札判くらいの大きさであった。今はあらゆるところに、無数に氾濫している写真が全て、この小さな一枚に集約されている、そんな気がした。

斉彬は一藩主でありながら、自藩のことだけではなく、広く日本の国全体のことをも考えることのできる器量の大きな人であったらしい。日本の国旗「日の丸」を発案したのも斉彬である。嘉永六年（一八五三）、彼は、日の丸を全ての日本船に掲げることを幕府に要請している。この年はペリーの黒船が浦賀に来航し、日本に開国を迫る年であるが、それ以前にも各地に外国船は来ている。特に、琉球には外国船の出入りが度々で、琉球を属国とし、交易していた薩摩としては、将来の開国をも予想して、船籍国を表示する旗の必要性を、幕府よりも早く、痛切に感じていたに違いない。翌年の安政元年（一八五四）になると、斉彬は自ら、日の丸の、丸の白布に対する大きさの配分や、日の丸の赤色の細かい色合いなどを決め、見本をつくって幕府に差し出し、国旗とするようにと、再び要請する。当初、各藩ごとの旗を船に掲げることを主張していた幕府も、最終的には、日の丸を統一の旗と定めて公布することになる。ただしこの時の日の丸は、実際には、のぼりであり、現在の形をした日章旗が制定されるのは、明治以降のことになる。

島津斉彬は、五十歳で没する。そして、彼の建てた集成館も、その五年後には、薩英戦争でイギリス軍艦の砲撃を受け全焼してしまう。次代藩主・忠義は、集成館を再建するのだが、薩摩切子などの工芸品の研究、製造部門は失われ、戦時に備えた、兵器廠としての性格が強まってくる。現在の尚古集成館の建物は、この時に再建された「蒸汽鉄工機械所」の建物である。そして、この頃から、薩摩は徳川幕府に見切りをつけ、倒幕へとかたむいていくのである。

　この幕末の薩摩の姿を最もよく象徴していることが、慶応三年（一八六七）のパリ万国博への出展であろう。徳川幕府が、この博覧会に、日本国政府として出品しているのだが、薩摩は、日本の中の一藩としてではなく、全く別の国「薩摩琉球国」として独自に参加しているのである。そして遥かパリの会場で、徳川方の使節団と顔を合わせ、一悶着起こし、現地の新聞を賑わす事件になったという。そして、その翌年は明治元年であり、この数年間で、徳川幕府は滅ぼされてしまうのである。

指宿《いぶすき》・山川《やまがわ》

指宿観光の定期バスに乗る。
よく見ると、一人旅は僕だけだった

　鹿児島市内の道は広いので、渋滞でイライラすることは余りないようだ。道幅の広さに加えて、そう高い建物がないせいか、町全体が開放的な雰囲気である。そんな町のすみずみまで、明るい太陽の光が行きわたって、南国らしさを一層強く感じさせる。

　市内を抜け、バスは、指宿《いぶすき》スカイラインという有料道路に入る。この道路は、九州縦貫自動車道の一番南の部分に当るのだが、まだ全線完成しているわけではなく、部分開通している道のひとつである。このスカイラインは、従来の海岸沿いの道とは違って、丘陵地帯を走るので、錦江湾《きんこうわん》を見おろす眺めは、すこぶるよい。

　途中、喜入《きいれ》の石油基地がある。近くに立つと、圧倒されそうなほど巨大な原油タンクも、このくらいの距離から見ると、近くに浮かんでいるタンカーとともに、まるで模型を見ているようだ。この基地の原油貯蔵量は、六百万キロリットルと説明される。原油を積んでいるタンカーは、遠くから見ても重量感があり、いかにもタンカーらしいのだが、原油をおろした後の、空のタンカーは、船腹まる出し、今にもひっくり返りそうで、心もとない。

　バスガイドさんの説明は、よく聞いていると、随分たくさんのことを教えてくれるので、初めての、しかも全く知らない土地へ来て、そこの見当をつけるには、よい方法だと思っている。しかし、説明を聞くことによって、目が定まってしまい、自分の流儀で歩こうという時には具合が悪い。

　開聞《かいもん》岳が見えてくる。この山は見事な三角錐の形をしているのだが、近づくほど、がっかりしてくる。頂上まで木が生えているので、だんだんと三角錐の表面の凹凸が目立ってくるのだ。

開聞岳自然公園から望む指宿のなだらかな砂浜

さつまいもの畑の広がる台地を通り、池田湖、唐船峡《とうせんきょう》を見物した後、バスは、枚聞《ひらきき》神社のわきを通って、開聞山麓自然公園へと進む。枚聞神社は開聞岳を神体とする神社で、ここから開聞岳へ登る登山道もある。開聞岳の名は、海の守護神「海門岳」だというが、昔、南から航海してきた人々は、錦江湾の入口に立つ、姿のよいこの山を、目じるしに、海を渡ってきたのだろうか。

自然公園でひと休みして、長崎鼻へ行く。長崎鼻は、薩摩半島の最南端にあたる。熔岩のゴツゴツした岬で、「竜宮鼻」とも呼ばれている。近くの海岸は、海ガメの産卵地であり、浦島太郎の伝説の発祥地だそうだ。

長崎鼻から山川港へ向う途中に、郷社徳光《とくこう》神社がある。この神社は、宝永二年（一七〇五）、琉球から、カライモを持ち帰った船乗り・前田利右衛門を祀《まつ》っている。郷社にしろ、ただの船乗りを甘諸翁と呼び、神として祀るのだから、この土地にとって、カライモがいかに大切であったかが伺える。

薩摩半島は、火山灰の降り積もったシラス台地であるため、作物がよく育たず、特に米作には不向きであった。そして、農民が収穫した僅かな米も、藩の財政を支えるため、年貢として取り上げられ、大阪へ送られ銀に替えられてしまう。江戸時代、薩摩藩は度々、河川改修などの御手伝普請を命じられ、また参勤交代の費用も馬鹿にならず、そのツケが全て農民へかかってくるのだから、彼らの生活は大変だったようである。

そういう土地だから、この地に適したカライモが移入されると、生活もかなり楽になったようで、移入される前後から幕末までの約二百年間に、薩摩藩の人口は、約二倍にふくれ上がった。また、このカライモが青木昆陽《こんよう》らによって、江戸・小石川の植物園に移植され、凶作に強い作物として奨励され、さつまいもの名で全国に広がり、天明、天保の大飢饉では、多くの人々の命を救ったのも事実である。

バスは山川港、成川《なりかわ》遺跡を通って指宿へ向う。このあたりは、かつての火口が陥没してできたカルデラが多い。池田湖もカルデラに水のたまったものであるし、山川港も、伊豆大島の波浮の港と同じく、カルデラの一部が沈んでできた珍しい火口港である。

バスガイドさんが、このあたりには、世界一大きなカルデラがあるのですが、と謎をかけてきたが、阿蘇の大カルデラよりも、もっと大きなカルデラなんて、と地図を思い浮かべながら考え込んでしまった。答は、錦江湾だそうだ。そうか、海までは気がまわらなかった。錦江湾は、桜島を外輪山のひとつとする姶良《あいら》カルデラと、ここ指宿カルデラがつなってできていると聞く。

そんな話を聞いていているうちに、解散地の指宿駅前に到着した。

日が暮れかけている。
僕は山川へ移動した。単なる予感だけだ

鰹は回遊魚である。春先、沖縄近海から群をなして回遊を始め、暖くなるとともに次第に北へ進み、秋には三陸沖を泳ぐようになる。そして冬になると、バラバラに南の海へ戻って行くという。初夏、土佐沖に達する頃には、脂ものった美味しい魚となり「目には青葉　山ほととぎす　初がつお」となるのだが、脂ののる前の鰹は、ほとんどがかつおぶしになるそうだ。

かつおぶし用ではあるが、日本の初がつおは春先、薩摩沖に達する鰹であろう。この頃には、全国の鰹船が、山川や枕崎に集まり漁に出る。そして山川の町は一年で最も賑わうという。

山川港に係留中のカツオ漁船のハシゴをのぼる幼児。出航を見送りにきた船員の家族であろう

山川漁港の魚市場。春先には各地からカツオ漁船が山川に集まってきて漁に出る
山川の路地を歩くと腹開きの魚が干してあった

朝の山川の街の一角に花を求める人々がいた。毎朝、先祖の墓にまいるのがこの街の習慣だという

朝、町を歩いていると、行きかう人々が手に手に花束を持っているのに気がつく。あるいは、街頭で、花を売るおばさん達に会ったり、ライトバンに花を一杯にして、スピーカーで音楽を流しながら走って回る花屋さんを見かける。これは、毎朝、仕事に出かける前に、先祖の墓参りをする習慣のためだそうである。

先祖の霊を祀り、墓を大切にすることは、薩摩隼人の美徳のひとつであるという。秀吉の朝鮮出兵では「石曼子《シーマンズ》」と呼ばれ、加藤清正と並んで武勇の誉れ高く、勇猛果敢で最も恐れられた薩摩隼人たちは、帰国後、高野山に「高麗陣敵味方戦死者供養塔」を建て、戦死者の霊を手厚く弔った。敵を一緒に弔うこと自体珍しいが、外国人であるにもかかわらず、供養した例は他にない。

墓地には毎日花が代えられるため、グラジオラスやフリージアなど、南国の色鮮やかな花が、一年中絶えることがないという。

知覧《ちらん》

薩摩藩を物語る独特の体制のひとつに、外城《とじょう》制度がある。

江戸時代、徳川幕府は「一国一城の主」のとおり、ひとつの藩に、ひとつの城しか認めていなかった。武士はその城下に住み、藩主は代官を派遣して、藩内各地の行政実務に当らせた。ところが、この薩摩藩では、鹿児島の鶴丸城を本丸として、薩摩、大隅、日向の領内三国に、百二の外城を設け、そのそれぞれに城下町がつくられた。いや、つくられた、と言うよりは、戦国時代前後から、群雄割拠していた豪族の山塁や砦を、他藩のように整理せず、全く逆に、独自の制度として生かした、と言う方が正しいのだろう。ともあれ、百二もの外城が、それぞれ独立した体裁をもった小さな城下町として、藩内に点在していたわけで、藩全体が一種の要塞化していたのである。

外城の城主は、島津家の分家や、城下士と呼ばれる直系の家臣の中から選ばれた。そして、その城下町には、外城衆と呼ばれる郷士階級が住んでおり、彼らは、外城体制確立以前から、その土地に城を構えていた、いわゆる、土着の豪族集団が再配置されたものであった。

郷士は、平時は農耕に従事し、いざという時には武士になるという、豊臣秀吉の刀狩りによって兵農分離される以前の武士の姿であり、あるいは、明治以降、北海道開拓のため創設される屯田兵へと続く、階級として固定された民兵であったとも考えられる。

この外城衆の住む城下町の部分を特に、麓《ふもと》（府元）と

およそ七百メートルも続く城下町知覧の馬場（メインストリート）の両側には、生垣と石垣が連なり、保存された十数軒の武家屋敷が並ぶ

知覧の武家屋敷の門。邸内を覗きこめないように「矢防」という石垣が屏風のように建てられている

言い、外城は、城と麓、そして野町《のまち》と呼ばれる商工業地域と、さらに、これらを取り囲む周辺の農地から成りたっていた。

薩南小京都と呼ばれる町がある。隼人の国に京都、おもしろそうだ

現在の薩摩半島の地図を眺めてみても、この「麓」という地名が随分たくさん残っている。しかし、地名として残っていても、その麓集落の姿をそのまま残している町は少ない。「知覧《ちらん》の武家屋敷」として有名になった、知覧町上郡《かみごおり》には、この麓集落が、ほぼ完全な姿で保存されており、観光用に公開されている、というので行ってみた。

周囲を一千ヘクタールという茶畑の広がる丘陵に囲まれた町、知覧は、薩摩半島の中央部にある。この町は、茶の産地として、また戦時中、特攻機の出撃基地となったことでも知られている。

薩摩では、武家屋敷のある城下町のメインストリートを馬場《ばぁ》と呼ぶが、知覧では、外城の領主であった島津氏の居館（御仮屋《おかりや》）跡の前から始まって、一番奥にある亀甲城《きっこう》（蜷尻城《になじり》）という山塁まで、約七百メートルにわたる馬場の両側に、現在も十数軒の武家屋敷が残っている。そのうちの六軒が、武家屋敷庭園保存会をつくって、その庭園を公開しているのだが、五、六年前に定期観光バスのルートに入ってから、訪れる観光客の数も増えたという。現在、少ない日で二百人、多い日には五、

六百人もの観光客が訪れるが、観光バスでやって来る団体客が、その半数を占めているとのことである。これ程の観光客に、毎日庭を公開していて、一番大変なのは朝の庭そうじだそうである。そういえば、美しく掃き清められた庭園だけでなく、生垣と石垣が目の届く限り整然と続く、チリひとつ落ちていない馬場も、いわゆる観光地のイメージからは違った、落ちついた独特の雰囲気をかもし出していて、そこを歩く者に快い印象を与えてくれる。

瓦庇の武家屋敷の縁側と山を借景にした庭園

　領主の館であった御仮屋は、今では影も形もなくなって、馬場の入口に当るその場所には、裁判所と検察庁のビルが立っている。ここから麓集落が始まる。道の両側には、武家屋敷の生垣と石垣が連なり、だいたい三十メートルくらいずつ区分けされている。かつてはその一画一画が屋敷だったのだろう。火事で焼けたのだろうか、荒地になっている一画もあれば、畑になっているところもある。

　現存している屋敷の門の前に立つと、まずわかるのが、この門が、外から内部を直接のぞき込めない屏風門になっていることである。この目隠しになっている「矢防《やふせぎ》」は、たいてい石垣でできているのだが、これをクランク状にまわり込んで屋敷内に入ると、左手に屋敷と庭園が現われる。そして右手には、必ずといってよい程、畑が作られていて、昔の郷士の生活の一面を偲ばせる。

　馬場を歩いていると、日中なら、旗を手にしたバスガイドさんの引きつれた観光客の団体に、何組も出くわすが、たまたま一軒の屋敷で庭を眺めていたところ、その間に三組の団体が入れ替わり立ち替わり入ってきた。

　この家の屏風門のわきには、手洗いが建てられていたのだという。その説明が、ガイドさんによっていくらか異っていて、おもしろい。ひとりは、客がその家を訪れるのに、途中で中座して主人に失礼をしないように、家に上がる前に用を足していくためと言い、もうひとりは、幕府の隠密を警戒するために、当時の人々が、用を足しながら聞き耳をたてたのだと説明していた。どちらが本

方の話を披露していた。当だろう。そして、もうひとりのガイドさんは、この両

どの庭園も百坪はなく、団体が一組入るとほぼ満員という、小じんまりしたものだが、端正に刈り込まれた槙や皐月の生垣と大小の岩を組み合わせた美しい庭である。公開されている庭のうち五つは、枯山水で、知覧の町を取り囲む丘陵地帯の中でも、ひときわ高く姿の美しい後岳《うしろだけ》や母ヶ岳《ははがたけ》を借景として取り入れ、スケールの大きな自然を小さな庭に、うまく調和させている。しかし、このような昔の人の庭つくりに対するせっかくの配慮、風流も、現在では、その視界の中に、電柱や電線が唐突に飛び込んできて、見る者の心までをも乱してしまうようで、残念である。

馬場の一番奥にある森邸は、山塁のすぐ下になるので、借景できないためか、この庭だけが池をもつ築山泉水様式の庭園になっている。ここの屋敷には、玄関が二つならんでいて、向って右側の玄関は領主専用であり、家人は左側の玄関を利用したそうである。この知覧のような小さな外城の社会でも、島津家と直接、間接につながりのある領主と、その土地元来の豪族である郷士との身分の差は、かなり大きかったのだろうと伺える。

これら知覧の武家屋敷が建てられたのは、一七〇〇年代だというが、この頃には既に、領主は御仮屋に住んでおり、城は事実上使われていなかったと考えた方がよいようだ。外城制度という、多くの城を中心とした守りの体制を敷いておきながら、一方ではそれぞれの城は実際に使われていなかった、ということはどう理解すればよいのだろうか。外城において城はどんな意味をもっていたのだろうか。こんなことが心にひっかかり、知覧の城を探してみることにした。

町を、一日中歩き回る。時には、かすかだが、ねらいが浮かんでくる

外城というのだから、てっきり「城」があるものと想像していたのだが、どうやら、そうではないらしい。知覧のお城はどこですか、と土地の人に尋ねても、余りよく知らないらしい。森邸の裏にある亀甲城跡を指すことも多い。いろんな人に聞いて、そう言えば、中学校の前あたりに知覧城址という碑が立っていたなあ、という言葉を聞き出した。御仮屋跡から南へ二キロメートル程行ったところらしい。

歩き出してまもなく、石坂という名のかなり急な坂にさしかかった。その登り口には「石坂は名のみの小坂、行く先の学びの坂のけわしさを知れ、知覧中学校」と書かれた看板が立っていて、毎日の登校時にこの坂を登る生徒達を励ましている。さらに登ると、途中にもこの様な立看板がいくつかあって、それを読みながら登ったお陰で、何とか登りきることができた。坂の上に立つ中学校の向いに、知覧城址がある。

この知覧城は、二つの山塁からなる、珍しいものであると聞く。しかし、今はその山上へ登る道も藪の中に隠れ、二つの山塁の狭間、薩摩以外の地域で言われる馬場《ばば》も畑になっており、城址を示す碑の他に城らしいものは

見当らない。この城が、いつ頃から使われなくなったのかは、よくわからないが、薩摩には、この城のように山城が多かったので、実際の生活の上からの不便さも手伝って、随分以前から、いざという時以外には使われなくなったのだと思われる。

　徳川幕府が、一国一城を定めたのは、元和元年（一六一五）の武家諸法度においてであるが、この時に薩摩藩でも、いくつかの外城を廃棄したという。知覧城も、この時廃棄された城のひとつではなかったのだろうか。

　薩摩藩は「人は石垣、人は城」という甲州武田の軍学の流れをくむので、城そのものに対するこだわりは少なかった、と別の場所で説明を受けたが、この小さな城址に立つと、「城よりは人」という意味が実感として感じられるのだ。

　しかし、江戸時代という身分制度の厳しい時代に、というのは、身分差別がはげしければはげしいほど、人々は離反すると思うのだが、この薩摩の地では「人は石垣」たり得たのであろうか。

　もしそうであったとすれば、それをなし得た外城制度の秘密は、藩内各地に点在する「城」より、外城という制度でまとめられ、各地にうまく配置された「人」の集団にあるのではないだろうか。

　今年の五月、この知覧に町立の歴史館がオープンした。場所は、麓のある上郡と、かつての野町の中郡の境を流れる麓川にかかる永久橋のたもとの、並木道を入った所である。この歴史館は、美術工芸品と民具の二室からなっている。

見て、聞いて、頭の中で反芻《はんすう》する。これを繰り返していく

入口の一室は、知覧の歴史、文化に縁の深い美術工芸品が展示されている。勿論、武家屋敷の残る町らしく、いわゆる「薩摩隼人」の剛健さをしのばせる鎧や日本刀、火縄銃などの武具や、陣笠、陣羽織などの展示品もあるのだが、それよりも見ごたえのあるのは、漆塗りの重箱などの什器《じゅうき》である。かなり古いものと思われる重箱や盆などは、きっと大事に使われていたのだろう。新品同様のままで残っている。蒔絵《まきえ》の装飾のあるものは、この薩摩の土地で作られたものではないのだろう。

　これらの中に、孟宗竹の根元の部分を使った、たて三十センチ、よこ二十センチ、高さ五十センチくらいの、手付の重箱がある。一番下の段は酒筒になっていて、猪口も、その一部を切って作ってある。その上に三段の、竹の根元の断面そのまま、雲形の桶が重なり、蓋がつく。これは確かに薩摩のものである。この地方には竹がよく育つ。そして薩摩には竹細工で有名な町もある。この重箱に肴《さかな》を詰め、焼酎を満たして、花見にでも出かけたのだろうか。

　薩摩隼人という呼び方がある。隼人とは人間という意味で、かつては阿多隼人、大隅隼人など、それぞれの土地ごとに隼人がいたのだが、明治以後、薩摩、大隅の二国が鹿児島県となり、この二国の違いが語られなくなったのと同様に、隼人の区別もされなくなって以来、薩摩

隼人という呼称は、ほとんど、鹿児島県人という意味に等しい。

　そして、この薩摩隼人という呼び名が使われる時は、無骨者とか、勇猛果敢なとか、朴納としたとか、いわゆるカライモ侍のイメージが強調されて、決して、花鳥風月を好む、風雅な人間のようには使われない。だが、武家屋敷の庭園や、歴史館に収集された品々を見ていると、薩摩隼人という人々が、先入観とは異なって、やさしい人々であったのでは、と思えてくる。

知覧博物館の展示品。孟宗竹の根元の部分を用いて作られた重箱（上）と、茶壺（左）

　この部屋にあるのは、麓に残された品々である、という見方もできる。寄贈者名を見てみると、大抵は武家屋敷の主である。現在も残っている武家屋敷の主たちの祖先は、かつての郷士集団の中でも、身分の高い人々であったのだろうが、それにしても郷士には違いない。目の前に並ぶたいそう立派な品々が、薩摩隼人だけでなく、郷士という言葉からくるイメージとも、うまく頭の中で重なってくれない。

　もう一つの、奥の部屋に集められているのが民具である。郷士の畑や野町や周辺の農家に残された品々とも考えられる。博物館、歴史館などというと、美術工芸品収集が主になって、ここのように最初から民具のための一室を設けているところは少ない。民具とは、鍋や釜、茶わんや椀などの、要するに、一般の人々の生活具である。一見つまらない、当り前のものなので、つい軽視されがちである。今のところ、この歴史館の場合、民具も、町の有志の寄贈してくれたものだそうだ。しかし、これだけ立派な展示場所があるのだし、人々の生活を伝える貴重な資料なのだから、つい捨てられてしまったり、民芸、骨董品ブームの商魂に負かされぬうちに、民具の収集、整理が町ぐるみの運動になったらなあ、などと、お節介なことを考えてしまう。

　江戸時代まで、この薩摩には郷中《ごうちゅう》制度（若衆宿）と言われるものがあった。若者は、一定の年齢になると家を離れて若衆宿に寝泊りし、そこで学び、働くという共同生活を送っていた。他の土地の旅行者には知る由もないのだが、もしその伝統が、かすかにでも残っているのなら、ぜひ若い人の手で、民具の収集、整理の仕事ができたら、とも考える。

収集された民具には、ひとつひとつにラベルがついている。表には「品名、寄贈者名」が記入され、裏には「いつ頃、どんな所で、どんなふうに」使われたかをメモする欄がある。今のところ裏側は、ほとんどが空白のままだが、それを埋めるだけでも大変な作業である。しかし、これによって、展示された民具に馴じみのない旅行者や、若い人達にも、少しでもその土地を理解することができる。

知覧は、本土最南端の飛行場となり、特攻基地が置かれた土地であるが、町そのものは空襲も受けていないので、蔵や納屋の片隅には、まだまだ重要な資料となるものが眠っているだろう。歴史館の案内をしてくれた係の人が、「この壷はどんなものかわからないけど、うちの蔵の横に放ってあったので、今朝洗って持って来たんです」と言って指した壷は、どうやらルソンから輸入された葉茶壺《はちゃつぼ》らしい。さすが茶処、というところなのか、密貿易で輸入されたものなのか、展示品の数々を目の前に、薩摩の歴史、風土を頭に置いて、いろいろ想像してみるのも楽しい。

加世田《かせだ》・伊集院

薩摩の地が日本史に登場するのは、日本武尊《やまとたけるのみこと》の熊襲《くまそ》征伐か、八世紀の大伴旅人による隼人征伐の頃だろう。島津の名が出てくるのは、更に下って平安時代、今の宮崎県・都城市付近に「島津荘」という藤原氏の荘園ができるのが最初である。しかしこれが、のちの島津家とどう結びつくのかは、わかっていない。鎌倉時代になると、鎌倉幕府は全国に守護、地頭をおくが、この時、島津忠久が、薩摩の守護に任ぜられる。この忠久が、島津家の祖とされているが、実際のところ、薩摩は、多数の地方豪族が互に勢力を競い合う群雄割拠の状態であった。そ

島津家中興の祖と仰がれる日新公を祀る加世田の竹田神社

竹田神社の拝殿にかかる日新公忠良の肖像画（写真上部左端）。日新公は幼くして父を失い、若い頃は僧籍に身をおいていたという

して、この地の統一に取りかかるのが、島津中興の祖と仰がれる伊作島津家の忠良（日新公《にっしんこう》）である。

日新公は、まず分家だらけの島津氏の整理統合を計り、加世田《かせだ》において薩州島津家の実久を破り、この加世田に居を構える。そして彼の長男・貴久は、十五代の守護職となり、周辺の諸豪族を従えて、薩摩、大隅、日向の三国のほとんどを平定し、ここに島津・薩摩藩の基礎ができ上る。鹿児島に城を構えたのは、この頃らしい。

貴久の長男・義久は、戦国大名の南海の雄と呼ばれ、九州全土を征服するが、豊臣秀吉の九州征伐によって、もとの三国へ押しもどされて出家してしまう。その後、義久の弟・義弘が代を継ぎ、天下分け目の関ケ原の戦で石田方について、敗北する。しかし、関が原の戦で敗れた西軍の中では唯一、その領地を安堵され、こうして、幕末、明治維新まで続く、薩摩藩となる。

日新公によって一体化され、幕末まで続く島津氏の規範となったのが「いにしえの道を聞いても唱えても、我が行いにせずば甲斐なし」に始まる、日新公の作った「いろは歌」である。このいろは歌は、日新公を祖と敬う薩摩の人たちが、その教訓を学ぶため、小さい頃から、事あるごとに写し取ったとみえ、彼を祀る加世田市の竹田神社をはじめ、薩摩半島各地にある歴史館や博物館には必ずといってよいほど、巻物となって残っている。

薩摩をつくった人たちに会う。足をとめ、閑静な境内で目を閉じた

日新公を祀る竹田神社の夏祭りには、「からくい」が伝えられている。「からくい」とは、水車を動力に使い、歯車やプーリーを使って人形を動かす水車からくりの人形芝居だが、戦前までは薩摩半島各地で伝わり、六月灯《ろっがっとう》などの夏祭りの日には、神社の一隅で演じられていたという。戦後になって、ほとんどが失われ、知覧の豊玉姫《とよたまひめ》神社に伝わる「からくい」は、今年三月に保存会ができたので、数年内には復元されるだろうが、現在残っているのは、加世田の竹田神社においてのみである。

この加世田の場合も、神主さんがなくなって一時途切れかけたのだが、竹田神社の近くに住む緒方さんという染物屋さんが名のり出て、伝承されているとのことだ。昨年は「廻城《めぐりじょう》の戦、島津忠将奮戦」、今年は「木崎原《きざきばる》の戦、島津義弘の国をかけた日向での決戦」と、毎年演題を変えて催され、そのための五体の人形もそのつど、作りかえられるという。日新公の命日である七月二三日の夏祭りの日には「日新様詣《じっしんさあ》り」といって、薩摩半島各地から大勢の人が徒歩で、この竹田神社に参詣する習慣があるが、その日にどんな演題で「からくい」が行われるかは、当日まで秘密にされているとのこと。きっと、今年はどんな「からくい」なのかと、楽しみにしながら長い道のりを歩いて参拝にくる人の数も少なくないのだろう。

加世田も、かつて外城のひとつであった。竹田神社から別府城址へ続く馬場の両側には、当時の武家屋敷の風格を感じさせる屏風門や、土塀を残す家並が続いている。しかし、現在の町の中心は、ここから少し離れた、鹿児島交通線の加世田駅付近である。加世田市は、薩摩半島の西海岸の中央にあり、周辺地域からの物資の集散地、商業の町として大きくなった。多分、この駅付近が、かつての加世田城下の野町だったのだろう。

野町に関連して忘れてはならないのが、工業であろう。野町は職人の住む地域でもあったのだから。薩摩には、刀鍛冶の加治木《かじき》、仏壇の川辺《かわなべ》、薩摩焼の苗代川《なえしろがわ》など、職人の町として栄えてきた町も少なくない。この加世田は加世田鎌や竹細工などで有名な職人の町でもある。

薩摩藩は職人を優遇した。貧農同然の郷士がいる一方で、職人の中には士分に取りたてられ、扶持米を受けている者もいた。その典型が、薩摩焼の陶工達であった。薩摩焼は、島津義弘が、秀吉の朝鮮出兵の際連れ帰った、朝鮮・南原《ナモン》の陶工達によって始められたという。この時陶工を連れ帰った大名は、島津氏だけでなく、毛利氏（萩焼）や鍋島氏（有田焼）など、西国大名の多くがそうであり、この戦争を「焼物戦争」と呼ぶ人までいる程である。

薩摩焼は、苗代川（東市来町《ひがしいちき》・美山《みやま》）のものが有名だが、加治木や串木野などにも、窯場が開かれた。これらは藩の官窯であり、白釉の美術工芸品（白薩摩）を焼いていたが、江戸時代中期頃からは、藩に願い出て、黒釉の茶わんなど生活必需品（黒薩摩）も焼き始めた。陶工

伊集院と枕崎を結ぶ鹿児島交通線

達は「高麗《こうらい》筋目《すじめ》の者」（先進技術者の意味）と呼ばれ、士分として礼遇され、武家門を持つ屋敷に住み、扶持米を受けていた。他藩の場合、陶工の起源は同じであるが、藩窯であっても士分として遇したという例はなく、有田焼の鍋島藩では、陶工達が有田の地に自ら陶土を探し出すことから始まり、長崎から輸出する工芸品をつくることによって、いわば商人を兼ねた形で、生活が成りたっていたようだ。

しかし職人優遇政策も、薩摩のやむにやまれぬ事情から出たとも思われる。薩摩の土地は痩せているため、稲作には不向きで、およそ生産性が低い。徳川時代、米本位制とはいっても、米そのものの収量は望めず、樟脳、蠟、紅花、紫草《むらさき》、煙草、砂糖などの特産品を栽培していたが、これだけでは、藩の財政を賄うには不足であった。このため藩を工業化し、製品を売ることによって不足を補う必要があったのだろう。

しかし、陶工を初めとして薩摩の職人達は、士分とはいっても、藩内のみで通用する身分であったため、明治維新の大政奉還、廃藩置県では、彼らの身分が、江戸幕府の定めた士農工商というわく組みの中の位置づけでは、中途半端な立場になって、難儀したそうである。

目に見えるものから、さらに離れてみる。空気を感じようとする

関ケ原の戦で、島津義弘は、石田三成の西軍に加担する。この天下分け目の戦は、布陣しながら日和見を決め込んだり、東軍に内応して寝返る大名がいたり、実は、戦になる前から既に勝敗が決していたといわれる。義弘は、このことを承知で加わったらしく、たった一千人の兵しか引き連れていなかった。そして、戦が終るまでの間に一発の鉄砲も撃たず、東軍の残党狩りが始まると、正面から敵中突破をし、一千人の手勢が八十人になると

いう苛烈な戦をして落ちのびる。この「島津の退き口」と呼ばれる撤退劇は祭りとなって鹿児島の人々に代々受けつがれた。関ヶ原の戦いの決戦日であった旧暦の九月一五日、鎧、兜に身を固めた人々が、伊集院《いじゅういん》にある義弘の菩提寺、妙円寺《みょうえんじ》（廃仏毀釈で徳重《とくじゅう》神社となる）まで、鹿児島から二十キロの道のりを歩いて集まる「妙円寺様《めえんじさぁ》詣り」が今も続いている。

この行事は、関ケ原以後割合早くに始まったらしいが、これは戦に負けた薩摩藩が、徳川幕府に対して行った、ある種のデモンストレーションではなかったろうか。秀吉の九州征伐で三国へ押し戻された島津氏が、これ以上領地を狭められてはどうしようもない、という必死の覚悟もあったに違いないが、実は全国を制覇した徳川幕府に対して、戦々恐々の不安も大きかったのではないだろうか。この怯えを表面に出さず、逆に「妙円寺様詣り」で、島津はまだこれだけ余力がある。もし攻め込むなら、攻め込んで来い。という姿勢を見せたところに、薩摩藩の一面が出ているように思えるのだ。

加世田の竹田神社にしても、伊集院の徳重神社にしても、祭りのないふだんの日に訪れると、静かなひっそりとした社である。

薩摩の二つの神社にかかわる「いろは歌」「妙円寺様詣り」という事柄から、ギリシャの諺を思い出した。「健全なる肉体に、健全なる精神は宿る」という諺は、原語のまま直訳すると「健全なる肉体に、健全なる精神を」となり、原語の文と訳文とでは「肉体」「精神」にかかるウェイトが異ってくる。

この翻訳のすり替えのようなことが「いろは歌」「妙円寺様詣り」にも感じられるのだ。戦国乱世、島津の基盤をつくった殿様たちの時代は「武」の時代であった。この時代に文武両道というのは「いろは歌」に見られる「文」にウェイトがかかっていたと思われる。しかし江戸時代以降、今日まで、私たちがいわゆる薩摩と言うと連想する薩摩士風は、「武」の強調されたものと思う。「武」が強調されるのは「文」の時代であるからか、それとも、薩摩には「武」よりも優った、私たちの目からは巧妙に隠された「文」があったのだろうか。

坊津《ぼうのつ》

日本の西南端の薩摩半島の、そのまた西南端にある坊津は、古い町である。このあたりは、いくつかの岬が、櫛の歯のように並んで海へ突き出した、リアス式の海岸で、奇岩の多い複雑に入りくんだ入江と、東シナ海に面した西向きの土地という、港としての好条件に恵まれている。

行き着いた先端。
ここから振り返れば、何が見えるのだろう

坊津の家並と穏やかな海。663年の白村江の戦い以後、遣唐使船は坊津から唐へ出帆した

坊津の海岸は、四つの大きな入江に分かれるが、それぞれに集落があり、坊、泊、久志、秋目、という地名がついている。映画「００７は二度死ぬ」のロケが行われたのが、一番奥に当る秋目浦であったと言えば、どんな海岸か想像がつくかも知れない。要するに、絵になる風景があり、ヤジ馬が少なく……というわけである。

この坊津という地名は、仏教弘布《ぐぶ》のために渡来した僧侶の坊（宿舎）のある津（港）というところに由来する。百済の僧・日羅《にちら》が仏教弘布のため、この町に寺を創建したのは、五八三年だと寺史は伝えている。五八三年という年は、聖徳太子が摂政になる十年も前で随が中国を統一する数年前の時代である。それ程古い時代に、百済僧が、仏教弘布の目的で、この地まで来ていたのである。

飛鳥時代になり、遣唐使派遣が始まると、遣唐使船発着のために、朝廷の公用港になり「入唐道《にっとうどう》」とか「唐の港」とか呼ばれ、伊勢の安濃津《あのつ》（津）、筑前の博多津（福岡）とともに、日本三津のひとつに数えられるほど栄えたという。

しかし何故、坊津が公用港に選ばれたのだろう。

遣唐使は、飛鳥時代の六三〇年に始まり、平安時代の初期までの、およそ二六〇年間続く。その間に、朝鮮半島では新羅が興隆し、白村江《はくすきのえ》の戦以後は、遣唐使船の航路のうち、筑前の博多津から壱岐、対馬、朝鮮半島沿岸と進む「北路」をとることが、難しくなり、それにかわって、この坊津から、南西諸島沿いに南下し、奄美や沖縄付近で東シナ海を横断する「南島路」などを利用することが多くなったことが、一般的には理由として挙げられている。

波の如くとめどない想いに身を任せ、一方で、それらを収斂させる

それにしても、どうしてこの遠い港が栄えたのだろう。遣唐使船は難波の港から出航する。瀬戸内海、関門海峡、九州沿岸と、おっかなびっくり陸づたいに進んで、この西南端の坊津で、ようやく思い切って外洋へ乗り出したのだろうか。確かにこの港は、リアス式の海岸で、湾の奥が深く、波も静かで、外洋へ乗り出す前の、天候待ち、風待ちの港として適している。

こんな理由の他に、もしかすると、この坊津には、はるか昔に、対馬海流に乗って、この地へたどり着いた海洋民族がいて、海を渡る航路が知られていたのかも知れない。

唐招提寺に祀られる有名な唐僧・鑑真和上は、渡日を企て、台風による遭難などの失敗を繰り返し、六度目の航海で、ようやく坊津の秋目浦に上陸し、日本の土を踏んだという。これは天平時代の七五三年十二月のことだが、この時代には、坊津が、唐との海上交通のメインルートであったことが伺える。

そして、もうひとつ考えなければならないのは、遣唐使船が帰ってくる時のことであろう。日本は模倣の文化の国だといわれている。この当時の中国の、明治以後のイギリスの、戦後はアメリカの文化をまねしていると言われている。しかし例えば、宦官《かんがん》のように、当時の中国の絶対の、あるいは流行の制度や文化でありながら、輸入されなかったものも多い。

遣唐使船が帰ってくる。当時の先進国・唐の文化を満載して帰ってくるのである。現代、海外旅行から帰ってくる時に通らなければならない検疫や税関をたとえにするのは、必ずしも当っているとは思わないが、この当時の輸入文化を、日本の側から取捨選択する場所として、この坊津があったと考えられないだろうか。

坊津が他の土地と陸路で結ばれるのは、随分後の、室町時代以後のことである。時代は異なるが、後の貿易港、長崎にしても、天然の良港としての条件は備えているが、陸の交通の便というと、決してよい土地ではない。そして鎖国以後には、出島での貿易が許されるだけにな

湾を見下ろす山の傾斜面に坊津の家々は建っている

るが、出島は、扇形の埋めたて地で、橋一本のみで長崎とつながっていた。そしてこの橋には関所が設けられていた。

輸入品は、この港までは自由に持ち込むことができる。しかし、ここから日本全国に伝わるのは、コントロールされたものだけで、不都合なもの、そぐわないものは、ここで停められ消えてしまう、というような、文化の輸入、貿易の形があったのではないか。この坊津の土地に立つと、そんなことを考えたくなる。

八九四年に遣唐使が廃止されると、坊津は一時衰退する。そして次にこの土地が歴史の上に現われるのは、十六世紀後半、台湾や中国南部に出没する後期倭冠の根拠地としてである。さらに後には、インドシナやジャワ、シャムなどの南方貿易を主体とする御朱印船の基地として賑わうようになる。倭寇と御朱印船を見分けるための証明書・朱印状の実物が坊にある歴史民俗資料館には残っている。

江戸時代に入り、鎖国令によって、外国との交易が、清とオランダの二国に限られ、その港も長崎に限られてからも、坊津は、薩摩藩の密貿易の拠点として続いていたが、享保の唐物くずれ（密貿易の一斉取締）によって密貿易が固く禁止され、津口《つくち》番所（監視所）が設けられ、それ以後ただの漁港になったという。

薩摩藩の密貿易というのは、どういうものだったのだろう。どこの国と、何の交易をしていたのだろうか。坊津の港に、南蛮船が出入りしていたのだろうか。琉球との交易は、密貿易の中に含まれていたのだろうか。琉球は、慶長十四年（一六〇九）、既に島津家久によって薩摩藩に併合されている。だから琉球との交易は密貿易ではないにしても、琉球交易にことよせて、そこを中継地として、実は他の国々との密貿易を行っていたことは充分に考えられる。その時代の坊津は、どんな様子だったのだろう。

百済の僧日羅が坊津に建てた一乗院は、明治の廃仏毀釈で壊され、跡地は小学校になっていたが、山門から睥睨していた仁王像が残っていて、その立姿に寺の往時がしのばれた

「史と景の町」観光パンフレットが、今と昔を物語っている

坊の浜は、かつて、海商たちの倉が立ち並ぶ、華やかな港町であったという。今は倉屋敷もなく「倉浜」という名前にその名残りをとどめるだけである。しかし、この倉浜を歩いてみると、口ではうまく言えないのだが、単なる漁村とは違った雰囲気が味わえる。それとも、これは、密貿易の港という先入観で見ているせいなのだろうか。

倉浜に唯一、密貿易で栄えていた海商の家が残っているというので探してみた。さぞかし大きくて、立派な屋敷だろう、などという目で探していたためか、森吉兵衛屋敷という名までわかっているのに、何としても見つからない。もう一度人に尋ねて、今は民宿をやっているという言葉をたよりに、探し当てた。豪商の屋敷というには、ちょっと背の低い家で、その前を何度も往復していたのであった。

残念ながら留守で、中を見せてもらうことはできなかったが、外から眺めただけでは、二階家には見えない。せいぜい中二階があるのかな、くらいの低い屋根の家である。聞くところによると、密貿易の談合をするために二階の部屋があり、船底天井で、窓も少なく、二階へ上る梯子も取りはずせるようになっている、一種の隠し部屋のある家だそうだ。

　この屋敷が建てられた時代を聞かされた時は、意外だった。それは万延元年（一八六〇）であるという。幕末の時代に、密貿易のための屋敷ができているのだ。やはり、この港は、享保の唐物くずれの後も、密貿易が行われ、ひっそりと貿易港の伝統を伝えていたようだ。そして、それを支えていた人々は、太古、海を渡ってこの土地にやって来た、南方系民族の末裔たちなのだろうか。

■

　薩摩は辺境であった。古代、熊襲、隼人の土地として、大和朝廷とは一線を画していた。

　近世になって、関ヶ原の戦に敗れると、いろいろな手段で、徳川幕府に対する鎖国状態をつくり上げ、自ら意図して辺境であろうとした。

　辺境と僻地とは、どちらも中央から離れた土地には違いないが、多少異なっている。僻地とは、ひとつの国、あるいは文化圏の中で、地理的な理由などにより、その権力なり文化なりが伝わりにくい土地である。辺境というと、国なり文化圏の周辺地域、中央の側から言えば、夷狄《いてき》の地である。辺境の側から言えば、中央の権力、文化を直接受けなくて済む、不都合な部分は無視することのできる土地ということになる。

　関ヶ原の戦に敗れた島津義弘は、薩摩に帰るなり、国境に関所を設け、外城制度をつくり上げ、自らの藩を要塞化し、鎖国状態にする。そして、藩内に潜入した幕府の隠密は斬り捨てるという、敗北した藩とは思えない強行策に出る。

　外城というのは、城にこだわらない、麓と野町を合わせたひとつの集落であり、別の見方をすれば、薩摩藩内のそれぞれの地域が、基本的に自給自足の機能をもち、しかも郷中教育などでひとつにまとまった地域社会単位である。そして、これらをたばねるのが藩主・島津氏であった。

鹿児島空港の一角で特産の茶のサービスをしていた

城下町知覧の街を囲むように、広大な茶畑が広がっていた

濠跡にハスの葉しげる鶴丸城址。西南戦争では薩摩軍の最後の砦となった

島津斉彬（上中央）、大久保利通、西郷隆盛など、幕末、明治にかけて活躍した薩摩の偉人の肖像画。尚古集成館にて。
右写真は薩摩隼人の理想像ともいえる西郷隆盛像。西郷翁ほど鹿児島人に愛されている人はいない

徳川時代、他の藩は中央集権化していく。各藩にはひとつの城しか認められず、ひとつの城下町を中心に藩の政治、経済、文化は回転していた。そして幕府は、これらの藩を統括するという体制であった。薩摩藩は、これと同じパターンを、自らの領内にうち立てたわけである。

これに加えて、義弘は、自藩以外の他国者には聞き取れない、理解できない、薩摩言葉（鹿児島弁）をつくった。

この鹿児島弁には本当に苦労した。要するに、写真を撮ってよいのか、いけないのか、そんな簡単なことでさえ、答がわからない時があるのだ。地名にも、思いもよらない読み方があって、道を尋ねても通じない時がある。甘藷翁の徳光神社は、てっきり「とくみつじんじゃ」と呼ぶものと思い、道を聞いたのだが「さつまいもの……」と言って初めて「ああ、とっこうじんしゃさあなら……」という次第である。鹿児島市内の繁華街「いずろ」は、漢字では「石灯籠」と書く。これなど難読地名の最たるものだろう。

辺境が、ひとつの文化圏の辺境のままであるなら、実質的には、大して僻地と変わらない。しかし、それと同時に、他の文化圏の辺境でもあると、話は違う。両方の文

化を組み合わせて、しかもそれぞれの合理的なところを取って、新しい文化圏を形成することが可能になる。

　幕府は世界に向って鎖国をする。薩摩は、幕府に対して、事実上の鎖国を行う。違うのは、薩摩の場合、参勤交代などで、ある程度能動的に、幕府との関係を保っていたことである。片隅の長崎で、細々とオランダとの交易を、半ば受動的に続ける幕府と、参勤交代で、藩主自ら江戸へ出向く薩摩とでは、おのずから、入る情報量の差も大きかっただろう。そして、幕府以外の世界に対してという点でも、薩摩は、琉球との交易、密貿易などで、他の文化圏からの情報も多かった。

　また薩摩藩の特徴のひとつに、士農工商という身分制度の不徹底なことが挙げられる。武士には、城下士と郷士という二つの階級があり、なかには農奴同然の郷士もいた。かと思えば、職人ではあるが藩から士分として遇されている者もいた。藩はというと、ほとんど全ての特産品に専売制を敷き、加えて貿易による輸入品を扱い、商人のようであった。このため、薩摩には豪商というものは育たなかったといわれる。

　職人が優遇される、というのは、技術がすぐれていれば上に立てる、実力本位の世界である。幕末になって、琉球経由で数々の西欧文明がこの地に伝えられた時、それを受けとめ、磯の集成館などで定着させていった力はこの職人優遇政策にあったのだろう。技術や文化は、それを受け入れる一定量の必要性だけでなく、技術的素地がないと育たない。技術や文化の輸入は模倣から始まると思うのだが、模倣すらできないとどうしようもない。

　徳川幕府は、この外様大名を恐れたらしく、長良川、木曾川の改修工事など、難工事を請け負わせる。藩の財政は当然苦しくなり、年貢の取りたてが厳しくなる。平時は農民でも、郷士も武士である。切迫した生活の恨みは、藩主へ向かず、難工事を命令する幕府へと向けられたのだろう。この薩摩で、農民一揆は起こっていない。倒幕運動になるのである。

　集成館で始められた洋式の工業技術の中には、日本で最初というものがたくさんある。琉球交易を通じて、山川や坊津での密貿易で、西洋の辺境ともなり、日本、西洋の二つの文化圏から文化を吸収した薩摩。倒幕運動を実現させ、維新を行った原動力は、こんなところにあったような気がする。

　そして、明治維新で薩摩の実力は、いかんなく発揮される。しかしこの力も、それを生んだ薩摩の地では、西南の役で終焉してしまう。これ以後、薩摩の地で、本来の薩摩らしさが消え去ってしまったように思えるのだ。それは何故だろう。薩摩が中央へ出て辺境でなくなったためだろうか。だとしたら、明治以後の日本文化に、薩摩の文化が、どれほど影響しているのだろうか。

　尽きることのない疑問が、流れに浮かぶ泡沫《うたかた》のように現われては消え去る一方で、澱《おり》のように頭の底に重く沈んで離れない疑問もある。こびりついた疑問の数々を解くことのできないまま、十日余りの旅は、あっという間に終ってしまった。もう一度薩摩へ行こう。きっとまた、新たな答が出てくるだろうから。

諏訪之瀬島の地形は，島の南部を除き野生化しているヤギすらときには足を踏み誤るほど急峻である（青木 章）

無人島開拓

―諏訪之瀬島の藤井富伝

文　稲垣尚友

写真　青木　章

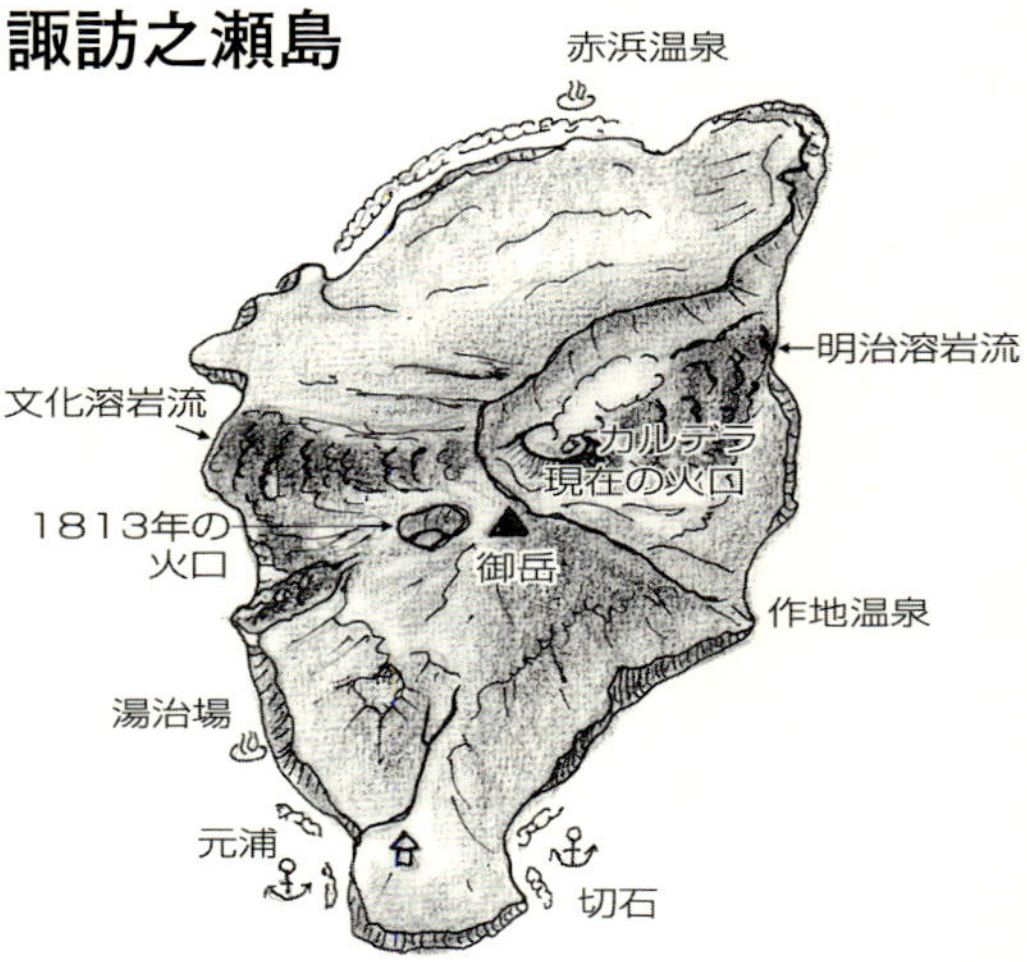

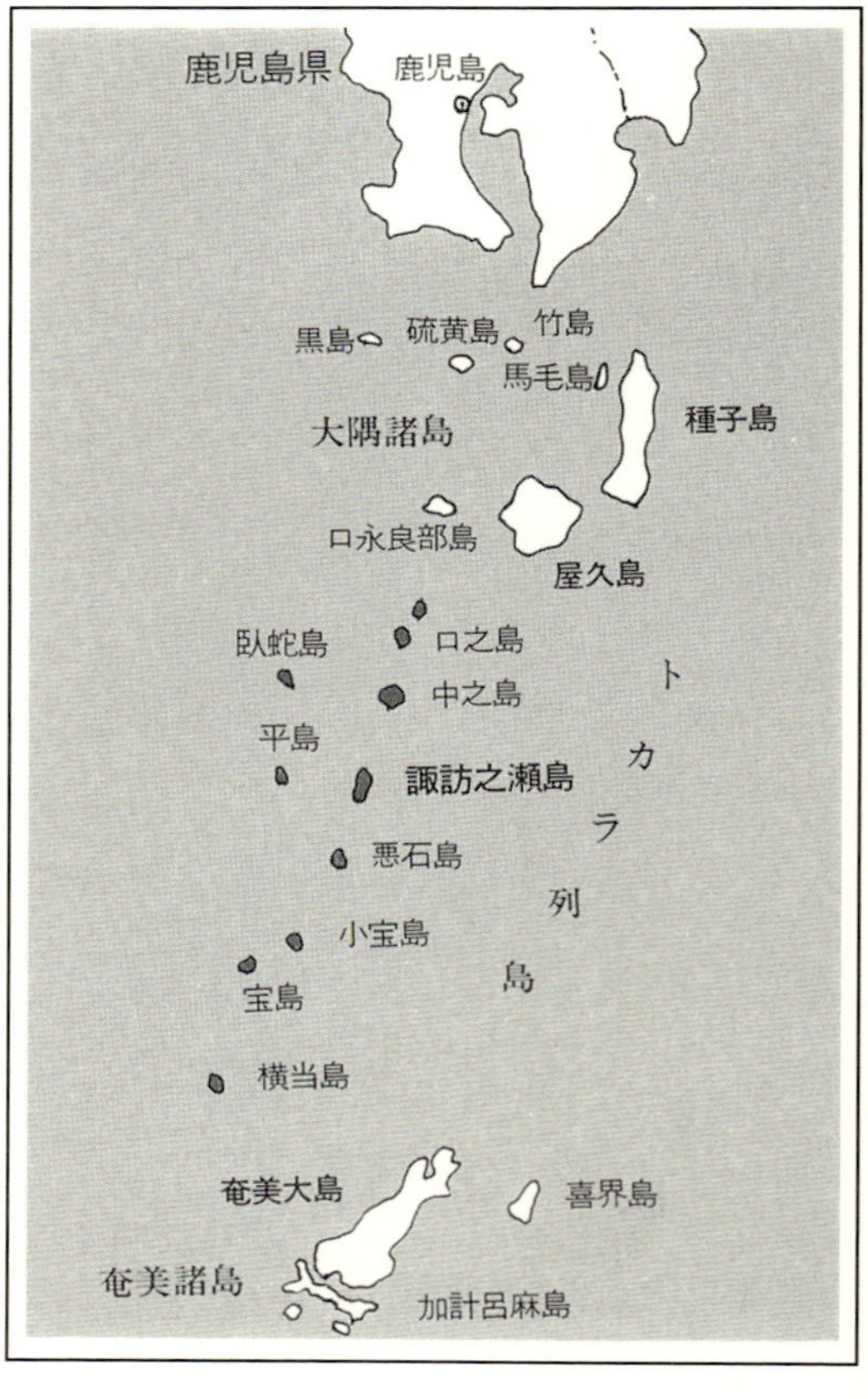

鹿児島県十島《としま》村諏訪之瀬《すわのせ》島。文化一〇年（一八一三）の大噴火で無人島化した島である。再び人影が還ってきたのは、七〇年たった明治一六年（一八八三）である。奄美大島赤木名《あかきな》の人・藤井富伝《とみでん》をリーダーとする二七名の開拓団がそれである。が、噴火はいまだ治まらず、さまざまな辛苦に直面しなければならなかった。
　そうした彼ら、とりわけ富伝の業績にいたく感動した島司・笹森儀助《ささもりぎすけ》は詳細な資料を残すとともに、その顕彰につとめた。これまでの富伝研究はもっぱらそれによっている。が、もう一歩踏みこんで富伝の胸中をおしはかろうとしたとき、ま新しい歴史の切り口が、次から次へと顔をのぞかせるのであった。

■藤井富伝と私■

そういえば一五年前に、蛇皮線《じゃびせん》弾きの老人からゆかりの銀杯を見せてもらったことがあった

富伝の名を初めて耳にしたのは、いまから一六年前の昭和四二年正月であった。鹿児島県の十島村、俗にいうトカラ諸島の島々を私は渡り歩いていた。とば口の口之島に九日ほどいて、南隣りの中之島に移った。ここでは精糖工場でしばらく働き、路銀を稼ぐことにした。そんななかでの一夜、私はひとりの蛇皮線弾きの老人を訪ねたのである。

　老人の家には裸電球がひとつ、奥の間にぶらさがっていた。

島の創造主の御岳火山（799m）は、現在もほぼ月に1、2度地下のマグマを噴出する。
火山活動の初期には数分から数十分の間隔で爆発的な噴煙をあげる（青木 章）

溶岩を噴出する夜の火口。飛散するマグマのしぶきの放つ光彩は、「東シナ海の自然灯台」と称されている。
藤井富伝移住後まもない明治17〜18年の大噴火では溶岩光のため、夜でも仕事ができたという（青木　章）

南の島とはいえ、一月の夜はひえる。老人は肩から厚手の衣装をはおって焼酎を飲んでいた。脇で奥さんが老人を気づかうようにして坐っている。

哀しい旋律が屋内に漂う。焼酎が回ってきたのか、盲目のその老人は奥さんに手をとられて立ち上がった。土間に出て、入口の戸板をあけ、外に放尿する。腰を奥さんがしっかり後ろから支えている。座敷に戻ってから、彼は私に見せたいものがあるといって、箱の中から「銀盃」を出して見せてくれた。

「これはジイさんが諏訪之瀬島を開拓した功労で、明治天皇から賜わったものです」

ということだった。

諏訪之瀬島とは、目の前の海上に浮かぶ火山の島である。赤く燃えた火口が中之島に向けて口を開いている。夜になるとそれがよく見えた。目の前に出された三つ重ねの盃は、暗い屋内の灯のせいかうす汚れて映った。私は内心で、

「年寄りの自慢ばなしか」

と舌打ちして、その場を逃げるようにして立ち去った。

海岸に沿った月明りの道を歩いて宿に帰った。途中思ったことは、明治天皇の下賜という事実と、この焼酎くさい辺地の島の人間がその対象になったということが、どうつながるのだろうかということであった。定期船の就航が決まったのは明治四一年であった。何ヵ月かに一度立ち寄るか立ち寄らないかの船であった。それ以前は、年に一回ないし二回、鹿児島に通う「年貢船」が唯一の交通手段であった。情報も乏しい。日清、日露の兵役に出た者もいない。徴兵制が島に施行されたのは明治四一年になってからであった。中央からおくれること三六年である。

私は中之島に数週間いて、次は臥蛇《がじゃ》島に渡るつもりでいた。それから島を逐次南下して、奄美から沖縄へ渡り、その南端から漁船にでも乗って台湾へ上陸しようかぐらいに思っていた。私は頭の中で「国境」を無視したがっていたのである。

島伝いに南下する二五〇トンの村営定期船に乗り込んだ。が、あいにくキタゴチ（東北）の風が強くて、臥蛇島からのハシケが出せない。接岸港がないから、ハシケの中継がなければ荷も人間も陸に上がれないのである。定期船は汽笛を島に吹きかけでもするかのように一声すると、次の島に向かってしまった。

次の平島《たいらじま》でも波浪が高い。三つ目の諏訪之瀬島まで来たが、やはりハシケは出せない。切石《きりいし》浜というところの沖に二泊して、やっとハシケが通う凪になった。船酔いの激しさから、私はわらをもつかむ思いで上陸を願い出る。

上陸後何日目かにひとりの島民が、

「藤井富伝ていう人の墓が部落はずれのスバタケに建っているよ」

と教えてくれた。スバタケとは海上を見渡せる台地の上にある潮見の場所で、そこに墓は建っていた。ただ「藤井富伝之墓」とだけ刻まれていた。ところが、別の島民は、不満顔で、

「諏訪之瀬島を開拓したのは、富伝ひとりではないです

よ。みんなが力を合わせて、この島を切り開いたのだよ」というのである。
　以上のことを見聞きした段階で、私は富伝のことは忘れてしまった。

愛する島・臥蛇島の「実在証明」の過程で藤井富伝の名が急に浮び上がってきた

　時は下り、臥蛇島が過疎という理由から昭和四五年に廃島となるのを目撃した。その後、私は島の古文書類を譲り受け、「遺産刊行」をガリ版本で試みる。廃島処分にした行政府への、私の力ない質問状でもあった。告発状までのエネルギーは望めなかった。

　回答を得られるべくもなく、私は南隣りの平島へ浮気をする。人口一〇〇人、三五戸の人間集団の中で、私は現在を生きる島民の真似ごとをする。カミさん子供も巻き込んで。日々を刻むことこそ歴史の証人としての役目、と、ウスラウスラ自覚していた。

　その私が、現在だけではなく、過ぎた時代をさかのぼることに抵抗がなくなったのは、島を離れてからであった。逃げるようにして離れ、「二度と島には戻ってくるか！」と捨てゼリフを吐いての離島であった。それがひとりよがりの吐き違いではなかろうかと気づいたとき、時間を遡及する欲がわいてきたのだった。

　そして、北関東の内陸部深くに潜んで、竹細工を生業として何年かがすぎた。カゴ、ザルは言うに及ばず、机、椅子、収納箱、天井張り、ベランダ……、竹でできるものならなんでもつくった。

集落は平地の開けた島の南部にあり、集落上方のなだらかな山の斜面では牛の放牧がおこなわれている（写真左端の空閑地）。島の植生は標高500m前後まではシイ、タブを中心とする照葉樹林がみられ、それ以高はイタドリ、ハチジョウススキ、マルバサツキなどが溶岩の窪みや陰に見られる（青木 章）

地表から50cmほどは窒素分に富む黒色灰で、天然の肥料には恵まれているが、開墾は一年放置すればジャングルとなる竹との闘いである。主要作物はラッキョウ（出荷用）、飼料用イモ、自給用の蔬菜類で、一戸あたり2、3反を耕作している（青木　章）

あるとき私は、岡山に住む二〇を過ぎたばかりの若者から手紙をもらった。彼は最後の臥蛇島分校中学卒業生である。

「……毎日元気でおじさんのそば屋で働いています。先日、配達先で偶然に島の記事を目にしました。

親父がいうには、島にいる山羊の権利は手放したわけではない。山羊の権利がまだ島民のものだとすれば、何とかもう一度、島を興せないでしょうか。たとえ私ひとりでも島に上陸して、と思ったりします……（後略）」

若者の思いが私にわずかではあるが伝わってきた。それで私は、彼の教えに従って、笹森儀助著『十島状況録』（明治二九年刊）を探し、読んでみた。臥蛇島の項を捜す。

――家屋の構造、中之島に及ばざれども、村落の清潔なること其上にあり

――本島古来漁獲もっとも挙ぐる地なり

――漁業の進歩を追い其方法を改め、内地漁船の競争に抵抗するを得るもの独り本島あるのみ

――金銭の貯蓄ある事十島に冠たり

――独り本島婦人のみ其容貌の改良せられたるは、しばし内地、枕崎に渡航するに原因すといえり

垢抜けした婦女子と十島随一の財力とが、儀助の印象に残ったようだ。それだけの記述をしてくれたことで、私は儀助を高く評価してやまなかった。つまり、私の読み方というのは、いかに臥蛇島が他島に負けない存在であったかを抽出したがっていたのである。

「わしらが青年のころは、臥蛇は平島なんぞに負ける島

じゃなかったがなあ」

と述懐した老人のことばは、私を喜ばせてくれた。現実は、一方が青年も多くにぎやかな島であり、一方は無人の島となったのだが。

同じ本の諏訪之瀬島の項にも目を通す。ここで初めて私は、藤井富伝のことを詳しく知ることになった。私が知ってからのトカラでも不便な地だと思っているのに、全く船の通わない時代に、無人の島に渡ってきたのだろうと思うと、不可解でならなかった。臥蛇島の「実在証明」のための証拠固めの途中で、富伝が飛び込んできてしまったのである。

■富伝とその時代■

富伝に関して書かれたものは限られている

ひとつは前述の『十島状況録』である。これは三一書房から出されている『日本庶民生活史料集成』の中に収められているので、金さえ出せば誰もが読める。ほかに同じ人の著した「藤井富傳翁傳」というのがあると後日知った。私はその本を儀助の孫に当たる人から見せてもらうことができた。

いまこの二書を参考にしながら、富伝の略歴とその時代背景を少し書いておこう。年齢はすべて数え年である。

文政一〇年（一八二七）一歳——いまから一五五年前に、富伝は奄美大島笠利間切赤木名外金久《かさりまぎりあかきなそとがねく》で生まれた。父の藤井彦七は鹿児島川内平佐《せんだいひらさ》の出身である。大島寓居のときにもうけた外腹の子、と前書にはある。

四歳——父・彦七がこの年齢のときに没した。三〇歳の若さであった。中産の農民であったが、負債が払えずに田畑家屋までが他人の手に渡る。兄・喜祖富《きそとみ》（幼名・万次郎、一一歳）は父の残した薬価砂糖一〇〇〇斤分のために医師の「奴僕」となる（以後九年間）。

この「奴僕」というのが私にはわからない。島には特有の農奴として家人《やんちゅ》という身分があり、普通健康男子で砂糖一五〇〇斤ないし二〇〇〇斤で取引きされたが、喜祖富の場合はそれではなさそうである。

次兄・牧民《まきたみ》は八歳であった。牧民、富伝、母の三人は親戚の製糖場に間借りすることになった。

この年、島の歴史上の大事件が起こった。「砂糖惣買入れ制」が実施されたのである。積年の赤字は島津藩に五〇〇万両の負債をつくり、藩士への給与も一三ヵ月滞ったほどである。その財政立直しの矢面に立たされたのが島の砂糖であった。辛苦の労働の中で作られた砂糖であるが、農民はそれをひとなめすることもできないほど絞り上げられたのである。「若《も》シ、抜《ぬけ》砂糖ヲ取り企テ候本人共ハ死罪ト為シ行ワル可ク」（「大島代官記」）とある。上納後手元に残った余計糖は藩が強制的に買い上げる。金ではなく羽書《はがき》という一種の手形で。その羽書で島民は日用品と交換する。交換レートも藩のおしつけである。砂糖一斤で米一升二合弱が、手に入った。当時の大阪の相場の実に六・二八倍の交換率であったという（前田長英著『薩摩藩圧政物語』）。

島はますます疲弊し、上納のままならない農民は激増し、島人の三割近くが家人の身分に落ちていった。

七歳――牧民一一歳で名瀬に養子に出る。富伝は母とともに農事に努める。

九歳　余暇に隣人の萩原萩哉に文字を習った。この人は遠島人（流刑人）であったろうか。ともあれ、文字を習うということは、一般自作百姓（これをひとり百姓という）では異例のことである。

一三歳――貯金を得て兄の身体を償還する、と儀助の書にはある。借金を返して兄・喜祖富の身分を解放したのであろう。家人の場合も、一世は金で解放されるが、その子は永代家人である。生涯、農奴として働くことになる。家人人口は増えこそすれ減らなかったのも道理である。

さらにこの年、富伝は蓄えの中から田六反を買い、半分を兄に分与している。その労をねぎらうためだったのか。まだ一三歳の少年がしたこととは思えない。

一九歳で最初の無人島探検。その後も絶えず舟人たちから情報を集めていたようだ

天保一四年（一八四三）、一七歳――鹿児島に出て、父方の従兄に医道を学ぶ。

一八歳――病に罹《かか》るがただちに快復する。後の眼病の兆しはこの時に発している。三〇歳のときに一度明を失い、六七歳では完全に失明する。

また、この年、トカラの南端の無人島・横当島に渡り、竹を植えて帰る。将来の移住民の使用に供するためと漂着船の補修用のためである。このときすでに無人島に強い関心を抱いていたことが分かる。

一九歳――従兄没し、富伝は大島に帰り、再び農業に就く。農業に就くといっても、その規模は知れたものであった。兄の喜祖富と耕地を二分し、年間の籾《もみ》の収量は二石七斗にしか過ぎない。芋（甘藷）と麦で食料を補っていた。

二九歳――赫《てらし》家の長女を嫁にもらう。この赫家というのは、一字姓を許され、郷士格として赤木名の支配層に名をつらねている由縁人《ゆかりっちゅ》（島役人をつとめる由緒ある家系の人）である。だから、赫家と婚姻を結んだことが、逆に富伝の身分を物語っているはずなのである。

山岳重畳し、海岸線まで山がせり出している奄美では、耕地は不足していた。永年の「砂糖地獄」に苦しむ貧農たちにとっては、自作の耕地など望むべくもない。他人の土地を小作し、わずかに飢えをしのいでいたに過ぎない。この現実に富伝は何を考えていたであろうか。

笠利間切赤木名は大島本島の東北部に位置している。大きく湾入した入江のつけ根の部分に赤木名部落はあり、天然の良港に恵まれている。それがため、藩制時代には港町として栄えた。島の最高権力者は大島代官であるが、彼の屋敷（仮屋敷）も赤木名に建てられていた。

船の出入りは盛んであった。鹿児島から大島全域に運ばれる物資はここで陸揚げされたのである。砂糖を積んで上鹿する御用船もここの港から出た。こうした船の乗組員や上鹿した島人から聞く話の中に無人島の話があっ

た。そのなかには「土地すこぶる広大にして、（文化一〇年＝一八一三の大噴火で廃島となり）目下無人の境界に属するものなり」という諏訪之瀬島の話もあったはずである。

ご一新を期に好機到来と富伝は勇みたつ。が、折悪しく西南戦争の最中でかえりみられない

明治九年（一八七六）、五〇歳——維新後、新政府が拓殖事業に熱を入れているとの情報を得る。若いころから「遺憾」に思っていた諏訪之瀬島開拓を実現する機会がやってきた、と彼は判断した。

　同じ赤木名の村に泉実行という人がいた。彼も新天地を捜していた。そして、同じ大島の名瀬方《かた》瀬花留辺村の山奥に平坦地を見つけたので、その地に鍬を入れる決意を固めた。

　そのことを聞いた富伝は、さっそく泉実行宅に飛んでいく。彼の頭の中は、諏訪之瀬島のことでいっぱいである。同島開拓にはまず資力、それと人材である、とみていた。

　泉実行を説得してみる。「いくら平坦地があるといっても、大島では知れたこと。それに人口が多い。隣り合わせの狭小地を耕すことになりかねない。どうだろうか、周囲六里（二四キロ）もある無人の島を一緒に開墾してみては」と話をもちかけて、泉実行をくどきにかかる。

　泉実行は説得に応じた。この二名に盛仲信と林時広とが加わり、開拓団の核となり、人選をすすめた。同行者の条件として、「一、性行確実。一、飲酒セズ。一、航海ニ熟練ナル者」の三点を考慮して、合わせて一一名を選ぶ。核となった四名を加えると一五名である。

　彼らは、永住が可能か否かの下検分をすることにし、島形三間船を新造し、各自が白米を一斗、そのほかの必需品を積んで、赤木名港を出帆した。明治九年六月二二日のことであった。

　翌二三日に一行は悪石《あくせき》島に着いた。順風であったのだろう。一〇〇キロ余の海上を一晩で走り抜けてきたのである。

　この島は諏訪之瀬のすぐ南、海上六里（二四キロ）のところにある。文化一〇年の大噴火で諏訪之瀬島が溶岩流に埋まったときの避難民が、この島に移ってきていた。その人たちに旧村落のことや地形等をたずねる目的で寄ったのである。以後も開拓の中継基地として、たびたび立ち寄ることになる。

　悪石島に九泊して、七月二日に目的地に向かう。波が高くて旧村落になかなか近づけない。島の南側を廻って切石浜に上陸し、陸路、旧村に向かう。探検の目的は三つあった。火山の再裂の恐れはないか、水はあるか、三〇〇人の入植が可能な地があるか、である。洋上から火口を確かめ、上陸後は耕地・水源を確かめる。四日間の踏査の後に富伝は三条件は備わったとみて、移住を決定する。

　帰路、悪石島までは順風に恵まれたが、翌日から風が逆になり、出帆できない。二一日も後の七月二八日、ようやく風を得て出るが、途中洋上で無風になる。付近は

●明治九年探険者一五名氏名●
藤井富伝　泉実行　盛仲仙　林時広　池山仲吉　藤井喜祖富　久木山貞和志　本田浜祖喜　原口当和嘉　有馬常積　萩原萩和志　松元伝芳　川畑伊富行　泉覇栄吉　川畑伊富栄

●明治一六年移住者二七名氏名●
藤井富伝　池山仲吉　盛仲仙　林時広　池山仲政　浜田実祖志　伊喜美則　牧幸孫子　草貫当和志　泉実行　三川実栄志　泉覇栄民　泉覇栄吉　山田宮積　（姓不詳）春栄　（同）伊栄益　丸山喜美政　円喜史民　（同）浦豊　清清行　山田覇栄静　高尾野幸助　盛赤坊　坂元嶺静　有馬常積　用源百九　永田喜子元

●明治一七年以降の新移住者●
増角原行・（妻）アグリ　盛長太郎　山田斉次　坂元福太郎　山田亀次郎　富山直太郎　萩原坊　土岐利兵衛　泉直熊　前島良蔵　高米和志　前田平兵衛　栄福太郎　中村吉太郎　畠喜美哲　鎌田タケ　本田浜祖喜　丸山佐喜厚　山田七熊

（『十島状況録』から）

「七島灘」と呼ばれる航海の難所である。海の藻屑と消えた例は枚挙にいとまがない。「舟人」が交代で漕ぎ続け、二日目の昼ごろようやく笠利村にたどりついた。

帰郷の八日後、八月七日に、移住開拓の願書を戸長に提出した。合わせて資金借用も願い出る。金二〇〇〇円、米一五〇石、大豆八〇石、塩一〇石、それに鰹船四隻を願い出るのである。担保として、願主たちの生産糖一三万余斤を出すことにした。

五一歳——翌年になって却下がいいわたされた。戸長は資金借用の件を県に中継ぎしたもようである。時の県令は大山綱良である。彼は西郷隆盛の高弟であり、同年に始まった西南の役の軍資金調達の任に当たっていた。無人島開拓に注ぐ資金などありようはずもない。資金の目途も立たず、同志も去っていく。

入植したはいいが、拝借金も成らず作物も実らず、一時撤退。再渡島したら噴火に見舞われ、餓死寸前の日々が続く

明治一六年（一八八三）、五七歳——戦役は明治一〇年二月に始まり、九月に終わった。県令は長崎で斬に処せられる。県令が二度代わった明治一六年に、先の発起人三人と共に富伝は再び上願するが許可は得られなかった。が、別の達しで「まず其業に着手すべし」とのことであった。富伝はさっそく同志をつのる。

閏五月、二七名の賛同者は二隻の帆船に分乗して目的地に向かう。一隻は買い入れたもの、一隻は借り入れたものである。飲料水、そのほか船中や移住後の食糧を積み込む。開拓のための道具類も合わせて二〇〇円を超す量を持参した。費用は各自が等分に負担したと、『十島状況録』にはある。

このとき何人かの協力者から寄付をもらっている。赤木名で紬を商う友野商店からは帆を何枚か贈られた。そうした品目がこまかに書かれた「芳画帳」が、子宝に恵まれなかったために明治八年に迎えた富伝の養子・乙次郎の孫に当たる藤井利夫氏が子供のころまで諏訪之瀬島に残っていたという。

諏訪之瀬島についた彼らは、元浦《もとうら》の海岸に「大なる木

屋」をつくり、ここを根拠地に開拓にとりかかる。が、実際に開拓にとりくんだのは富伝を含め一三人で、残り一四人は手塚大和なる者とともに一艘に乗し、資金拝借のために上鹿していた。この手塚大和という人は鹿児島人で、赤木名に寓居し子弟に文字を教えていた人だが、富伝らの行いに深い関心をもち、実際に諏訪之瀬まで来て、耕作するに足ることを確かめたうえで、人員を二分することを提案したのである。が、その「斡旋」にもかかわらず、拝借金はならず、八月になって、わずかな玄米と種麦を島にもちかえることができただけであった。

島に残った富伝らは、日々木を伐り山を開き、畑六反歩余を拓いて、甘蔗、甘藷、里芋、大豆、大根を植えた。が、収穫はまだできなかった。持参の食糧も底をつきつつあった。彼らは、耕作物が成熟するころに再び来ることにして、いったん大島へ帰らざるをえなかった。

五八歳――四月、再渡航。このたびの賛同者はぐっと減って、富伝のほか八名を残すのみとなった。うち二名は、家族に病人がある関係で、ともに行くことができない。で、富伝は養子の乙次郎を伴うこととした。

幸いに、前年に植えつけた耕作物は大いに成長していた。一同はほっと安堵し、開拓に励もうとした矢先に、乗ってきた三間船が大波で沖に流されてしまう。外との連絡が不可能になったことは、かえって志を確かにするものだと、後に富伝は回想している。

八月、病人のあった二家族が来る。食糧が乏しくなったため、その船で四月に来た者の大半が大島へ帰る。そのなかには、乙次郎も含まれていた。

十月、御岳が噴火し、ほとんどの作物が降灰に埋没してしまった。わずか七畝だけがかろうじて野菜が採れたに過ぎない。主食にすべき唐芋は全滅した。入植者は噴火の明りを頼りに山野に分け入って葛根を採って、それを叩いて澱粉をとり、団子にして食べた。樹の実を採ったり、貝類を浜で拾っては飢えをしのいだ。周囲が絶好の漁場でありながら、舟がないため沖魚を獲ることはできなかった。

五九歳――食糧が足らず、一家族が餓死寸前になる。富伝は最後の手段として、南の崖の上でノロシを揚げた。救助のために悪石島の青年団の丸木舟がかけつけてくれたのは一五日後であった。

さらに一一月には、口にした野草の毒にあたって二名が落命した。島に残ったのは、富伝の他に三人だけとなった。八歳の娘をかかえた池山仲吉夫婦であった。夫婦は富伝の一時帰郷のすすめにも応じなかった。

六二歳――この年に至って噴火は治まり、耕作物もできるようになった。一時帰郷者たちも、少しずつ戻ってきたのである。

明治二八年(一八九五)、六九歳――富伝の死ぬ一〇年前のこの年には、耕地三五町、戸数三六、人口一六〇人の島にふくれあがっていた。これは笹森儀助が上陸した時に調べた数字である。

大島の島司(現在の大島支庁長の存在に似ている)として十島の島々を巡っていた笹森儀助は、この富伝らの苦労話を耳にして、いたく感動するのだった。

儀助一行は大島出発からすでに七〇日が過ぎている。

連日の夜を徹しての調査、それに帆船による島旅、食糧として持参した米がなくなり、芋をかじっての毎日、そうしたものがつみ重なり、儀助は疲労困憊する。「絶海孤島この危難に罹る。たおるるも天命なり」（『巡廻日誌』弘前市立図書館蔵）と絶叫している。「病臥」とだけ走り書きする日が続く。そんな中で、人の肩を借りて諏訪之瀬島の元浦港に辿り着くのである。

　富伝と出会った彼は、「其身体ノ疲労ヲ忘レ思ハス二時間余ノ長談ニ」及んだのだった。「島庁下拾四万人中一人ノ出色並肩スル者ヲ見ス」と筆はふるえ、『巡廻日誌』の欄外に朱で「偉人・諏訪之瀬島拓殖家藤井富伝」と書き加えるのだった。

　なぜ、儀助はこれほどまでに感動したのか。

■儀助の感動■

守旧派と民権運動のせめぎあいのなかで　儀助は官をなげうち、士族授産の道をあゆむ

　儀助は青森弘前《ひろさき》藩の出である。富伝よりも一七年後に生まれている。

　明治維新のときは二三歳の青年であった。多感な青年儀助は、時代にも敏感であったようだ。北方の防備を説き、藩主に国政改革の封書を手渡す。その手続無視の非礼故蟄居《ちっきょ》を命ぜられるのである。明治新政府の特赦で許されるまでの三年間は、外との通信交際を一切断たれて過ごした。二三歳から二六歳までの時期であった。この間に培った性癖、思考は後年も大きく左右したものと思える。

　明治二三年に帝国議会が開設される予定になった。これは、ひとえに、日増しに激しさを加えていく民権運動をかわすためであった。開拓使官有物払下げにみる政府高官の不正なども火に油をそそぐ結果となった。弘前にも、民権運動の波は押し寄せてきたのである。中央から派遣されてきた県令に利用された点もあるが、不平士族が主軸となった守旧派と、民権派との抗争が激しさを増していった。

　儀助はというと、どちらにも属さない。守旧ではない。かといって、激しくわきあがる民権運動にも身を置くことができない。中に巻き込まれたくないと思った儀助は、あっさりとそれまで一二年間務めた中津軽の郡長職を辞した。そして、かねてから念願していた士族授産の道を歩む。富伝が五〇の峠を越して、楽隠居のはずを、土地・家屋を投げうって無人島開拓にひた走ったのと、どこかで共通点があるように私は思う。

　儀助が具体的にやったことは、農牧社という名の共同経営農場で、移住農家に開拓させる構想であった。また、当時としては先進的であった酪農も試みたのである。職場に入ってきた若者のひとりに外崎《とのざき》嘉七というのがいる。後にカナダからりんごの苗をとり寄せて、今日の青森りんごを育てた人である。

　農牧社のかたわら彼は熱心に新設の帝国議会に通い傍聴する。牛乳の売捌《うりさば》き所を東京に設けるためといっては

徒歩で牛を引いて、数百キロをデモンストレーションをしたこともある。政府の借入金の申請のために時の要人の元にも出入りしていた。まだ四〇代の儀助は官吏登用の道を捜していたふしもある。

　在京中に品川弥二郎や井上毅らとも往来があった。内相・井上はその後も儀助を励まし、時にはポケットマネーを手渡していたようだ。後に儀助が関西・九州に七〇日の徒歩旅行をするに際して、井上はあれこれと面倒をみている。また、陸掲南《くがかつなん》からも多くの示唆を得ている。掲南は、時の論客である。新聞「日本」を創刊し、また、多くの著書をものにしている。弘前の、しかも同じ在府町の生まれであることも手伝って、二人は親密であった。

悪石島の遠望（青木　章）

　議会に多大な期待を寄せた儀助であったが、その実状を知るや、いたく失望する。山県有朋の計画した軍備補充予算は議会で削減されてしまう。民権派のいう民力をまず休養させよ、経費は節減せよ、という論が儀助には納得できない。民党は民におもねて、国を危うくするのではないか。儀助は、たえず国を憂えていた。

辺境をへめぐったすえに儀助は富伝に出会う。そして、自分の夢の実現者を見る思いで感動する

　議会への期待を捨てた儀助は、農牧社からも手を引き日本各地への徒歩旅行を思い立つのだが、その初め、特異な二ヶ所を訪ねている。ひとつは福岡玄洋社という政治結社の一員であった故・来島恒喜の遺族を、もうひとつは、故・西野文太郎の遺族をである。先の来島は、外務卿・大隈重信（早大創設者）に爆弾を投げつけて片脚を奪った男である。屈辱的条約改正の責任を迫ったわけである。もう一方の西野も、政府高官に切りつけている。文相・森有礼の伊勢神宮における不敬に怒って刺し殺す挙に出た。民におもね国を危うくする人物たちを失脚させたことで、儀助は喉のつまりをいくらかでもおろせたのであろう。二遺族に祭祀料を置いて立ち去っている。

　儀助は「中央」をたえず注視しながらも、辺地・辺境へ足を運ぶ。先の七〇日の徒歩旅行は明治二四年（一八九一）である。二年後には千島を探険している。二五年

通船作業の中でも、艀を海におろす作業は常に危険と隣り合わせ。本船が島に接岸できるようになるのは昭和58年である
昭和47年撮影（青木　章）

（一八九二）には、南島探険と称して沖縄の島々に渡っている。どんな資格・肩書きでいったのか、はっきりしない。表向きは一私人であるが、井上内相らの紹介状もたずさえていたろうか。旅先で投宿するところも支配層につらなる人々が多い。出会う人（面会者）も役人が多い。

沖縄から帰ってきてから、彼は大部な報告書を著した。『南島探験』である。この書は時の地理学者に評価され、紹介記事がいくつか世に出された。

そんな前歴もあって、儀助は大島の島司におされる。明治二七年（一八九四）から三一年（一八九八）までの丸三年である。この時に十島《じっとう》の島々を巡ったのである。今日にいたるまで十島を訪ねた島司（後の支庁長）は儀助ただひとりである。

この巡航の中で富伝に出会ったわけだ。無人島開拓に心血を注いだ人間を前にして、農牧社から中途で身を引かざるをえなかった自分を対比させたに違いない。「偉人・藤井富伝」と朱筆したときの感動は、後世の我々にも伝わってくる。感動の次に儀助は何をしたかというと、県知事（県令は明治一九年＝一八八六に改称される）に上申書を提出したのである。七〇年間無人であった火山島を開拓した人間がいる、ということを知ら

沖がかりしている村営定期船十島丸とその右手の通船作業にあたる艀を見守る島人たち（青木 章）

しめずにはいられなかった。そのあと、政府賞勲局にかけあう。国益を計り、顕彰に値する人間がこの辺地にいる、と力説する。そして、一平民に対しては名誉この上ない「特例銀杯一組下賜」の官報が出された。儀助はこの報に接し、ひとつの義務を果たしたと思ったことであろう。富伝の計り知らない間のできごとであった。

■富伝研究の二人三脚■

養子・乙次郎の孫の証言——銀杯を貰いに上鹿したとき富伝は吏員に「くれるものは早くくれ、風向きが変われば島に帰れん！」とどなった

一方の富伝は、はたしてどんな気持で賞勲局からの知らせを目にしたろうか。そんな疑問を投げかけても、富伝の側からの記述はどこにもない。それで私はこの足で富伝の肉声に迫ってみようと思い立って、昭和五五年三月、富伝の養子・乙次郎の孫に当たる藤井利夫氏を訪ねることにした。大正二年生まれで、現在大阪にいる。

利夫氏にはこれまでに二度ほど会っているので、多少は気心も知れている。一回は、私がいまだ平島住民であったころ、彼は生まれ島の諏訪之瀬島に渡ってきた。同島に渡るには平島の港に寄ってからでなければ船は向かわない。ハシケ作業で沖の本船に私が飛び乗ったときに、偶然にも利夫氏が乗っていたのである。あと一回は鹿児

島の村営宿泊所で出会った。

二回の出会いで交わした会話は少なかった。彼は私に対して、ある目で見ていたのである。村長の入れ知恵を彼は信じていた。

「村の悪口を書く平島のヒッピー」が村役場内での私にたいする定着した評価であった。彼がそう思っているということを別の人を通して私は知らされていたので、口を開くのが苦痛であった。

その利夫氏が、あることで村当局と行き違いがあった。それ以降、彼の私に対する考えが変わってきたのであろう。思いを込めた島の資料集を分けてくれという。それは祖父・藤井富伝の業績を世に知らしめるための参考にする、とのことであった。

その後、二人三脚で「富伝翁伝」を出そうと話し合い、集めてきた新資料を互いに交換したりしてきた。私も生業のカゴ屋に熱が入ったりで、二人三脚はなかなかスタート台に立たなかったのであるが……。

――これはジイさん（乙次郎）から聞いた話ですが、銀盃を貰いにはジイさんが富伝について行ったんです。帆船しかない時代ですから、期日までに鹿児島の県庁に出頭できるか心配したそうです。

鹿児島の港から県庁に向かうとき、乙次郎ジイは富伝を気遣って、紋付羽織の正装をすすめたんですが、富伝ていう人は聞かんのです。「紋付はいらん」ていうて。晴れがましい日ですから。それなのに、本人はよれよれの服に杖ついてですなあ、わらじばきです。そのみすぼらしさをジイさんがとがめて「せっかくの日に……」ていうと、富伝は「ありのままを見てもらえばよか」ていうて聞かんのです。路地から子供が飛び出してきて、「乞食が行く、乞食が行く」て、はやしたてるんです。乙次郎ジイが「ほら、子供らまでがあんなにいうではないか」というと、「いや、かまわん、子供は正直じゃ」と、表情も変えずに歩いていった、ていいます。

県庁の廊下で永いこと待たされて、しびれを切らした富伝が、吏員を怒鳴りつけたそうです。「くれるものは早くくれ！　風向きが変われば島に帰れん！」と。おどろいた係の者が賞状と一封の五〇〇円を手渡そうとすると、「金はいらん！」といって、さっさと県庁を後にしたそうです――

富伝は国家をどれほど意識していたろうか。儀助の言葉をもう一度洗い直す必要がある

利夫氏の話は新鮮であった。「お上」の前で正装する必要は富伝の側にはなかったのである。「国君に仕ふべしとの母の一言忘れざりし」と言い続けた儀助とは違う。

儀助は富伝を評価して、「国家ノ生産ヲ増加シ、大島無数ノ貧民ヲシテ生業ヲ得セシメ、無人ノ地、漂流難破ノ人命ヲ救助シ、併セテ子孫ノ幸福ヲ増進セシムル」というが、はたして富伝はそんな考えから諏訪之瀬島に入植したろうか。少なくとも国家をどれほど意識していたか、儀助のコトバをもう一度洗い直す必要がある、と私は思った。

富伝の一生は、「中央」とは無縁の、辺地辺境の開拓を前面に唱え上げての人生ではなかった。ましてや、天皇の臣民という意識が強かったとは思えない。

中之島の蛇皮線弾きの老人は先祖の自慢話にあの銀盃を取り出してきたが、富伝にとってはただの食器ではなかったろうか、とも思えてきた。

が、それを探るには、あまりにも資料が欠けている。どのように迫ればいいのか。もっとも精度の高い復元法は、富伝を直接に知る人たちに問いただすことである。が、本人が死去してからすでに七八年がたつ今日、そうした証言者の生存の可能性は薄い。不本意であるが、その証言者の証言を聞いた者たちを訪ねるしかない。

そう考えて私は、五六年八月に再び利夫氏を訪ねた。そして、富伝と一緒に開拓に励んだ人たちの血縁者を問いただしたのである。彼は私に貴重なひとつの情報をもたらしてくれた。富伝の兄・喜祖富の孫（丸山氏）が大阪にいるとのことだった。

大きく枝を張った神社の松。文化十年の御岳の噴火にも耐えて生き残った（青木　章）

■兄・喜祖富の準肉声■

いきなり喜祖富の肖像画と対面、私はただただ驚いた。しかも、袢を着て端座したその姿は「奴僕」のイメージではなかった

昭和五七年七月七日朝、私は北関東のわが家を出発して西へ向かった。今回は大阪でまず丸山さんに会い、そのあと鹿児島まで足を伸ばし、さらに船で富伝の生誕地である赤木名にも行くつもりだ。大阪は一〇カ月前に利夫氏に会いに来て以来である。いつもながら思うのだが大阪は緑が少ない。そして、家がひしめいている。

丸山氏宅の最寄り駅に着き、約束通りに電話を入れると、奥さんらしい人の声が、「もう駅に向かいました」とのことだった。どんな顔付きかもお互いに知らないのに、どうして見つけ出せるのだろうか。が、そんな心配をよそに、受話器を置いた私のすぐ後ろにベレー帽の初老の男の人が立っていた。目線が互いに合った。

「こっちです。少し歩きますけど」

二人は駅前商店街の中を歩いていった。線路にそってだらだらと続く商店街を二〇分は歩いたろうか。すでに次の駅に近いのではないかと思われるほどだった。「ここが私の家です」といって通されたのは、近くの雑然とした家並からはかけ離れた鉄筋三階建の豪邸であった。まだ新しいようだった。私は三階の座敷に通された。南の窓にゆれる薄いカーテン越しに家々の屋根が遠くまで望める。

「まあ、よくいらっしゃいました。わざわざおいでいただき、先祖のことをお調べいただきありがとうございます」

と、あらたまって挨拶される。私も、あわてて座を正して頭をさげた。私は来意を告げ、同時に持参した手製ガリ版本の資料集（『十島村の地名と民俗』上・下、『トカラの伝承』『平島放送速記録（一）』『臥蛇島部落規定』）を机の上に置き、「どうぞ」といって彼に押し出した。

　彼はしばらくそれらの本をめくつていた。

「さっそくですが、丸山さんは喜祖富さんのお孫さんになられるわけですね」という私の切り出しに、彼は「何でもお聞き下さい。かまいませんから」といって、いろいろのことを語ってくれた。私の資料集も効があったはずである。

　が、語りの中で何回となく、「私は、すでに丸山姓に変わっています。藤井家とは何の関係もないんです。どうか、私のことは書かんとってください」というのだった。そのことは家につくまでの道々でも聞かされていた。だから、私は丸山さんのことは公表しかねている。

　話が始まって間もなく丸山さんは隣の仏間に私を案内してくれた。そこには、なんと、喜祖富の色付きの肖像画がかけられてある。ずんぐりとした丸顔の人で、袴を着て端座している。肩のあたりに墨書がある。私には読めなかった。丸山さんの説明では、大島の代官になったときの辞令文のようだという。私は、ただただ驚いたのである。医者の「奴僕」とあるから、さぞ苦労し、やつれた人かと思っていた。それが、代官だったという。百数十年前の資料が目の前にあることにも興奮した。

　富伝を追うなかでは初めての生《なま》の資料であった。


富伝の兄・喜祖富の孫の証言――

「ジイさんは姓も名も変え、口永良部から屋久島へ渡りました。自分の半生は記録から消されていく、てよくいいよりました」

――私はジイさん（喜祖富）に育てられたのです。ジイさんは私の子守り役でほかに何もしよりませんでした。昭和二年まで生きてました。死んだのは九八歳です。だからよく憶えております。私はいま七〇になります。

　明治一七年の戸籍でジイさんは藤井姓から丸山姓に変えています。赤木名には丸山姓はありません。たまたま近くに思いつく地形があったから、それを姓にしただけらしいんです――

　なぜ姓を変えたのかですか？

――ジイさんは「自分の半生は記録から消されていく」

藤井家家系図

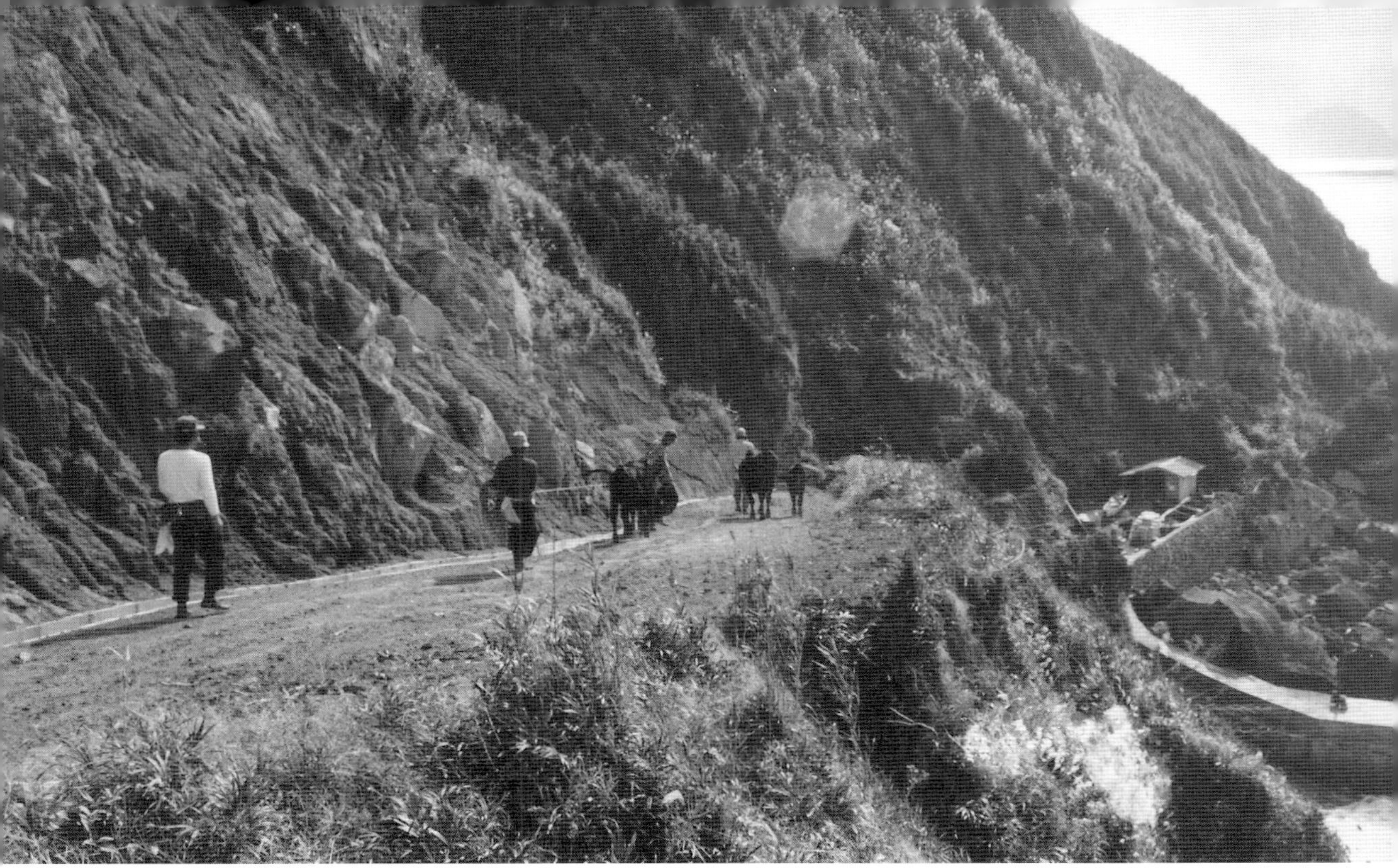

鹿児島への船積みするために港に曳かれていく牛（青木　章）

て、よくいいよりました。自分から喜祖富の名を消しておるんです。戸籍筆頭者も架空の貞夫という人にしている。喜祖富の名も変えて佐喜厚《さきあつ》の名を使ってました。万次郎―喜祖富―佐喜厚と変わったわけです。

私で三七代目になります。系図も残っています。初めて大島の目付役になった人の名は山口五太夫ユキハルという人だと、ジイさんから聞いてます。もともとは鹿児島の千石町《せんごくちょう》に屋敷があり、墓は千石馬場にあったそうです。明治三〇年代にジイさんとその長男である私の父（万吉）とが捜しに行ったそうですが、見当たらなかったといってました。

喜祖富の父親ですか？　彦七は聞かん名です。戸籍上では藤富となってるはずです。川内平佐の出というのは知りません――

丸山さんのコトバは歯切れがいい。嘘をいっているとは思えない。では、富伝が自分の父親を川内平佐《せんだいひらさ》の出身者と思い込み、それを儀助に記録させたのはどういうことなのだろうか。両者の相違点を対照させると、次のようになる。

富伝談「父・彦七、川内平佐の人。最初の大島渡来者は彦七」

喜祖富談「父・藤富、鹿児島千石町の人。最初の大島渡来者は山口五太夫ユキハル」

そのほかにも私は目新しい事実のあれこれを知らされて頭の中は混乱した。

――ジイさんは明治二〇年に大島に帰っている。妻の療養のために。そして二二年に妻が死にます。開墾の厳しさが原因でしょう。それから間もなくして、鹿児島へ向け出帆してます。これは本人の意志というよりも、息子らの希望でです。

一緒に坂元、平田の二家族も出たんですが、途中、三隻は口永良部《くちのえらぶ》沖で難破して、喜祖富は岩屋泊に辿り着き、ほかの二隻は湯向《ゆむき》というところに上ったわけです。三家族は湯向で五年間百姓をして、そのあと喜祖富は屋久島の宮之浦に移りました。口永良部から出るときには島津家から貰った羽織二枚、陣笠二枚、すべて捨ててきます。

私は屋久島で生まれ育ったんですが、ジイさんが鍬を握ったのは見たことないんです。苦労を知らない人で、刀振り回すだけの人間じゃなかったんですか。私はそう見とります。とにかく気位の高い人で、私の守りをしながら「下にいーっ、下にいーっ」ていって、村人がひざまずかないと木刀で打ったりしてるのを憶えてます。

でも晩年は失意のドン底で死んでいきました。私によくいい聞かせてたことは、「他人の中で暮せ」ということでした。自分の過去を消したくもあったんでしょう。それから「大島には絶対に近づいてはならない」「行けるときがきたら行きなさい」「七代過ぎなかったらこの世には出られないのだ。七代までたたる」と。どんな悪いことをしたのか、私は知らんのですが、私に諭してます。

肉牛はどの家でも飼っている。確実な利殖として島の暮らしを支えている（青木　章）

肉牛の放牧（青木　章）

島に自生する竹はテゴに編んだり、バラ編にして家々の壁に用いられている（青木　章）

だからこの私も恐々としてます。イナガキさん、大島に行っても私のことは知らさんといて下さいよ。くれぐれも、そっとしといて下さい。私は藤井家とは関係ないんだから――

私は、ますます知りたくなった。儀助流の「国家ノ生産ヲ増加シ……」という説明では富伝の動きはやはり解しかねる。

■鹿児島・奄美・赤名木■

四年ぶりの鹿児島。ブラブラ歩きを楽しむが、いつしか「目的」をつくり、足は図書館へ向かう

七月七日夜、一九時三分大阪発西鹿児島行寝台特急「あかつき一号」に乗り込む。すでに寝台車を利用することに慣れ、さしたる心の変化もない。一〇年前までは、どこに行くにも鈍行より上級の列車を利用したことがなかったのであるが……。

車内ではぐっすり寝ることができた。翌朝、目ざめてから洗面を終えて車窓をながめる。水俣のあたりのようだ。沿線に走っている国道三号が近づいたり遠ざかったりしながら続いている。

川内《せんだい》から、前の座席に三人連れの男の客が坐った。朝も充分に明けると、寝台専用車ではなくなる。自由席の特急列車に変わるわけだ。

初老の三人は農協職員のようであった。鹿児島市に日

大島紬の機織りは確実な現金収入源のひとつで多くの家が行っていたが、高齢化のために昭和57年頃には2戸が行うだけとなっていた（青木 章）

帰り出張でもするのであろうか。薩摩のアクセントが耳に入ってくる。いよいよ近づいたか、と思う。南へ向かっているということだけで、私は安心できるのだった。血行不順の体質が温暖な風土を求めるのかもしれない。

列車は定刻通り、八日の朝九時四〇分過ぎに終着駅に着いた。降りる客が少ないせいか、ホームが広々として見える。

四年ぶりの駅前の風景は変わっていなかった。重い荷を持ち歩く気にもなれない。まずは谷山の友人宅に行って、軽装にあらためて、なつかしの天文館にくり出そうと思う。

錠のおりた友人のマンションの入口に荷を置く。バッグからゴムゾウリを出し、電話番号を記入した手帳を持って中心街の天文館に向かった。何人かの友人に久しぶりに会う。街をブラブラしてみる。この街で暮していたころ（昭和四六年～昭和四七年）の気分にひたるほどには過去のものにはなっていない。またいつか、ここで家を借りて住むかもしれないからだ。

ここまでくれば、トカラはすぐそこだ。市内には旧臥蛇島民もいれば、四年間（昭和四八年～昭和五二年）住んだ平島からの移住者もいる。その気になれば、いくらでもトカラの情報は入ってくるはずである。が、私は足が向かなかった。それよりもブラブラと時間に身をまかせているほうが気分がいい。

しかし、ブラブラも長く続かない。つい「目的」を作ってしまう。県立図書館に立ち寄る。富伝か喜祖富に関わる資料はないだろうか、と捜してみる。私はすでに、

トカラ列島に共通することだが、とくに諏訪之瀬島は「竹の島」である。標高200m以下の島の南部は竹に覆われている。さながら竹のトンネルの中を道が通り、バンブーロードと呼ばれる（青木　章）

喜祖富も興味の対象に入れているのである。丸山氏の生々しい証言が大きく働いて、むしろ、喜祖富の生涯に多くの関心が移っていた。

いくつかの資料を抽出した。天文年間（一五三二～五五）や文政年間（一八一八～三〇）の鹿児島城下の明細な屋敷図もある。その中に富伝の先祖の名が出てくるかもしれない。そのほか、「大島代官記集成」や「大島在番奉行一覧」などもあった。また日を改めてゆっくり閲覧しようと思い、早目に谷山の友人宅に戻る。

翌九日は、友人の五〇CCバイクに乗って、カゴの縁をしばるツヅラを分けてもらいに、市内北部の小山田というところに行く。富伝を追いながら、カゴ屋のことも忘れていない。

フェリーで奄美へ。そして朝の暖気を一身にあびつつ富伝の生まれ故郷・赤木名へバイクを走らせる

午後五時三〇分発のフェリーで奄美大島に向かった。単車ごとである。人間が六七五〇円、単車が二三〇〇円である。大島内でのバス代を考えれば、経費は大幅削減になると思い込んでの行動である。

一〇日朝、五時三〇分に名瀬港に入った。新港に接岸したようだ。私が一四年前に入った時は、もっと湾の奥だった。

うす暗い市街地はどこもかしこもビルだらけである。この一四年間の様変わりは目を見張るばかりである。港

バンブーロードは島の子供の恰好の遊び場（青木　章）

に続くところには市場があった。うす暗い路地裏にあり、昼間でも裸電球がつるされていたように記憶する。はじめてそこに足を踏み入れた時は、ど胆を抜かれた。山羊やブタの肉が一頭丸のまま天井から吊されていたのである。それが、ここかしこの露店まがいの店でみられた。いまはもう、そんな市場も取り壊されてしまったろうと思いながら、朝曇りの街並に目をやった。

名瀬から笠利町赤木名までは三五キロある。コーヒーでもすすってから出発しようと思い、市内を低速で回ってみる。何軒かの店が開いていた。降船客目当ての食堂を兼ねた店や、ホテルロビーを利用した喫茶店である。どうも気がすすまない。あれこれと高望みをしているうちに入りそびれてしまった。

道を東北に向かう。赤木名に抜ける唯一の道であるから迷うこともない。海岸線にできたその道は、入江の湾曲に沿って道も曲るのである。バイクで切る空気は気分がいい。

名瀬市を出ると竜郷町である。ところどころに小さな商店街がある。が、まだどこも閉めたままになっている。つづら折れの長い登り坂を過ぎると大勝という集落があった。やっと人の動きが見られた。名瀬に出勤するのであろうか、若い娘がバス停に立っている。彼女の同窓生たちはきっと都会に出ていったことだろう。この過疎地らしきところで婿さんは見つかるだろうか、などと全く余計な心配をしながら赤木名に向けて走り続けた。

一時間半ほどで赤木名に着いた。県道を左に海の方角に折れた。その一本道の両側には家がぎっしり詰まっていた。ここが島津藩時代の島の首邑《しゅゆう》だったのか。商店街が一キロ近く続く。その間には学校や役場、郵便局も建っている。名瀬の市街に比べて、ここは空が広く明るかった。道幅は狭いが、建物が二階建てどまりであるせいであろう。

「さて、どこを訪ねようか。富伝が毎日親しくながめたであろう赤木名の浜にでも立ってみようか」

と思いつつ、町並を突っ切る。つき当たりが海であった。

浜辺にたたずむ人に教えられて訪ねた先は、なんとよく知っている人の弟で、蛇皮線弾きの四男だった

ひとりの老人が堤防を背に立っていた。ステテコ姿であった。ズングリとした体躯、厚い胸板は浜で鍛えたのだろうか。私はバイクを停め、エンジンを切る。

「おはようございます。外金久《そとがねく》というのはこの辺ですか?」

「そうですが。うしろのほうにミラーが立っとるでしょ。あすこからこちらが外金久です」

と、老人は教えてくれた。富伝の出生地は赤木名外金久であるから聞いてみたのである。

「藤井富伝ていう人のことを、おじさんは耳にしたことがありますか?」

「さあなあ」

「十島《じっとう》の諏訪之瀬島を開拓した人ですけど」

とつけ加えた。鹿児島本土では十島という名を知る人は少ない。ましてや諏訪之瀬島となっては極少である。その点、大島は違う。こちらの人に地理的説明は不要である。

「トミデンていう人は知らんが、十島の人ならこの先の住宅に居るよ。たしかフジイって名だと思ったが」

といって先に立って私を案内してくれた。たかだか三〇メートル先の町営住宅であった。小さな集落なら三〇メートル先の人間のことでもタンスの中味まで知っているかもしれないのだが、その点では赤木名は、やはり小都市なのだろう。人口が一万近くある。

四、五世帯が一棟に入っているらしい。一番奥の入口に私はひとりで近づいていった。案内をしてくれた老人は、あっち、と指さしたまま、ひとり帰っていってしまった。

半間間口から声をかけると、カーテンを割って四〇格好の男がこちらに顔を突き出した。私は驚いた。そして、咄嗟《とっさ》に、

「勝《まさる》さんの兄弟の方ですか?」

「エッ! そうですが、勝の弟の越郎です。あんたは?」

ということで、私はそのまま家の中に引き込まれた。なんと、平島の勝兄《あに》の弟ではないか。あの蛇皮線弾きの老人の四男である。

「へえ、あんたが平島に居ったの?」

と、彼も驚き、かつ、なつかしんでくれた。

蛇皮線弾きの老人はトカラの島々の教員をやって渡り歩いていた。その関係で、勝氏は平島の知人に養子に貰われていったのである。現在は鹿児島市郊外の始良町に

移っている。

「わしが勝兄に一番よう似とるて、人にいわれるとなあ。あんたもそう思うたとね。これから鹿児島の兄貴にデンワしてみっで」

といってダイヤルを回す。

「あっ、兄貴か。この前はおおきになあ。いまなあ、わしの家にイナガキって人が来ちょっがなあ」

「イナガキじゃわからんかもしれん。ナオていうて、ナオが来とるて」

「ナオていう人や。知っちょっか。へえ、そうね。じゃ、いまデンワ、代わるからね」

といって、私は引きずり出された。先方のなつかしそうな声が耳元に伝わってきた。ともすれば隅に籠りがちな私だが、南の島に来るといつも引きずり出される。それが続くと苦痛になるのだが、いまは、ただ、南島の開放感にここちよく酔っている。帰りには必ず立ち寄るようにとの誘いで会話は切れた
私の赤木名での滞在はこうして始まったのである。

■同士の子孫たち■

盛仲仙＝盛仲信（一次入植者）の子孫の証言——

「一年足らずで帰ってきてからは失意のドン底で、毎日毎日酒ばかり飲んでおったそうです」


まず、子孫ではないが、西忠茂氏を訪ねた。大阪の利夫氏とは赤木名の小学校が同期だった人で、私はすでに利夫氏から知らされていた。元教育長で、『笠利町誌』の編纂者のひとりでもある。

　彼は多忙であった。町長選の前哨戦の幕が切られていた。彼は一候補者の後援会長の役にあったから、接客に追われていたようだ。

　彼の紹介で盛島春風氏（大正八年生）に会う。旧姓を盛という。奄美では一字姓から二字姓への変更は多くみられる。春風氏の曾祖父が盛仲信である。『十島状況録』では盛仲仙となっている人である。彼は富伝が開拓を志したとき、核になった四人の一人である。春風氏の話を再録してみよう。

——第一回目の移住で諏訪之瀬島に渡ったんですが、一年足らずで帰ってき、そのあとは二度と渡ってません。

　仲信は赤木名に帰ってからは失意のドン底にあったようです。ここから北に行った屋仁《やに》というところの山の中

文化10年の御岳の大噴火で埋没した墓（青木 章）

竹葺屋根の島の民家（青木　章）

に引っ込んでしまった。いまでも屋敷跡があります。そこで毎日酒ばっかり飲んでおったそうです。

仲信は金はほとんどなかったんです。笠利では食べていけなかったのは、つい最近までそうでした。赤木名の西海岸に水田があるけど、「三月米《みつきごめ》」といいました。三ヵ月食べる分しか穫れないのです。終戦の直後まで、砂糖キビもほとんど「青葉売り」してました。前借りで生活しとったわけです。島津の政策が尾を引いとったんでしょう。

仲信はすぐ帰ってきてしまったあと、今度は息子の長太郎を一七年に島に送り出しました。（『十島状況録』には二一年とある）。その子孫はいま中之島におります。諏訪之瀬島から中之島に引き揚げた人は多いですよ。伊喜美則、久木山貞和志、池山仲吉、池山仲政、前島良蔵らが、みんなそうです。

仲信の子で私の祖父に当たる甚民《じんたみ》は、全財産を売却して諏訪之瀬島に入ったんですが、結局無一文で帰ってきたわけです。

私の家は百銀行（名瀬市）に差押さえをくって、タタミ、タンスまで赤札がはられたのをおぼえております。

父方の祖母の祖母ていうのは、大蔵卿・松方正義の親が赤木名に在番で来てもうけた子です。昔の代官は単身で赴任してきて、大島で子孫をのこしましたから。だから、祖母の祖母と松方正義とは異母兄妹になるわけです。姓は平川になっ

1967年夏、サブカルチャーを夢見て諏訪之瀬島に移り住んだ若者たちは、竹藪を切り開き、竹を編んで壁とした小屋を建て、バンヤン・アシュラマ（ガジュマルの木の下の修道場）を創立した。以来、放浪する若者たちの巡礼地のごとく大勢の若者が去来した（青木 章）

とりました。
明治一四年に祖母の祖母は東京に呼ばれて行くことになったんですが、途中で台風に遭って福建省に流されて大島にまた帰ってきたそうです。祖母の兄がそうした昔を語って聞かせよりました――

おだやかな対応の中にも春風氏は次第に熱を帯び、子孫と思われる人たちの名を次々とあげてくれた

春風氏は富伝同様、島津役人の血を引いているのである。私は別に「藤井」姓に対する噂は聞かなかったか、とただした。が、それは耳にしていないという。丸山姓も知らなかったという。

春風氏は何人かの子孫を紹介してくれた。有間常積の縁者が名瀬市の共済会館支配人ではないかという。明治二八年以後の移住で儀助の記録には載ってないが、水間《みずま》向次郎《こうじろう》の孫が現名瀬市教育長である。弟のリョウシン氏も何か知っているかもしれない。彼も名瀬市にいる。十島丸に乗り組んでいる伊キミオは伊喜美則の子孫ではないか。池山仲吉の孫・幸寿は死亡したが、その奥さんが港屋旅館（赤木名外金久）の隠居である。浜田実祖志の孫が名瀬でうどん屋をやっている。仲信の子・盛長太郎の子のタケノリは鹿児島にいる。泉実行の孫・ヨシハルは赤木名在。久木山貞和志の子孫は中之島に。この人は私も知っている。同島の精糖工場で私が働いているときに知り合った。が、私はあらたまって貞和志ジイさんの話を聞き出したことはない。

以上の人々の電話番号や住所まで教えてくれた。
春風氏は、おだやかな対応の中にもしだいに熱を帯びていくのが、わずかではあるがこちらに伝わってきた。日常の中にポッと投げつけられた非日常を氏は楽しんだのかもしれない。
「このすぐ近くに松元幸儀という人がおりますが、あの人の父親は伝態といいました。同じ伝のつく伝芳と、関係あるかもしれませんよ」
とも教えてくれた。松元伝芳は富伝の開拓の話に強い共感を抱いたようだ。移住はしていないが、最初の探険の一五名の中に加わっている。また、資金援助申請のために私費で富伝と二人で上鹿している。時の赤木名戸長である。

春風氏の憶測は当たっていなかった。が、幸儀氏は近くにいる別の松元姓の家に案内してくれた。そこの当主ではなく、そこに遊びに来ている親戚の人が詳しいから聞いてみてくれ、というのだった。居間に通されると、七〇格好の老人がテレビを覧ていた。大相撲名古屋場所の最中であった。若島津と千代の富士の大一番を前に、なかなか目線がテレビからはなれない。その取組の終了を待ってから話が始まった。

松元伝芳（探険）の孫の証言――
「ちょんまげを結って戸長をしていました。先祖は仙台伊達公の藩医だったんです」

――松元賢吉と申します。遠いところからわざわざご苦

労さまですね。私は伝芳の孫に当たります。伝芳─弥八郎ときて私が生まれたわけですね。
私の母から聞かされた話では、伝芳はちょんまげを結って戸長してました。体格は大がらではなかったようです。諏訪之瀬島に開拓に行ったという話は聞いておりませんなあ。
わが家に遺ってるものでは、島司から貰った感謝状があります。明治二一年に中金久小学校を建てたんですが、そのときに六円八〇銭の寄附をしたとかでいただいたものです。私の先祖は仙台伊達公の藩医だったんです。家に系図もありますからおいでなさい
そういってタクシーを呼び私を案内してくれた。このとき初めて知ったのだが、賢吉氏はなんと明治三一年生

バンヤン・アシュラマを出て数組の家族が部落入りした（下）。彼らは手造りの家に住んだ（上）。過疎に悩む諏訪之瀬島にとって新規の入植者バンヤン・アシュラマは救世主でもあり、昭和の島起こしでもあった（青木　章）

まれの八四歳とのことだった。ものいいは正確だし、とてもその年齢には見えなかった。

松元賢吉氏の家は、鉄筋コンクリート二階建ての豪邸であった。これなら台風が来てもビクともしないであろう。広い前庭、広い玄関の夕タキ、近隣のどの家々もりっぱである。戸板一枚で外と区切っていた十数年前の島の民家は少なくなったようだ。

賢吉氏のすすめてくれるままにビールを一杯ごちそうになり、系図を見せてもらう。近年になって調べ上げたものだという。賢吉氏の六代前から書かれてあった。生存者のひとりひとりの現住所も記入されている。まさしく「一族」という気配が感ぜられた。

ダイニングルームに案内された。かもいの上にはいくつかの賞状がかかげてある。小学校建築費の寄附で貰ったという感謝状もあった。ほとんどの島民は、こうした額を床の間のある部屋に飾っているが、賢吉氏の家では、食卓テーブルが中央にすえられた部屋にあった。

座敷に戻ってから氏の身上話を少し聞かせてもらった。若くして大阪に出て、五〇過ぎまで阪急電鉄に務めていたという。帰りぎわに名刺を渡されたが、その肩書きには農業委員とあった。

畑キミサト（二次入植者）の孫の証言――

「曽祖父は赤木名で村長のようなことをしていました。そねまれて遠島になり、帰島後開拓に行きました」

時間は前後するが、賢吉氏宅へ向かう途中、氏は私を一軒の家に案内してくれた。もしかしたらあの人は開拓に行っているかも知れないというのだ。九四歳の畑ヨシモト翁だという。私はまさかと思ったが、年齢からしてありえることだ。内心はワクワクした。

結果からいうと、ヌカ喜びであった。が、ただではころばない。別の情報を得ることができた。口永良部島の湯向に、いとこの畑才蔵氏が元気でいるという。もしかしたら喜祖富を知る人かもしれない。いつか会いに行く必要がある。

――翁は明治二二年生まれである。戸籍上は二六年になっている。小学校に出るようになったが出生届がない。親があわてて出したのが二六年である。祖父のキミサト（喜美哲か？）が、二回目の入島に加わっている。明治一八、九年のころであった。

キミサトの父親がキミセイ（喜美静？）といって、この人は赤木名で村長のようなことをしていた。何かのことで人にそねまれ（ねたまれ）て与路島に遠島になった。許されて帰ってきてから息子のキミサトが生まれ、それから七島《しちとう》（十島と同義）へ開拓に行った。

翁は、祖父が噴火のときに帰島したのをおぼえている（賢吉氏が七歳か八歳のときだったという）。祖父はその後、赤木名で暮し、七三歳の年祝いをしてから死んだ。わたしの父親は八人兄弟で、弟に畑亀五郎というのがいて、その人は諏訪之瀬島から中之島に移った。その子の貞次はこの前も家に来て飲んでいった

以上のような話を翁は私にしてくれた。

亀五郎ジイに私は一面識もない。生きた時代が五〇年は違う。それなのに親しい響きがあった。息子の貞次氏とは何回も飲んだが、父親の亀五郎の話をしたことは一度もない。私に親しく感じられたのは、臥蛇島を通してである。亀ジイは諏訪之瀬島の開拓に見切りをつけて、北隣りの中之島に移っていった。同じような動きをした人は多い。中之島には西区、東区、高尾の三区があるが、東区の九割以上は赤木名出身者である。それも、一度は諏訪之瀬島に立ち寄ってきているのだ。火山灰のやせ地では生活が成り立たなかったのであろう。

亀ジイは中之島に来てから桑木材の買付けに走り回っている。臥蛇島にも来ている。そして「桑木元台帳」なるものを何冊か残している。そこに、臥蛇島民の桑材の売掛金が記されている。桑材は湿気に強い。そのまま土中に埋めて柱に立てても、三〇年は充分にもつ。それで近隣の島々では引合いが多かったのである。

赤木名に来て亀五郎ジイの縁者に会うとは想像もしていなかった。彼ばかりでなく、私の知る人がこの赤木名にはあまりにも多いのに驚く。

赤木名外金久の墓所へ行ってみる。そこには見なれた名前がいくつもあった

その夜、私は港屋旅館に泊った。池山仲吉の孫の奥さんが経営していると聞いたから選んだ宿である。が、彼女は池山仲吉のことは何も知らなかった。

翌朝は六時前に起きて、外金久の墓所を訪ねた。見なれた名前の墓がいくつかあった。たとえば、

久木山貞和志　大正三年七月一五日　八四歳
デンマツ　大正九年一月五日　八五歳
松元伝芳　大正九年一月五日　八五歳
　竹鶴　明治一四年旧五月二二日　三三歳
泉　常松　明治一一年子旧一一月二四日
　行年五五歳

七時半に朝食をとって、宿を出て名瀬に戻る。水間向次郎の孫、現名瀬市教育長に連絡するが不在、その弟のリョウシン氏はいたが、これから外出するところだという。で、亀井勝信氏を訪ねる。この人は南海日日新聞社（奄美大島・名瀬市）の人に紹介された。島の歴史、民俗に詳しく著書も多くある。現在、『竜郷町誌』を手がけている人だという。

名瀬のカトリック教会の裏手に亀井氏の家はあった。五〇ＣＣの単車で路地から路地へ走り回れば、人の家を

昭和51年の台風の大雨が起こした土砂崩れで埋まった車。5名の犠牲者が出た台風だった（青木章）

捜し出すのは苦労はない。寄らば文明の利器、である。

私は手製のガリ版刷り名刺と、これまたお得意のガリ版製自家資料一組を手渡す。柔和な瞳の氏は、気楽に話し相手になってくれた。

亀井勝信（島の民俗・歴史研究家）の証言――

藤井家は遠島人か代官の妾の子じゃないかと思います。どのみち高い地位には取りあげられていないはずです

――赤木名の海岸からは十島がよく見えます。宝島、小

御岳火山に登る諏訪之瀬島の小中学校の遠足（青木　章）

宝島、悪石島、晴天に恵まれた日なら、四つ目の諏訪之瀬島も見えるんです。

富伝たちの乗った舟はナナクサといって、長さが七尋《ひろ》（約一〇メートル）あって、それを手で漕いで諏訪之瀬島へ渡ったようです。富伝は土地を求めて渡ったんでしょう。それが最大の目的じゃないですか。丸山さんの話、島にいられなくなってという話よりも、富伝の話のほうがすなおじゃないかと、私は思います。

どのみち藤井家は高い地位には取り上げられてはいないはずです。寄人《よひと》か横目ならいい土地を持ってますから、なにも開拓に行く必要はないわけです。ただ、家人ではなく、ひとり百姓（自作農）だったでしょう。

藤井家は遠島人か代官の妾の子かじゃないかと思います。代官なら鹿児島に帰るはずです。大島には遠島人の記録がないんです。それを早く調べる必要があるんですが……。「代官記」の記録なども、不都合なことは記録されていません――

二時間近く世話になり、私は玄関に立った。では、と帰ろうとすると、氏は例の柔和な瞳で、

「大島にほれて、この近くでも若者が何人か住みついております。奄美民謡のとりこになった旭川の青年や、民俗を調べている者などおりますが、あんたのように、竹細工をやりながら歩いている人は初めてですよ。大方は、地元の新聞社に務めたり、教員になったりしてますよ」

その語調は非難ではなかった。おめでたい私の耳は、いまにも一緒に竹細工をしながら歩こうか、という誘いのようにとれた。

丸山さんのいう先祖・山口五太夫の名を、ついに発見。三度にわたり来島、三度目はNo.3の地位にあった

亀井氏に礼を述べたあと、私は鹿児島県立図書館奄美分館に向かった。さすが地元だけあって、本館にはない資料がいくつかあった。

ここで大きな発見をひとつした。丸山氏のいう先祖の名が「道之島代官記」（道之島は奄美の別称）にはっきりと著されていたことである。

明和三丙戌春
横　目　落合段兵衛殿
座横目　山口五太夫殿
右五太夫殿事、南雲新左衛門殿附役ニテ下島、本名山口平左衛門殿ト申人ニテ是迄二度

ページを前にくってみる。

宝暦四甲戌春
御代官　南雲新左衛門殿
附　役　西田慶衛門殿
　　　　鮫島市郎右衛門殿
　　　　植村仁蔵殿
　　　　山口平左衛門殿
横　目　谷山次郎右衛門（＊他二名略）

つまり、宝暦四年（一七五四）に一度、そのあとに一度、三度目が明和三年（一七六六）に座横目として来島

平島小中学校諏訪之瀬分校の卒業式。昭和57年の児童生徒数は13人。そのうち新島民（バンヤン・アシュラム）の子供が７人を占めた（青木　章）

している。職制でいくと、島の最高権力者が代官であり、その下に附役・横目の役がある。ナンバースリーとして明和三年には入ってきたわけである。丸山氏のいう山口五太夫ユキハルとはこの人のことであろう。

　ということは、明和年代までは鹿児島に屋敷を持っていたはずである。その後も維持していたかもしれないし、島に住みついてしまい、鹿児島の屋敷を処分したかもしれない。鹿児島の県立図書館に明和当時の城下屋敷地図があればありがたいものである。

　分館を昼過ぎに後にして、奄美各島の生活がもられている『碑のある風景』の著者・籾《もみ》芳晴氏を訪ねる。そのあと、出航までの数時間を市内でうろつく。もうバタバタとあわてても仕方ないと思いつつも、九時出航の一時間前にうどん屋をやっている浜田実祖志の孫に会いに行ってしまった。あわただしい訪問であったので、あらためて訪ねることを伝えて別れてきた。

■屋敷絵図の中■

再び鹿児島へ。
調査行のなかのくつろぎのひととき。
預かりもののモズクを届け、友人と坊津に遊ぶ

　七月一一日夜一〇時、私の乗った三〇〇〇トンのフェリーは大島を後にし、一二日午前九時五〇分に鹿児島新港入港、船体を構内でゆっくり回転させたあと接岸した。

平島にいるころは鹿児島にやってくるのが楽しみであった。大方は夕方に入港したが、薩摩半島南端の開聞《かいもん》岳が見えるとホッとしたものだ。もうじき湾内に入るのだ、そうすれば揺れもなくなる。それに、海岸線には指宿《いぶすき》、山川《やまがわ》、喜入《きいれ》の街並も見える。車が走っているのも確認できる。この市街は鹿児島市へと通じているのだ。そこには島にないものばかりがある、ああ、文明のにおいがする、などと大げさに喜んだものである。

今回は生活を引きずってない。いたって心安らかな上陸であった。単車を走らせ、私はさっそく喫茶店でモーニングセットなるものを注文する。トースト、ハムエッグ、サラダ、コーヒーで四五〇円。そして、郊外の姶良《あいら》町に向かう。ここに勝氏がいるからである。赤木名からは大量のモズクを持ってきた。彼の弟から兄貴にとどけてくれと、ことづかってきた品であった。

モズクをとどけ、平島の話に花が咲く。来てみれば、やはりなつかしい。私が最初に会った平島の人はこの勝氏だったのである。一五年前になる。彼が中之島の灯台工事に出稼ぎに来ているところであった。縁あって平島に養子として入ったのち、実父である蛇皮線弾きの老人の弾く何曲かをテープに録音して、私が平島に持参したことがある。彼が三三歳のときであった。彼は涙して、子供らに聞かせていた。

昼食をご馳走になり、私は再び市内に戻ってきた。カゴ屋をのぞいたり、本屋に入ったりして時間を過ごしたら、夕方になってしまった。

翌七月一三日は約束があった。谷山の友人と終日を坊津の海で過ごそうというのである。

一夜あけ一四日朝、友人と別れ、私は県立図書館に向かう。まだ、山口五太夫ユキハルにこだわっているのだ。

二つの図書館を回り、血眼で絵図、系図に見入る。あいかわらず平佐、藤井、山口の字句だけが頼りだ

明和三年（一七六六）、つまり山口五太夫が座横目として大島に赴任した年の古地図は、見当たらなかった。もっとも年代の近いものは「鹿児島絵図、文政前後」であった。お目当ての年の五〇年後である。縦横ともに一メートル近くある大きさの地図で、坪数と屋敷主の名がぎっしり詰め込まれている。その中の中央部にある千石馬場の両側をにらみつけてみる。丸山氏は千石町に屋敷があったといったが、当時は千石馬場以外には存在していない。馬場とは大路のことである。が、見当たらない。山口も藤井も見当たらない。

五味克夫著『天保年間鹿児島城下絵図注解』というのがあった。その中に表がひとつあり、出典別に当時点での屋敷主の名前が並べてある。それをみると、子や孫に家督を譲ったためだろうか、家主の名が代わったものもある。文政九年（一八二六）以降の記録を基にしている。一〇一の屋敷が表に加えられている。

まず、藤井姓を捜す。ない。山口姓を捜す。ない。このことから、少なくとも文政九年以降に山口・藤井姓の

老若男女を問わぬ島民全員参加の諏訪之瀬島の小さな大運動会（青木　章）

屋敷は城下にはなかったのではなかろうか。

　儀助の書にあることが事実だとすれば、川内市の平佐というところに山口・藤井姓があるかもしれない。それで私は川内を訪ねてみた。鹿児島から電車で小一時間のところである。市役所を念のため訪ねてみるが、明治以前の戸籍などあろうはずもない。市立図書館に行ってみる。

「平佐」「山口」「藤井」の字句が唯一の頼りだ、と私は決めてかかった。『市史料集六』に「諸家系譜」というのがあった。そこに平佐町重信トキ氏蔵「重信氏系図」が載っている。捜す名前は見出せない。『市史・古文書編』も開いてみる。「平佐天辰家中士・門・字名書付」（安永年間＝一七七二〜八一）に一七九名の家中名があったが、先の両姓は入っていない。

　年代は下り文久元年（一八六一）の記録があった。明治維新直前の文久年間の記録には載っているはずもないのだが、平佐にある一一の郷に散る家中名に同姓の血縁者がいてもよさそうだと思い探る。が、ない。

　平佐は川内川をはさんで市街地に接している。集落内を訪ね歩くべきだったかもしれないが、今回は省略した。ただただ歩けばいいというものではあるまい、とエネルギー計算をしたわけだ。

　夕方、川内駅から私は新大阪行きの特急寝台に乗り込んだ。富伝をどこまで追えたのかと自問してみるが、答は否定的であった。とくに図書館巡りというのは、富伝・喜祖富に関しては頼るに足らない、とあらためて思った。

　私はもう一度丸山氏を訪ねてみようと思い、寝台車の上で横になった。

■埋もれていた百姓一揆■

「開拓に行ったのは役人崩れがほとんどでしょう」丸山さんがそう言ったとき、私はハタと気付いた

「大島は行かれましたか?」

と丸山さんが問うた。

「赤木名まで行きました」

「そうですか。赤木名までですか」

　丸山さんは島のことを共に語りたがっているふうにも、私にはうけとれた。私の再訪を待ちうけていたようだ。駅前の商店街を通り抜けてくるであろう私の姿を、彼は屋上で気長に待っていたのであった。勤めもなく時間も自由になる人のようだ。

　共に語りたいのは島のことというより、喜祖富にまつわる島のこと、といったほうが正確であろう。

「山口五太夫の名は『代官記』にありました」

と、私は手柄話をするかのように身を乗り出して報告に及んだ。

　これに対し丸山さんは、

「そうですか。山口五太夫は彦右衛門（彦七）の二代ぐらい前の人らしいです」

と、さも当然という顔付きであった。それもそうだ。私

にとっては大発見のつもりでも、丸山さんにすれば喜祖富から知らされていることであり、疑う必要もない事実なのである。

丸山さんは五太夫の説明を付け加えてくれた。

「五太夫は官頭《かんとう》（？　酋長？）の娘と結婚して藤井姓になったと聞いていましたが、その詳しいいきさつはもうわかりません。興信所に一〇年前に頼んで調べてもらったんですが、先祖調べは一〇年遅かったといってました。でも、調べた結果では、酋長の娘ではなく、酋長の妹と一緒になった、となってました」

私は話を変えてみた。

「赤木名では富伝翁の養子の乙次郎の孫さんに会いました（越郎氏のこと）。でも、丸山さんのことも、喜祖富のことも何も知らないようでした」

丸山さんは聞きながら目線は下に向け、いささか斜に構えた姿勢で、「知らんほうがいい」とだけ、吐き捨てるようにいった。しばらくしてから、

「藤井はうらみを持たれているんです。奄美の役所（代官所、仮屋敷のことか？）に務めている人に、尊敬されている人は誰もおりません。……そうか、やっぱり藤井家の一族には教えていなかったのか……」

とため息まじりにいった。何を伝えていないのか、私は知りたかった。が、口は重かった。

丸山さんは藤井家とは直接のつながりがある。が、利夫氏をはじめ、現在の藤井家は、血がつながっていない。富伝は養子として乙次郎をもらい、その養子は悪石島の宮永家から養子をもらっている。血がつながらないうえに、乙次郎とは噴火を理由に赤木名と諏訪之瀬島とに分かれて生活していた。ますます先祖のことは伝達されにくい状態にあった。

丸山さんは私の知りたがっている部分には直接には触れずに、喜祖富が開拓をどう考えていたかを教えてくれた。

「ジイは開拓事業に関しては『俺は知るか』という具合でした。弟（富伝）からいわせれば、『兄貴は腑抜けだ！』ということになる。でも、開拓に行ったのは役人崩れがほとんどでしょう」

そう丸山さんがいったとき、私はハタと気付いた。

丸山さんはやっと重い口を開いて、町誌にも記されていない手花部《てきぶ》の百姓一揆のことを語りはじめた

いわれてみれば、水呑み百姓はひとりもいない。みなそれぞれに先祖は赤木名村の要職に就いていた。盛仲信は松方正義の縁者である。松元伝芳は会津藩医の血を引く。畑キミサトは村長のような職にあった。おそらく、戸長というものではなかろうか。そのほか、浜田、伊、池山、前田の各姓は喜入《きいれ》家（島津藩士）の血を引くという。

「禄を離れたら役人は食べていけんので、開拓に行ったんです。だけど、食いつめどもが刀を鍬に持ち代えたところで、何ができますか」

と丸山さんがいうときの表情には、怒りにも似たものが

浮かんでいた。そして、次第に胸を開いて語りかけてくるようであった。

途中、冷やしソウメンをご馳走になり、二時間近くがたった。彼は、あいかわらず目線を足元のほうに向けながら、やっと重い口を開いてくれた。奄美の人々への供養にもなるからといって。それは町誌にも語られていない百姓一揆のことであった。

明治初めのころの話である。赤木名の西隣りの手花部《てきぶ》で一揆があった。また砂糖を絞り上げられたなかでの百姓の反抗であったろうか。そのとき多くの者が処刑されたという。ひとりひとりを斬り捨てていくのだが、島人の首に刀を振りおろせば刀がけがれるからといって、馬の蹄で蹴り殺した。いまも殺された者の子孫が島にいる。そう丸山さんは強調した。

わずか一一〇年前のことである。なぜに歴史の中で生き残らなかったのか。なぜに町誌が省いたのであろうか。

私は思わぬ方向に目を向けられてしまった。富伝を追ううちに喜祖富が登場し、手花部の一揆にもつながっていった。歴史の上で抹殺されているこの事件を知る手がかりはどこにあるのだろうか。島に渡る前に知らされていれば手がかりも捜せたろうが、またあらためて足を運ぶしかない。いまだ即断は許されないが、開拓の動機と手花部の一揆とが関係をもつかもしれないのだ。

歴史の上で明らかにされていることは、明治新政府の時代に入ってから、大島の役人の一族の者で東京に「逃げた」者はかなりいる、ということである。家人《やんちゅ》（農奴）解放が法令化した明治五年以降は、特にその数は増えたであろう。

丸山さんは毎月欠かさず天王寺参りをするという。先祖、あれほど関係ないと私にいった先祖であるが、その供養をするためである。同時に彼は「大島の民の霊よ安らかなれ」とも祈るのである。

富伝が何をし、喜祖富が百姓一揆にどう対処したのかは、いまはわからない。が、彼らが終生持ち続けた気位の高さは何かのヒントになるかもしれない。笹森儀助も驚くほど居たけだかに他の開拓者たちを一喝する富伝だったし、子守りをしながらも村人がひざまずかないと木刀でうちすえた喜祖富だった。

とにかく、富伝追究のタビは、いま端緒についたばかりである。

噴煙をあげる御岳火山（青木　章）

宮本常一が撮った 写真は語る

長崎県・宇久島・小値賀島（五島列島）

六島の岸壁で。船を見に集まってきた子どもたち　昭和36年4月

宇久島の裸潜りの海人・岩本五郎翁　昭和37年8月

五島列島の北部に位置する宇久《うく》島・小値賀《おじか》島。宮本常一は、昭和二七年六月、西海国立公園指定問題に関連した調査の際にはじめてこの島を訪れている。昭和二五年の八学会、二六年の九学会連合対馬調査につづく長崎県の外海離島の調査は、行政側でも課題とされていた離島地域の特別措置の動きと相まって、翌年の離島振興法制定につながっていく。その後、昭和三六年五月にはNHKのラジオ放送録音のために渡島しており、昭和三七年八月には雑誌『太陽』の新企画に際して民俗写真家の芳賀日出男氏とともに訪れている。

今年（二〇一一年）の八月に宮本常一が撮った写真の風景が今どうなっているのか、五島列島を訪ねてみようと思い立ち、宮本が昭和三六年、三七年に撮影した島々の写真を片手に島をあるいてみた。

宇久島で宮本は海人《あま》の岩本五郎翁を訪うて、裸潜り漁を見せてもらっている。翁は若い頃に中通島有川の鯨組で活躍した人で、羽差しとして鯨の背中に褌一丁で飛び乗り銛を突き立てたという逸話をもっていた。宮本の訪問時に岩本翁はすでに八〇歳をこえていたが、現役のころとかわらず海に潜りアワビなどを獲って自分の食べる分くらいは稼いでいたという。宇久は漁業、特に素潜り漁が盛んなところで宮本によれば、平にはアワビを買う商人が五人、海人が一四六人いて、小値賀周辺をのぞいて中通島から南五島一円が海人たちの稼ぎ場であったという。

岩本翁のその後や宇久島の海人の消長も気になったが、時間もなく宇久島へ渡るのはあきらめ、小値賀島を

ガンギのある小値賀島笛吹の港。左が建網船、右が木造の伝馬船、奥は動力を備えた釣船。現在〔2011年〕は港湾整備と埋め立てがすすみ、写真右側には漁協など建物がたっている　昭和36年4月

宇久島平港付近の露店。農家の婦人たちがスイカやウリなどを売りに来ていた　昭和37年8月

大島の畑と道。島は手前側が人家のある集落で、右側の木が茂っているところが神社。大島では海底でも真水が湧き出ており、生活用水、農業用水は比較的豊富であった。

中心にあるいてみた。

昭和三六年に宮本は小値賀島の入口、笛吹《ふえふき》港を写真に撮り、そこから車を走らせ島の中央部に位置する番岳に登っている。その途中に宮本は舗装された道を撮った。これは島の北部の柳郷のお母さんたちが、子供たちが雨の日でも苦労せずに学校に通えるようにと作った道で、「愛情道路」といわれている。人が歩くことを目的に作ったので中央部を二〜三メートルほど舗装しただけであった。

小値賀島柳郷付近の「愛情道路」。松並木をぬけると中学校・小学校がある。母親たちが子どもの通学のために舗装したこの道は、現在郷土学習の教材に利用されている　昭和36年4月

上　伝馬船が一艘だけとまる宇々島の船着場。左側にはワカメなどを乾す竹の干し場がある　昭和36年4月
下　宇々島の納屋。生活に困窮した人びとがこの島に住んで「自立更生」していったという。島の納屋も母屋も石を組み土で塗り固めている　昭和36年4月

両脇には畑の作物を守る防風用の松並木がある。

車社会になった今日ではその道もコンクリート舗装にかわり、立派なスクールゾーンの道になっている。松並木は「姫の松原」として現在では島の観光名所になっていて、サイクリングをする人たちの人気スポットになっていた。今島をめぐると美しい松並木と手入れの行き届いた田畑をみることができるが、一度はマツクイムシの被害にあってほとんどが枯れてしまったという。小値賀島は台風による作物への被害は甚だしく、島の農業は風との闘いであった。また海岸の松並木は魚付き林にもなっている。小値賀島の人びとの暮らしは松を抜きにしては語れない。

宮本は属島の大島・六島へも診療船のあけぼの丸に同乗させてもらって渡っている。大島は農業を中心とした島で、ムギやイモ、マメを作って生計を立てていた。そして島は「自立更正の島」として戦後すぐにはジャーナリズムで取り上げられたこともあった。大島は宇々島という属島をもっていて、経済的に困窮した人がそこへ住み込んでワカメを獲ったり、畑を耕したりして借財を返し、幾ばくかの蓄えもつくって大島へ帰る。その間宇々島の一切の権利はその人にある。そして村役からも解放されるという。小学生がクラス総出で宇々島へ農作業の手伝いに行くこともあったという。宮本はこの相互扶助的な共同体のあり方に関心を持って宇々島へも渡って話を聞いている（その詳細は未来社刊の宮本常一著作集の『民衆の知恵を訪ねて』に収録されている）。

現在小値賀から大島へは町営の高速艇「はまゆう」に乗って一五分ほどで渡れるが、五〇年ほど前までは櫂で漕ぐ木造のムラブネが島を結んでいた。小値賀で開かれる牛市にはこの船で島の牛を運んだというが、ムラブネ

大島のワラ葺きの民家。奥が母屋で手前が納屋。かつては隠居屋であった。牛小屋としても利用した時期もあるという。現在は建てかえて、手前の敷地が母屋、奥は庭と家庭菜園になっている。昭和36年4月

が使えないときには小さな伝馬船の上に板を渡して甲板を作り、牛を積むこともあったという。

大島へ向かう「はまゆう」の船内でお会いした橋本幸男さんに、大島の麦藁葺の民家の写真を見てもらうと、「この家はうちたい」と言って驚かれた。写真が撮られた昭和三六年当時、すでに大島ではほとんどの家が瓦葺きにかわっていて、島内では橋本さん宅が最後の麦藁葺きの民家ではなかったかという。「まぁうちの親父も貧乏したから最後まで藁葺きだったんだろうね」と笑いながら話してくださったが、橋本さんはじめ弟妹みな高校まで進学させてくれたというから、決して貧しかったからというわけでもないのだろう。撮影から数年後に家を建て替えたとのことだった。町から保存調査の申し出があったが、お断りして今になってみれば惜しいことをしたと話された。

その後、橋本さんの案内で大島の島内を一巡した。宮本が訪れた当時と比べれば、耕作されてない畑も多く、緑が目立つようになっている。それでも、ハウス栽培のゴーヤやナスビの出来がいい。一時は二〇〇〇人を超えていた人口は半分以下に減っているが、農業を継いだり、漁業をはじめたりする若者も少なくないという。帰り際にゴーヤの梱包をする小崎さん父子に会った。新しい世代がしっかりと島を守っている、箱詰めされた立派なゴーヤがそのことを物語っているように思えた。

（高木泰伸）

宮本写真提供・周防大島文化交流センター

東米良銀鏡（現西都市）田之元付近の集落。周辺の山々は焼畑を拓き、薪炭を焼き、植林し、獣を狩る場であった　撮影・須藤 功

日向国
米良《めら》山の生活史

文　高松圭吉
写真　米良山共同調査団・須藤功・森本孝

今年（昭和五八年）の三月「米良《めら》山の自然と人生」というテーマで、日本観光文化研究所の所員一一名が調査団を編成し、宮崎県・米良山、とくに東米良を中心におじゃまをした。思いおこしてみると所員が共同で調査を行うのは久々のことで、昭和四五年に京都を調査して以来である（『あるくみるきく 四〇号』）。

そこで二〇〇号記念に米良山を特集しようということになり、調査団長だった私に執筆の責がかかってきた。

この話と前後して『風土と歴史を歩く』（そしえて刊）のシリーズの一冊にも、米良山紀行を書く結果になったので、私はそれとの重複を避けることにも苦慮した。

幸い、私は昭和三五年八月一五日から二五日にかけて、当時東京農大三年生（現在全国農業会議所）の中村裕君と、西米良《にしめら》村の経済の動向と山林移動の調査をしている。その結果はすでに報告書の形で世に出ているが、その時の聞き書きを読み返しているうちに、もう一度整理し直してまとめてみようと思った。

というのは、私が西米良に入った頃からまだ二三年しかたっていないのに、この時間の経過は、半世紀ほどにも感じられた。それほど、その後の変化が急だったから

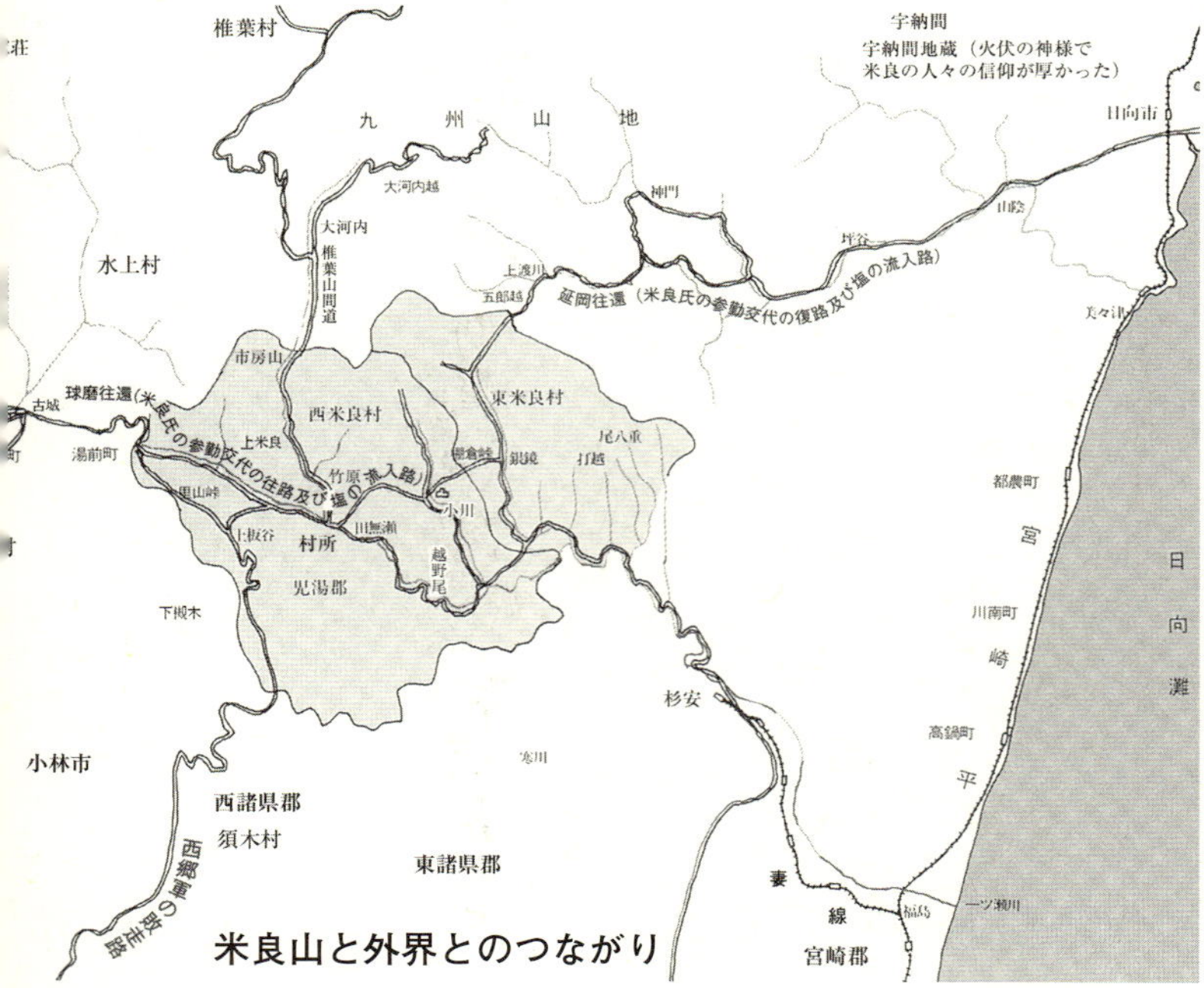

米良山と外界とのつながり

米良最高峰の市房山（1721m）と左は米良三山のひとつ石堂山（1547m）　撮影・須藤　功

であろう。米良山の古い習俗が、日増しに消えていくのを肌で感じたのである。

私の聞き取りは西米良村に限られるけれども、これを書くことは、今度の共同調査をまとめていく上で、何らかの参考になるのではないかと私は判断した。

そして、読者の方々には、明治、大正、昭和と、日本の国が発展していく陰で、山村、しかも秘境、僻遠の村が、どのように変っていったかを知っていただければ幸いである。

序章　米良山というところ

米良山の落武者伝説

今年の春、宮崎県西米良村役場を訪ね、その帰途役場の所在地である村所《むらしょ》のハイヤーを利用したが、その運転手君が、「よくお客さんに米良ノ荘へ行ってくれ、といわれて困ります。今もってそう書いてある地図や案内書があるんですかねえ。米良ノ荘とか五箇《ごか》ノ荘《しょう》なんて大昔の僻地といった感じを皆もっているらしくて、いやになります」と、嘆いていた。

東京へ帰ってきて調べてみると、昭和一五年頃の発行だが、息子か娘のつかった教科書の地図には、たしかに「米良荘」と大きく書かれていた。

東郷村
南郷村
東臼杵郡
西臼杵郡
椎葉村
見湯郡
東米良村
西米良村
木城村
上穂北村
下穂北村
三納村
三財村
綾村
八代村
東諸縣郡
銀鏡
尾八重
小川
村所
槙鼻峠
至大河内
上渡川
渡川
中渡川
下渡川
五郎ヶ越
樋口山
石堂山
田出河原
米良川
上米良
井戸内
天包山
竹原
深瀬
板谷川
平瀬
元米良
三久保
田無瀬
轟八重
八幡神社
中薮
一ッ瀬川
挟上
稲荷社
横野
野地
内畑
出合内
越野尾
児原稲荷社
助八重
小川内
下三財
元村
米良神社
松原
古屋敷
提原
中三財
赤髭山
棚倉峠
上三財
小川川
木浦助八重
日平
木浦
日平越
古穴手
土場
河口
市木浦
横平
雪降山
土屋
征矢貫
宿神社
茗荷原
烏帽子嶽
枚立
尾八重神社
秋切
田之元
上鶴
銀鏡川
柳
八重
中尾
猪原
古野
鳥巣
古佛所
的場
相見
上相見
二軒橋
礒石
一ツ瀬川
片内
龍房山
金毘羅
奥畑
中野原
猪田山
打越川
打越
大椎葉
小椎葉
檍尾
松木局
湯之片
尾八重川
湯之久保
岩井谷
大瀬内山
小八重
瓢丹淵
稗畑山
登内
地蔵嶽
オサレ山
空野山
高塚山
中ノ又
鉢
窪
峠
屋敷原
杖木山
松尾
弓木
板谷
小丸川
平八重
湯之内
津々師
国見山
三財川
一ッ瀬川
杉安
至妻
三納
三納川
寒川
掃部嶽
柚園川
尾股
：村境
：川
：間道
：主要往還

朝、日の出とともに米良山の谷を覆い隠していた霧が消えていく。米良山は落武者たちの隠れ里にふさわしい山峡だった　撮影・森本 孝

この地図は大日本帝国陸地測量部が、明治35年に測図したものを基にして作成した。一《ひと》ッ瀬《せ》川ぞいの谷には熊本県人吉《ひとよし》と村所《むらしょ》・妻《つま》を結ぶ街道がつけられているが、なおかつ、山中のむらとむらを結ぶ道が、縦横無尽に走っていて驚かされる。このうち村所から小川へ、小川から棚倉峠を越えて銀鏡《しろみ》へ、また龍房《りゅうふさ》山の南をまわって奥畑《おくはた》、さらに打越《うちこし》、尾八重《おはえ》へ通ずる道は、米良《めら》山中の主要道であったと思われる。この銀鏡・小川・村所、そして板谷を結ぶ道は古来より玖摩《くま》往還といって、人吉盆地に通じている。

銀鏡から上揚《かみあげ》を経て五郎ヶ越えを経て南郷村にいたる道は延岡《のべおか》往還といい、細島（日向市）、延岡（現美郷町）に通じている。この道は米良氏が参勤交代の往復に利用し、日向灘《ひゅうがなだ》からの塩が米良山中に入ってきた道でもあった。また村所からは米良川を北へさかのぼって椎葉《しいば》村に至る椎葉山間道が通じていた。

『西米良村史』には「処処岩腹を穿テ道ヲ通ス、危機多シ、牛馬通行難シ」「誤テ足ヲ失ヘハ直ニ澗底ニ陥ル、行人ヲシテ心胆寒カラシム」とあるように、大変危険が多かったが、これらの道をとおして、米良山は外界と通じ、また村むらを結んでいたのである。

□で囲った地名は徳川時代に米良氏の館があった所で、このうち小川は明治に至るまでの約200年間、代々の殿様が居住した。それ以前は銀鏡、村所を交互に居住している。尾八重には米良氏の分家があり、寒川《さむかわ》も米良領に含まれていた。

これら館があった所には囲という地名が残り、米良氏の菩提寺と神社がセットになっているのが特徴である。いわば政治、文化の中心地であった。たとえば小川には市之宮米良神社があり、明治初期まで不動院（真言宗）と西福寺（禅宗）の二ヵ寺があった。銀鏡も村所も尾八重も同じような形態をとり、今日でも地域の中心地になっている。

米良は宮崎県と熊本県の県境に位置する。北は、ひえつき節で有名な椎葉《しいば》村に接し、西北には子守唄で有名な五木《いつき》村、その北の五箇ノ荘（五箇ノ庄とも書く）へと連なるというように、この付近一帯は九州山地の中でも、とくに奥深い山村である。

西米良村の中心地で村役場のある村所の昭和15（1940）年頃の景観（歴史民俗資料館蔵）
写真複写・須藤　功

村所を流れる川。かつては山から切り出した木材の流送が行なわれていた
撮影・須藤　功

たしかに、交通の便などはよくなって、昔のような秘境とか僻地という言葉は、あてはまらなくなっているのだが、運転手君がいうように、長く、何々の荘といわれ続けてきたのは、九州では五箇ノ荘と米良くらいではないかと思う。

米良は明治の市町村制によって、分村を余儀なくされた。宮崎県児湯《こゆ》郡東米良村、西米良村、及び三財《さんざい》村（その内の寒川《さぶかわ》が米良領）に三分され、現在、東米良と寒川は西都《さいと》市に合併になり、村制は西米良だけに残っている。

ただしこの三つの村にまたがる約二七二キロ平方メートルの地積は、古来、それこそ米良ノ荘とか米良山という、一つの領域を形成していた。

米良も五箇ノ荘も、五木も椎葉も、みんな由緒ある落武者のかくれ住んだところといわれる。この辺の山は海抜五〇〇から一五〇〇メートルくらいの連山だが、その間々の谷が深く、いきおい山は急峻で、人々を威嚇する。そのために追手も容易に踏み込めず、権力者の目をのがれてかくれ住むのに恰好のところになる。

米良にかくれ住んだ武士は

南北朝時代、後醍醐天皇の皇子である西征将軍懐良《かねなが》親王や、あるいはそれを奉じて奮戦して敗れた、宮方の菊池氏の末裔とする言い伝えがある。

徳川時代、米良山を領した米良家は、菊池氏の末と称し、幕府から譜代大名並みの扱いをうける、交代御寄合家という格式を与えられていた。五年に一度は参勤交代をする家柄であった。この米良氏の領地がいわゆる米良山であるが、その公称の石高は無高（あるいは三〇石）にすぎない。そして明治になってから、米良氏は再び菊池氏を名乗るようになる。

西南戦争の激戦地、天包山（1188m）　撮影・須藤　功

明治一〇年の西南戦争のとき、同じ菊池氏の流れをくむ西郷家と米良家が結びつく。西郷隆盛の方でも頼ったし、米良家の方でも誘ったようだが、ともかく西郷軍は、現西米良村の小川と村所の間の天包山《てんぽうさん》を、最後の激戦地として敗退する。そのため米良山のあちこちが戦火に会うなど、その犠牲になってしまった。

米良家は肥後《ひご》人吉《ひとよし》藩主である相良《さがら》家と、領主間の交流が深かった。そればかりでなく、地理的にみても、盆地として開けている球磨《くま》の人吉盆地への交通の便がよく、球磨地方との交渉が密であった。こうしたことも要因となって、江戸時代の文献には日向《ひゅうが》国米良山ではなく、肥後国米良山と書かれている。事実江戸時代に米良を訪れた者のほとんどは、人吉からの道を選んだ。

西米良村小川にある米良山の領主米良氏（＝菊池氏）一族の墓所の一つ　撮影・須藤　功

米良山への道

現在は米良へ行くには宮崎からが便利である。宮崎駅前から米良への直通バスがある。また鉄道を利用する場合は国鉄妻《つま》線に乗って妻までいく。妻線の終点は杉安《すぎやす》だが、ここは後に述べるように木材の集散地で、人々の多

くは妻で村所行きのバスに乗り換える。私が昭和三五年に西米良を訪れたときは、妻から五時間もかかったが、今ではその三分の一で走る。

昭和三八年、一ッ瀬ダムができて、米良山の風景は一変した。一ッ瀬川に沿って急峻な山にはさまれた谷間を、バスがあえぎあえぎ登ったその道は湖底に沈んでしまった。今では人造湖のふちを走る、二車線のアスファルトの立派な道がそれに代っている。

ただし、地質の大部分は砂岩、頁岩《けつがん》、粘板岩で、まことに崩れやすい層になっている。雨量は年間三五〇〇ミリ、そのうち一〇〇〇ミリは八月に集中するし、八、九月に年間雨量の半分が降る。しかも宮崎は台風の常襲地帯である。そういう自然はすこしも変っていない。

妻から旧東米良、西米良を突切って湯前《ゆのまえ》、人吉にぬける道を国道妻・人吉線といい、国鉄バスも通っているが、今でも、この立派な道が、山肌の崩落によってしばしば通行止めになる。ましてや、国道から枝別れして山峡に入る道は、自然の猛威に対して無防備である。

この春、調査スタッフの一人である賀曽利君の運転でほとんどの道を走ってもらったが、アフリカの砂漠をオートバイで突っ走った彼でも、この道には随所で胆を冷したといい、一度同行した本誌の編集長山崎君は、顔蒼ざめて二度と車に乗らなかった。私は恐ろしくなかったというのではない。遠くの山々、家々を見続けて足元の危険を知らなかったのである。

そういう一本の道を辿って打越《うちこし》の部落に入ったとき、私は慄然とした。打越は東米良村当時、役場と小学校があったところであり、地理的にも村のほぼ中心であった。ところが、そこは昨年夏の台風で道がつぶれて行けないという。ただし、昔小学生などは山道を通り、峠を越して、四方の村むらからここに通ったわけで、行って行けないことはなかろうと思って、是非にもこのかつての中心地を訪ねようとした。見かねて、銀鏡《しろみ》神社の宮司、浜砂武俊氏が行けるところまでいってみましょう、といって車に乗り込んでくださった。

宮司さん自身、あちらで聞き、こちらで聞き、走れそうな道を探して走ったが、日頃元気のいい賀曽利君は終始無言でハンドルをにぎりしめていた。そして、ようやく打越の中心地に辿りついたが、半年前の惨状がそのままになっていた。山は崩れ、川の岩はおどり乱れ、家はつぶれ、倒れ、ちぎれ、田は土砂で埋まっていた。

宮司さんが、この溝がテッポウ（鉄砲水）になったんですな、と説明してくれた。宮司さんが指さした溝というのは、山家の前をチョロチョロ流れる小さな流れであった。

自然とはこよなくこわいものである。

ただし、こういうところに人々は住んで何百年、いや何千年という歴史を重ねてきた。人々の生活は自然との闘いであったといえよう。そして人々は、自然の理に学び、自然に順応する中に、自然を利用する知恵と技術をみがいた。

そして、ここに平隠な生活を築いてきた。

ところがその山間の地に、もう一つの猛威が襲いかかった。文明開化といい、近代化といい、資本主義といわれるものである。穏やかであった山峡の村むらは、明治以来、その時流の中に巻き込まれていくことになる。

焼畑に生きる

木おろし

山の木が銭になり、人々の暮しのかてになるのは、全国的にみてごく最近のことである。江戸や大坂の町造りや、そこの産業のために、木曽、吉野などの木が銭になったほか、各藩が船材や諸材料をとったところがあるが、それらは大てい幕府直轄とか藩の山で、幕府や藩の財政をうるおすものが多かった。そういうところ以外の山は、神のものだという認識を人々はもっており、必要があれば木を伐ったり、土地を開いたりした。そうしてほとんどのところでは、木を伐って銭にするということはなかった。もちろん、徳川時代、城下町や人口の多い町場に

高い木の枝を落とす「木おろし」。地上に降りることなく木オロシザオを伝って次の木に移る　撮影・須藤　功

近いところでは、次第に薪や炭を売る人々もできてくるが、日本国中、どこでも木が売れ、山の価値が高くなったのは、極言すれば今次大戦後といってもよい。ましてや明治時代に、交通不便で僻遠の米良まで木を買いに行く者はいなかった。

明治二一年生れの那須芳馬氏（西米良村板谷《いたや》の人）が小さい頃は、マツ、ケヤキ、カシなどの巨木が、米良の全山をおおっていたという。

明治二五年ごろ大阪の人が木を買いに来たが、太い木に驚いて手が出なかった。そしてこれらの巨木がどんどん伐られるようになったのは、明治末から大正期になってからだという。

那須さんと同年の上米良忠畋氏とが交々《こもごも》記憶をたどりながら話すところによると、明治二五、六年ころの木代は一肩《ひとかた》という単位であった。一肩は五寸（約一五センチメートル）四方、二間（約三・六メートル）長さの材で値段は三銭であった。当時米良の山から、一本三円から五円もする材木が伐り出されていたといわれるから、これを換算すると一本三円の材木の場合は一〇〇肩ほどになる。材木の単位はその後に石《こく》に変るが、一石が三肩ちょっとになるから、石数にして三〇石ほどの計算になる。普通われわれは杉の場合、一石の材がとれるようになるのに二〇年から三〇年かかるとみている。カシやケヤキで三〇石の材がとれたとなると、想像できない程の大きさの木もあったのである。

そのころ、あまりに大木すぎて、伐ったものの処理ができなかった木から後に四尺角、長さ四間の角材がとれたという。一・二メートル四方で、長さ七・三メートルの角材がとれたわけである。そんな大木があちこちに立っていたのだが、人々はそれを伐り倒すこともできなければ、また倒したところで始末に困った。

ところがそういうケヤキやカシの立っているところは土地も良いし日当りも良い。いわば平場の全くといっていいほど少ない米良山地では、そういうところが農業の適地といってよかった。そこで、巨木の枝を伐りはらって丸裸にした。枝は何日かおいて乾燥させて焼いた。そうすると、焼いた後の灰は肥料になり、焼かれた土地はホワホワとやわらかくなる。そこをチョイチョイと鍬で

米良山の村々では14、5歳になると木おろしに参加した
撮影・須藤 功

打つなり、あるいはそれもしないで雑穀や豆を蒔くと、何年かは作物がとれる。土に肥効がなくなると、そこはまた自然に木が生えるにまかせ、また別の場所を伐って焼き、畑にしていく。このような農耕を焼畑といい、米良の場合はコバを切るという。巨木が多かった米良山中では、その枝を落とすことでコバ切りが可能になった。肥料が得られるばかりでなく、畑地に陽が当たり風も通って、作物の成育に都合がよかったわけである。

ところが、枝を落とすといっても、その木に登らなければならない。巨木であるから幹は太く、しかも下の方には手をかけられるような枝もない。どうやら登れても、一本の木の枝を落して降り、また隣の木に登るということは大変なことだった。

明治を知る人の話では、竹竿をつかってするりと登り、同じ竹竿をつかって隣の木へ移りつつ、巨木の枝おろしをしたという。この作業を米良では「木おろし」といった。西米良村村所に住んでおられる佐伯左近吾氏は、むかし北海道から米良にやってきた人が、竹竿の先にカギをつけたものをつくって、そのカギを枝にひっかけて登り、次から次へと隣の木にひっかけては渡っていくという技術を村人に教えたという。今となっては詳しい話を聞くことはできないが、私の頭には北海道の人という言葉が、今なお印象強く残っている。

那須芳馬氏や上米良忠畩氏らも、一四、五歳になると、若い衆としてこの木おろしに参加したが、そのころ（明治三五、六年）には三ヒロ（約五・五メートル）の竹竿にカギをつけたものをガンモギといって使用していたというから、当時その技術は米良山中に定着していたようである。

木おろしの唄

木おろしは一〇人から一六人が組になった。木おろしの日がきまると、その日の朝、山行きの者には、四ッ組の膳が出された。飯に汁におかずが二品つき、当時としては大へんなごちそうである。和《あ》えものはなぜか不吉を呼ぶといって添えられなかったし、椀が欠けているとか、何か不吉を感じさせることがあると、その者だけは山行きを中止した。木おろしはそれほど危険な仕事であった。だから大体、年の若い者や未熟者には、おもだった壮年がつくように組分けをした。

さて山に着くと焼畑予定地の下払いをする。そして、一同外回りに散る。その時でも、おとなに少年がついていく。

そこでおもだったおとなが、まず唄を歌う。その歌を木おろし唄という。

〈のぼり始めの唄〉

のぼりんけえよ、まずけいよ
この山はおとにきこえししずか山
しずか山でこそ、枝おろしにまいりました
まもりたまえや山の神

＊芳馬氏と忠畩氏が焼酎をかたむけながら歌ってくれたが、謡曲のようなひびきがあった。人によると、出陣にふさわしい荘重なひびきともいう。

右　焼畑の火入れ。米良山ではクヌギの植林用、そして自家用野菜をつくるために、わずかに焼畑が受け継がれている
上　焼畑に蒔いたソバの花
撮影・須藤 功

〈枝打ち始めの唄〉

七つの小枝に八つのセビ、立て置きまいらす

＊セビとは木の先端、しんのことで、木の先端は神のものとも、また神の天くだる足がかりとも考えられていた。

＊以上は大変儀式的な唄だが、これから枝打ちが始まると、木の上に登った全員が、次のキキリブシを歌い出す。

〈木伐り節〉

ヤーレェ　これからみればお江戸が見える　ヤーレェ

おまん（お前）ババのボンホの毛（陰毛）の長さ、三三ヒロかとけ（三三ヒロ半）

ながあいこた長いもの、三つきついたら（三本つないだら）お江戸に届く

節はがらりと変って朗らかな労働歌になる。歌の途中でヨイショとかけ声をかけたくなるようなリズムであった。歌詞は何でもよくて、そのときどきに思いついた歌詞で歌うという。そうであろうと思う。目もくらむような高いところで仕事をしながら歌うのだから、歌詞を選択していたら、おっこちてしまうだろう。

朝一本の木に登って、その木の枝を上から伐り落としながら下って、一番下の枝までくると、そこから五・五メートルのガンモギを隣の木の枝の元にかけておいて、こちらの枝を落とすとともに、その竹竿をつたって隣の木にすべり渡る。そうして昼までおりることはなかった。

やがて昼食のために、おもだったおとなのかけ声でいっせいに木からおりてくる。東米良の上揚《かみあげ》などでは、昼もおりずに木の上で昼飯を食って、そのまま仕事を続けた。それほど木の登りおりは大儀であったという話を聞くが、西米良で私が聞き廻った範囲では、昼食は地上で食べ、体調を整えることをかなり重視したようである。そして昼からの〈登り木の唄〉も、きわめて荘重に歌われる。

〈昼からの登り木の唄〉

今、ちょうしをたもってのぼりおる

晩のおり木はまだはるばるのこと

ミナタキリでおさめおく

＊この唄も朝ののぼり木の唄と同じ様に荘重なもので、一同木の上に勢揃いすると、またまた労働歌のキキリブシになる。

〈晩のおり木の唄〉

晩のおり木は今ぞときます

うちには一二三の小女郎がまちこがれる

金の盃おし立てて祝いをする

このようにしてみんなが木からおりると、竹竿をかついで帰路についた。那須氏も上米良氏も、初めのうちは木に登ることはできても、金玉が上って声も出なかった。足元は宙に浮き、その下は千尋の谷底なのである。それでも、おとなについて蚊のなくような声でも出していると、そのうちに胆《きも》がすわって、一丁前の仕事ができるようになったという。

一方、里の者はこの唄が山にひびき渡っている間は安心で、その声が不意に止むと何か変ったことがおきたと思わなければならなかったそうである。

木おろしの唄を少し長く書いたのは、昭和四八年に編まれた『西米良村史』所載の「木おろし唄」とかなり異なっており、明治二一年生れの二人の老人が歌ってくれたこの唄を、きちんと残しておきたかったからである。

焼畑に生きる

焼畑は一年目にヒエ、二年目はヒエ、アワ、三年目に大豆、小豆、四年目にはまたアワ、ヒエをつくって、その跡は放ってしまって木が生い茂るにまかせるというのが、西米良の一般的な手順だったようだ。そして作物によってヒエコバ、アワコバなどとよんだ。前年の九月から一一月にかけて木おろしをして、翌年の四月頃に火をかけて焼き、一年目はヒエやアワを蒔いたのである。この種の焼畑を、東米良では秋コバとよんでいることを、今春の共同調査で知ったが、秋コバはなるべく年数を経た森林地帯がよいとされた。長年の落葉の堆積で土壌が有機質に富んでいるからであろう。

山村の常食はアワとヒエが主で、それらを焼畑でつくったのだが、一人一年間に食うアワ、ヒエは約一〇〇貫といわれ、それをとるには一反ほどの面積が必要であったという。一〇〇貫というと三七五キロになる。

アワもヒエも一〇〇グラムが三一〇カロリー前後だから、一〇〇貫で一一六万二五〇〇カロリーになり、それ

山中に点在する民家。山の中腹より上はもと焼畑であった（岩井谷）　撮影・須藤 功

標高およそ700mに拓いた東米良奥畑の水田　撮影・森本 孝

を三六五日で割ると、一日当り三一八五カロリーになる。それは今日でもちょっとした重労働をする者の必要量であるところからみると、一人一〇〇貫というのは大人一人の食い量ではなかったかと思う。

大抵の家が三反から五反の焼畑をやっていたというから、家族数に応じて焼畑地の面積を決めていたのであろう。また明治二七年の西米良村の資料から試算してみると、当時一戸当たり一町三反の焼畑地があったことになるが、それ全部に作付けしているとは限らないから、コバ作は実際には五反くらいが正しいかも知れない。

大豆や小豆は八人家族で大体三石（乾燥して約四〇〇キログラム）食うと聞いている。そのために三、四反もの焼畑が必要だという家もあった。小豆は熊本県側の湯前に持って行くと、小豆一升に対して米一升で交換できたという。ただし大豆や小豆は労多くして収量が少なく、また豊凶の差がはげしいので、換金作物の中心にはなりにくかった。

このほかに家や小屋の近くに大根コバを切って、そこでは大根を中心につくった。焼畑でつくる大根は小型であるが大変うまいし、切って乾し上げて切り干しにする。これはもちろん自家用にもするが、換金作物としても重要であった。米良の切り干しといって東京や大阪の市場で建て値になる場合もあった。それほど品質がよかったのである。米良の切り干しは主に西米良から出荷されていたが、今もって宮崎県の代表的な産物の一つになっている。

山から索道で運ばれてきた竹とその集積場　撮影・森本　孝

消えていく焼畑

木おろしの項でも述べたように焼畑をするということは大変な苦労であった。それに、うっかりすると延焼する。火のこわさは筆舌につくせない。実は私も終戦の年に、土佐の山の中で一人で火入れをして延焼し始め、部落中総出で消し止めてもらって助かったことがある。火は風を呼び、火炎は走るように飛ぶ。米良山中でも、あちこちの集落が何度か火災にあっているが、そのための火事も多かっただろうと思う。米良の人々はできることなら焼畑をしないですむ生活を望んでいたのではないだろうか。

そういうところへ、大正の初め頃から木材の伐採、搬出が行われ、製炭業者が入ってきて原木の買付けが始まり、山の木が売れるようになっていく。また道路工事などの仕事も増え、人々はそういう仕事にたずさわることも多くなった。そして、苦労してコバを切るより、木を売って米や麦を買うようになり、やがて焼畑は規模が縮小されて老人の片手間仕事になっていった。西米良で焼畑が消えるのは、昭和二〇年代のことであった。

二三年前に私と中村君（現全国農業会議所）を車にのせて、毎日農家探訪につき合ってくださった佐伯正直さんが、今は西米良村の教育長になっておられた。佐伯さんは、今年、西米良の貴重な生活文化の遺産である焼畑の習俗を、映像記録をして残したらどうか、と文化庁から指示があったが、現在は焼畑適地をみつけるのが大変だ、といっておられた。役場の窓から見てもかつて焼畑

見上げるような山腹に点在する民家と、斜面ににつけられた稲妻状の道（東米良奥畑）
撮影・須藤　功

適地だったところは一面杉山に変っている。

もちろん、私も西米良の山がうっそうとした原始林であったころのことは知らない。巨木は大正の末には少なくなり、大木も戦争を境にしてなくなった。そして、二三年前には、焼畑適地もほぼ定畑化していたが、まだ焼畑用地、あるいはその跡地は随所にあった。

焼畑にするところは先にも述べたように地味の良いところが選ばれた。そしてそういう土地は大体山の中腹か、山が深いところでは尾根筋に近い上部にある。このことはむらの景観をみる上で、よほど留意しなければならない。

山の斜面に点在する家

西米良でも東米良でも道筋の集落は別にして、道から遥かに見上げた山肌に、へばりつくように点在する農家がみられる。谷をはさんで望見するとき、一体どうしてあんなところに、ポツンと人は住んだのだろうと思うときがしばしばある。それは本宅から離れた焼畑地に通うのが不便であったために、住まいと作業場を兼ねた出作り小屋を、焼畑適地の一角に建てた。その出作り小屋が次第に立派になり、主屋に代っていったものと思う。

　西米良の村所では、比較的広い平地のある低地に本宅をもって、そこから二〜五キロメートルほど離れた山中に、ポツンポツンと出作り小屋として建てた小屋が多かった。中には、息子が嫁をもらったので、親夫婦が隠居屋として建てた小屋もあった。

　西米良では長男が嫁をもらうと、親は次男坊以下をつれて別家する隠居制があった。別家した後に次男以下が成長して嫁をもらうようになると、今度は子供たちが親から離れて分家していく。

　いずれにしても、家族が一定期間は出作り小屋で生活するのだから、まず水が必要になる。しかし焼畑適地というのが第一条件だから、小屋の近くに水源がないこともある。その場合にはどんな遠いところからでも水を引いてこなければならなかった。そのために竹の節をぬいてつないで水道とした。

　家族はその小屋に寝泊りして、焼畑の作付け、手入れ、収穫などの作業をする。昔は農作業が忙しい期間は小学校も休みになったそうである。子供をつれて親たちは移動したのである。ただし明治末から次第に義務教育が充実していくにしたがって、家族全員で移動することができなくなった。

　私が昭和三五年に訪れたときには、親夫婦が小屋に移り住んで、そこに居すわった例が多かった。しかしその小屋は出作り小屋というものではなく、立派な本宅の構えになっていた。

　山の斜面に、まったくポツンポツンと置忘れたような形で点在する家の一軒一軒を訪ねたわけではないが、それらもこうして焼畑をつくり、生産基盤を確立した上で分家していったものではないだろうか。つきつめてみたい問題の一つである。

米良山の山と木と

山師と杣師

　山を相手に仕事をする人にいろいろな呼名がある。山を買う人を昔は山師といった。この山からどれだけの材がとれるか、この一本の木が何立方メートルあるか、などということは素人には全く判らない。生えている木を下から見上げて、高さ何メートルあると思っても、倒してから計ってみるとまず当たらない。それが目見当でぴ

材木を集積し運びだす土場（東米良茗荷原）撮影・須藤　功

東米良銀鏡の製材所。かつて米良山はカシ、マツ、ケヤキの大木で覆われていた

ったり当たるようになった人を真の山師といった。人を口車にのせるような人を山師というようになったのは、真の山師にとって迷惑なことである。

　山師は資本家の元で仕事をする場合と、山師自身が銭をもって山を買い付ける場合とがある。山の木の売買契約が成立すると、伐採、玉切り、搬出、輸送の人夫が買い主、あるいは山師に雇われて、それぞれの仕事にたずさわっていく。伐採は文字どおり立木を伐り倒すことで、私が今までに聞いた範囲では、巨木の伐採は奈良県吉野地方や土佐の人の技術が優れていたそうである。

　伐採した木を一定の長さに切ることを玉切りという。西米良では一肩一四尺といって四・二メートルほどの長さに玉切りした。玉切りした後は所によってちがうが、杉、檜の場合は皮をそぎとる。また、皮ばかりでなく不要な部分を削《はつ》ってしまうこともあった。搬出の労力を少しでも軽減するためであろう。

　ここまでの仕事をする職人を杣《そま》、または杣人といった。もともと杣は材木をとる山（杣山）、その材木（杣木）を総称する言葉であるが、この材つくりそのものを杣というようになったらしい。

　そうしてできた材は山肌をずり落したり、木馬《きんま》（山から材木を搬出する木ゾリ）で引いて土場《どば》まで搬出する。土場は材木を集積するところで、川や道の近くの交通の便のいいところが選ばれた。

テッポウ流しとセキ流し

　土場から先の木材の輸送方法で古くから行われていたのが川流しであった。西米良村村所在住の佐伯左近吾氏（明治三八年生）は、若い時に流送にたずさわった一人で、当時の様子を実に詳しく憶えていてくれた。氏は一六歳のときから流送の仕事に就いたというから、大正一〇年以降の話である。

　当時、山はトガ、マツ、ケヤキの大木を中心とする自然林でおおわれ、佐伯さんが入った大阪山には一二〇～一三〇人の人夫が働いていた。大阪山は西米良村の北に隣接する椎葉村大河内の人々の持山で、それを大阪の人が買って伐り出すことになったため、その山を人々は大阪山といった。

　大阪山の伐採人は三、四〇人いたようだが、そのほとんどは土佐の人や日向延岡の人で、肥後五木村や西米良村内の人も数人まじっていた。

　伐採人を含めた百数十人を統括する人を大杣頭《おおせんどう》といい、杣師上りの大阪の人だった。それが三組に分かれて、それぞれに小屋杣頭がおり、その下が二組か三組か

一ッ瀬川をバラ流しされた木材
（昭和10～20年代の写真）
写真複写・須藤　功

に分れて組頭がたばねる。そのほかに、小屋杣頭にくっついて帳場杣頭がいた。仕事先の支配人だ。

　山から伐り出した木材は一年くらい置いて乾燥させ、それを流送人夫が川までゆずり出して、川に飛ばし込む。大河内から一ッ瀬川中流域の杉安（現西都市）まではバラ流しといって、筏に組まずに材を一本一本流す。その流し方に二通りの方法があった。一つはテッポウ流しといって、水をいったんセキを立てて貯め、そのセキをいっ気に切って、水の勢いにのせて木を流す方法である。もう一つは下流に向かってセキを何段にも立て、そのセキの上を水が越して行くようにしておく。その水に乗せて材木を流す方法である。いずれも筏を組んで流せるほどの水量のないところで用いられるが、このどちらを用いるかは親方の判断で決められた。

　西米良には大阪や信州の人々が多く入ったようだが、大阪の人が親方になった場合はテッポウ流し、また信州出身の親方はセキ流しが多かったという。

　さて、大河内の土場からバラ流しをした材木は、延々と一里（四キロメートル）も列をなして流れ、約四〇日間もかかって、一五里ほど先の杉安に着いたという。この川流しには二〇人くらいが一組になり、総勢一〇〇人くらいの人がかかわった。

　杉安まで着いた材木は、そこで八本並べて筏をつくり、それを一〇～一二つらねる。これを一流《ひとながし》といい、ヒトナガシに前と後に二人乗って、一ッ瀬川河口の福島港までの六里を一日で流す。福島港からは大阪商船の船に積まれて、大阪へと船出していった。

流送人の知恵と誇り

　以上の行程が一般に行われた流送であるが、何しろ自然が相手である。大水が出て材木が岸に打ち上げられる時もあるし、川自体がテッポウ水の勢いになって、ドーッと流れていってしまう時もあった。そういう時は杉安を通り越して、バラのままいっきに海まで流れ出てしまう。このような場合でも流送人たちはあわてなかった。

「あっ、行っちまった」

というくらいの気持で見送って、人々は旅仕度をして土佐の浜まで出かける。そこで待っていると、流れていった材木がポッリポツリと辿り着いてきたという。彼らは月の具合で潮の流れを読みとり、材木が土佐のどの浜に漂着するかがわかっていたのである。材木には刻印が打ってあり、ほとんどが回収できたという。

私はこの話を聞いた時、自然の法則と、それを心得ていた流送人の知恵に驚嘆した。回収した材木はそこで船に積み、大阪へ運んだが、それまでに半年の日数を要したこともあったという。

もっとも、五月雨《つゆ》の時はそのようなわけにはいかず、材木はちりぢりばらばらにどこかへ流れていってしまうこともあったそうである。

このように、大水が出たときはカイブといって、七分増しくらいの割り増しがついたが、それにしても川流しは低賃金で、苦労の多い仕事であった。賃金は昭和七、八年ごろで一日一円七〇銭から二円くらいで、その中から食いぶちとして一日二五銭差引かれた。当時米は一升で一〇銭、ムササビの皮を売ると一枚が二円五〇銭、ワラジ一足が一銭八厘の時代であった。

昔を追想して佐伯氏は「よくスジをかえて歩いたもんだ」といった。流送は川の流れの変化、岩のありよう、などを見定めて、上手に御《ぎょ》して行かねばならない。そのためにできるだけ多くの川で経験を積んでおかなければならない、ということだ。どんな川でも事故をおこさず、流す力量をもつことが、流送人の誇りであり、それは銭金に代えられないものであった。

そういう流送人のいでたちは、タッツケ半てんにわらじばきという、粋なものであった。人々はトビクチ、テコ、ツル、マンリキといった材木を移動する道具を使っていたが、それらは土佐ものといって、大体土佐の鍛冶が打ったものを珍重した。

人々は朝現場に着くと、薪を集めて火をたき、トビグチとテコの先を一時間ほどかけて、丁寧に焼く。いわゆるヤキを入れたわけであろう。

この時、平べったくて凹みのある石も焼いておいて、その上に味噌をひと握りのせてひろげ、中にじゃこや川のりを入れて焼いた。それを、昼食の菜《さい》（おかず）にする。飯は米と麦をまぜて四、五合炊いたものを、竹で編んだメンバにつめてもっていった。これを昼とやつ（三時頃）に食った。

一日の仕事が終って夜宿に帰ると、先輩から「木やり」を習って、次の日はまた仕事にはげむのである。むずかしい流れの中を流し切ったときの喜びは、また格別であったという。

明治末頃から続いてきたこの流送の仕事も、昭和七年ごろからトラックが入るようになって、ついにこの誇り高い仕事も姿を消していく。

佐伯氏は以後小商売に転じた。

炭焼きの話

備長炭の進出

米良山中にはもう一つ別の山仕事のグループが入っていた。紀州（和歌山県）から来た炭焼きのグループである。前出の上米良忠畩氏の話では、明治四〇年頃に紀州から炭焼きのために人が入り、備長炭《びんちょうたん》（白炭の一種）の生産が始まったという。

もともと米良山中にも炭焼きの技術はあった。土を掘

築いて間もない炭窯。紀州の炭焼き職人によって備長炭の製法が伝えられた　撮影・須藤　功

って薪を入れてシバをかぶせ、その上に土をかけて火をつけた。そうしてできた炭を「フンフケ炭」といった。どうも自家用炭程度だったらしい。

そうした素朴な方法で焼いていたところに備長炭の技術が本場の紀州から入ってきた。そしてたちまち、米良山のあちこちに炭窯が築かれ、活況を呈していく。炭は白炭《しろずみ》と黒炭《くろずみ》とに大別される。戦争中からすっかりハクタン、コクタンというようになったが、それ以前はシロズミ、クロズミといっていた。白炭は九〇〇度から一四〇〇度の高熱で焼き、炭は窯の外へかき出し、消粉とよばれる上炭粉で火を消すので表面が白くなる。炭の材質は硬く、原木もカシやクリなどの硬い木を用いる。

備長炭は白炭の一種であるが、さらに硬くて叩けば金属性の音が出るほどである。備長炭はそもそも石窯を築き、ウバメカシなど最も硬い木を焼いたもので、紀州（和歌山県）で始まったといわれている。今では茶室やかば焼屋などでつかわれている。

これに対して黒炭は土窯を用い、窯の中で火を消すので黒くてやわらかい炭になる。クヌギ、ナラなどを原木とし、一般家庭用の炭として長い間親しまれてきた。

炭焼きの親方

明治二四年生れの今井高四郎氏は、備長炭の本場である田辺市の近くの村で生れ、二四歳の時に西米良村に入り、炭焼きに従事してきた。

製炭者はほとんどがしかるべき親方についていた。後口茂《うしろぐちしげる》さん（明治三五年生）もその親方の一人で、和歌山県古座川の出身、父について人吉に入って木炭商をやり、後に国鉄妻線が杉安まで延長されると、いち早く杉安に本拠を構えた。大正一〇年のことであった。今井氏はこの後口氏を頼って人吉から西米良に入った。人吉からは多良木《たらき》まで馬車できて、それから山越えして八重《はえ》に泊って、越野尾《こしのお》の現場に着いた。今井氏の兄二人が、やはり西米良村竹原《たけはら》と田無瀬《たむせ》で炭焼きをしていたことも、移住の大きな要因になったようだ。

親方は山を買って今井さんのような職人に炭を焼かせるわけであるが、その方法に二通りあった。親方から炭窯をつく銭を出してもらって、炭焼きだけをする場合は歩焼《ぶやき》といった。親方からは焼いた炭の量に応じた賃金が支払われる。当時百俵の炭を焼くと一五円の収入になったという。もう一つの方法は、親方が買った山に入り、自分の銭で窯をつき、焼いた炭代の中から親方に山代金（木の代金）を返していくというやりかたで、これをトリダシといった。今井氏は当初歩焼をしていたが、大正一二年にはトリダシに転じ、親方も後口氏から村所の商人にかわった。

トリダシは目先のきく者でないとなかなかできるものではない。自分で山をみつけて親方に相談すると、親方が銭を出してくれる。まずその山で何俵の炭がとれるかという目算をたてる。大体原木代が一俵の炭の値段の二割以下になるように原木を購入しないと採算が合わなくなるという。また炭を売る場合でも、夏の安い時期はねかせておいて、値が高くなったら売り出していく。そういう才覚と、ある程度のたくわえをもつ必要があった。そんなわけで、誰でもトリダシになれるというものではなかった。

日向改良炭と里山の荒廃

備長炭のほかに誰が考案したものか、当時、日向改良白炭という木炭も生産していた。直径一〇ヒロほどの大きな炭窯を築き、大きな木を倒したら、丸太のまま玉切りをして木馬で窯にころがし込んだ。そして火を吹いているものをそのまま引き出し、水をかけた湿った灰をかけて消すという方法であった。原木は雑木を用いた。この炭は家庭用の煮炊きから工業用木炭にもなったようで、京阪神方面にどんどん出荷されて、日向炭の名を高めたという。

このようにして米良山中で焼かれた炭は、続々と熊本県人吉や宮崎県杉安まで運ばれた。上米良忠�氏は六貫匁俵を馬に振り分けてつけ、西米良村板谷から熊本県境の横谷《よこだに》に運ぶ仕事をしていた。一俵の駄賃が一〇銭で、帰り荷は焼酎や砂糖をつけて帰るのであるが、それを含めて一日一円の稼ぎになった。そういう炭をつけた駄賃稼ぎの馬が、毎日一五〇頭くらい列をなして通ったという。横谷まで炭を出す仕事は大正五年ごろまで続いた。

その後は馬車で杉安まで運ぶようになった。大正四、五年が商圏の変り目であったようで、妻線の開通、延長が契機になったものと思われる。米良から毎日三〇台くらいの馬車が上り下りした。一台に六貫匁俵を四〇俵積んだというから、一二〇〇俵の炭が毎日運び出された勘定になる。

馬車ひきは越野尾を発って、杉安までの間に二軒橋で一泊したというから、宿代が出るほど、馬の背で運んだ当時より景気がよくなったのであろう。杉安からは貨車積みにして京阪神に送られたのである。

このように製炭業が盛んになるにつれ、今まであまり銭にならなかった雑木が銭になるというので村の人々は喜んだ。ところが、製炭者は搬出のことを考えて、道に近いところを選んで山の木を伐っていく。それが次第に里山を荒らしていくことになる。

とくに昭和七、八年以降になると、商品価値の高い白炭を焼いていた米良山で、黒炭を焼きはじめるようになる。戦時中には大勢の人々が山に入って小屋を建て、さかんに黒炭を焼いた。その最盛期には製炭量が日本一になったという。

黒炭は原木を選ばない。どのような木でもよかった。するとと当然搬出に便利な山は、丸坊主に近い状態になったことだろう。焼畑をするより木を売った方がまし、という声がきこえたのもそのころであった。

米良山に木材業者や製炭業者が入り込んで原生林は次第に姿を消していった。そして大正一〇年ころまでには巨木のほとんどが伐りつくされ、間近に原生林を見ることができなくなってしまった。そうして西米良の人々のなかには山の木を売るだけでなく、山そのものを売ってしまう者も出てくる。

外部から人が入ってくるにつれ、その人たちを相手に食料品や日用品を売る商店ができてくる。商人も地元の人でなくよそから来た人が多かった。

明治一〇年ごろの話である。妻の杉田利助という人が西米良村の小川に交易所という店をつくって、小川に支配人を置いて明治四〇年ごろまで商売をしていたという。おそらくこれが外来商人の第一号だと思われる。以後地元の人も米、焼酎、衣料などを買う人が増え、それにつれて商店も増えていった。

その商店はすべて掛け売りである。勘定は後廻しで、ほしいものをほしい時にもらっていく。そして盆、暮れに代金の請求をうけたとき、その金額の大きいことに驚く。しかも当時の商店は売上金に高い利子をつけたそうで、月二歩五厘とか年一割以上というのが多かった。

そして結局はその代金を払えぬままに、土地をとり上げられた。しかも勘定の明細が不明のまま、ひと山いくらで引きとられていったようである。中には反物一反でひと山とられたという事例があり、また酒代の肩がわりに、あるいは妻の女郎屋へ入れ上げたためという例もあった。

次に多かったのは連帯保証人の巻添えであった。地縁、血縁の絆に強く結ばれている山村では、頼み込まれたら断ることができない。何の条件もつけずにハンコを押したばかりに、山がひとりでに商人の元へ歩いていってしまうという結果になった。

そのほか開田の資金をつくるため、医療費の不足を補うため、また当時は教育費をつくるため、という事例もあった。

私が訪れた昭和三五年当時は現在の一ッ瀬ダムが計画中で、水没する山や耕地の補償問題が騒がれていた。当時提示されていた条件は、家屋敷一坪三万円、水田一反二五万円、山林素地（木を除いたもの）一反九〇〇〇～二万円、材木になる木は一石につき一八〇〇円といわれていた。これらの金額は米良山の中でも便利のいいところで、奥地の山の値段は一町歩で一万円あまりだったという。材木商や木炭商が多く入ったとはいえ、山の値段は非常に安いものであった。

この、山の値段の安さが、山地、あるいは山林軽視の観念につながったとみてよいであろう。西米良村上米良地区では、終戦後から昭和二五年までに八三〇〇町歩、その後昭和三四年までに三二〇〇町歩の山の所有権が移動し、しかもそのうちの二二〇〇町歩ほどが村外の人の手に渡っていた。

米良山の発展を祈りつつ

豊かな山の産物

徳川時代の西米良は食料自給のための焼畑を中心とした農耕、及び狩猟を主な生業として、それに茶、漆、椎茸、菜種、楮《こうぞ》、たばこ、苧、髭人参、鹿皮、羚羊《かもしか》皮、熊皮などの産物を米良家に上納している。このうち茶、椎茸、楮、菜種などは商品として他領へ持ち出されていたようだ。

　また、徳川時代、どの家でも馬と火縄銃をもっていたという。馬は肥後から導入され、主に農耕用に用いており、火縄銃ではシシや兎を獲った。そのほかシュロや漆をとって上納していた、という記憶をもった人に、前回の調査ではお会いすることができた。

　このような米良山中でとれたさまざまな産物が、人々の暮しの中でどのような比重を占めていたかはわからない。

　具体的なことがわかるのは明治に入ってからのことで、前出の那須芳馬氏は大変興味深い話を語ってくれた。

　芳馬氏は明治二一年生れであることは前にも述べたが、その父の代に椎茸、カジ皮、茶は商品作物として出荷していたという。

　椎茸は村のほとんどの家がつくっており、ふつう五、六貫匁、多い人で一〇貫匁もの収穫があり、これは人吉からやってきた仲買人に売った。カジ皮はカジノ木の皮で、若枝の皮は和紙の原料になる。梶ノ木、構ノ木、楮ノ木とも書くが、地元の人は楮、三椏《みつまた》を含めてカジといっていた。山カジもあったが栽培もした。カジ皮は多い人で一二〇貫匁もとり、皮の状態で、これも人吉の商人に引きとられていった。カジ皮切りは苦労するから、長持ちするものと替えろ、とよくいわれたもので、塩と交換することが多かった。カジ皮一二貫匁で塩一俵（四〇キロ俵）になり、それはこの地方の農家の半年分の塩の所用量であった。

　また、茶は焼畑の跡地に自生するものを手入れをして茶園に仕立てたもので、ほとんどの家でこのような茶を栽培していた。明治前期から中期にあたる芳馬氏の父の代は、茶一〇〇匁三銭五厘であったものが、明治後期から大正時代に入るころは二円で取引きされていたという。一週間かけて荒茶に仕立てたものを売って、反物二反を買ったことがあったという。

　大正時代の初期に一戸当りカジ皮六〇貫、茶は四、五貫が平均収穫量であった。そんなこんなでどの家でも一年に三〇円くらい稼ぐことができた。前にも述べたように当時は米一升が一〇銭の時代であったから、農業や狩猟のほかにそれだけの稼ぎがあれば暮しはたてられた。それに農作業の手伝いに出れば日当二五銭になり、大工であれば日当三五銭の稼ぎになった。またそういう仕事に出られない老人はゾウリやワラジなどの編製品をつく

上　竹林の中でシイタケのホダギ栽培（東米良尾八重）
下　収穫したシイタケの選別（東米良銀鏡）
撮影・須藤　功

った。ゾウリは一日一〇足ほどをつくることができ、一足一銭五厘で売れた。老人のたばこ銭くらいにはなったのである。山中の村であったが故に、そこでとれる産物もまた多く、人々の暮しにゆとりをもたせていた、とすら思える。

そういう暮しがあったからこそ、外部から入って来るたくさんの人々を受け入れてきたように思われる。この山中には木材商や木炭商が入る以前にも、いろいろな人が入り込んでいた。その代表的なものがカンジンといわれた人々であろう。カンジンは主に竹製のカゴ類をつくり、農家の人々に売った。このカンジンという言葉は今まったく死語になって、「五木の子守歌」にだけ残っているようだが、私が訪れたころはまだ口にされていた。

また明治三〇～四〇年のころは、ケヤキやブナをつかって木器をつくる木地屋が入っており、樽の側板になる樽丸をつくる職人も入っていたという。その樽丸師の話では樽丸の材になった杉は植林したものらしく、ひと山に何百本もの杉が揃っていたという。この地方では幕末以前にすでに、一部植林が行われていたと考えられる。

問われる山村の知識、技術、度量

一方では新たな地場産業の振興にも力を注いできた。米良の山でとれるカジ皮を利用して、大正の初めには紙漉きがおこり、豊富なカシ材を利用してハイタクという下駄の歯の生産が始まり、ユーガイという電信柱のクリ製の横木づくりも始まるが、いずれも数年から十数年で終ってしまう。地方産業が発展していく大正時代に、この地方でもいろいろな努力が払われたが、それが産業基盤を確立するまでには至らなかったようだ。

経済は思いつきでは動かない。消費の動向を見すえて、今日流にいえばそのニーズにこたえる方向を明確につかまえなければならない。そして利潤を想定して諸経費を計算していくわけであるが、この僻遠の地、急峻な山、崩れやすい道といった条件下では、産物の集荷輸送の算出は、まったくの試行錯誤だっただろう。西米良の人々ばかりでなく、外から入ってきた人達も、ここの産物がどれだけの生産財としての価値があるか、見当もつかなかったであろう。米良山の産物は、日常生活に用いる消費財として認識されてきたものが多かったのである。

しかも、今までは情報の伝達が遅かった。大正に入って和紙生産は、長い伝統を伝えてきた産地を中心にして主産地化が進むと同時に、洋紙におされはじめる。こういう雨量の多いところでは、とても勝目はなかっただろう。下駄も、とくに歯をすげて履く足駄類は、大正期を通じて需要が急激に減退する。ユーガイにしても、その後始まる坑木生産にしても、その需要は減退の一途をたどった。

このような状況のなかで、材木商や木炭商の大きな外部資本が続々と入り込み、さらに商品経済が浸透していく。このような外部からおしよせてくる大きな流れに、とても立ちうちできるものではなかった。いきおい銭になるということのために山の木を売り、さらに山そのものも売ってしまうことになった。

こういう例は決して西米良だけのものではない。日本の多くの山村が経験したことである。

元来、道路は山村に文化を運んでくる道である。ただし、明治、大正、昭和、そして戦後、その時々の著しい価値観の違いは、むしろ山村の産物を、そして山村民の生活のよりどころとしたものすら里へ流出させる道にしてしまった。

山村の人々に知識が伝達される前に、里の産業に必要なものは格安な生産財として運び出されてしまったのである。

今、米良を含めて、日本の山村が一つの転機を迎えている、といってよいだろう。

さいわい、米良には宮崎県が一〇余年前から力を入れた椎茸《しいたけ》、柚《ゆず》などいくつかの産物がある。その技術は東西米良一円にほぼ広まっているようだが、これからはその程度をどう高め、それを原料として出荷するのでなく、どう加工するかということに格段の努力をしなければならないように思う。

かつて、カヤ刈り場とか焼畑用地とされていたところに、今は杉が植わっているが、そういう比較的なだらかな土地の利用は改めて考え直してみる必要があるだろう。

今や宮崎市に隣接する地域が、日本の近代農業のメッカとして脚光をあびてきている。私はその生産構造は、こんどこそ、舗装成った妻・人吉線、かつての米良街道を通って、この山村に浸透していくだろうと思っている。

平坦部の地価の上昇と都市化はいやおうなしに周辺地域の開発という方向に向かわせるだろう。その時こそ山村の人の知識と技術と度量が問われる。私は心から、米良の発展を祈ろう。

東米良点描——観文研共同調査抄

文＝ 田村善次郎　山崎禅雄
印南悠子　香月洋一郎
谷沢　明　賀曽利　隆
工藤員功　須藤　功

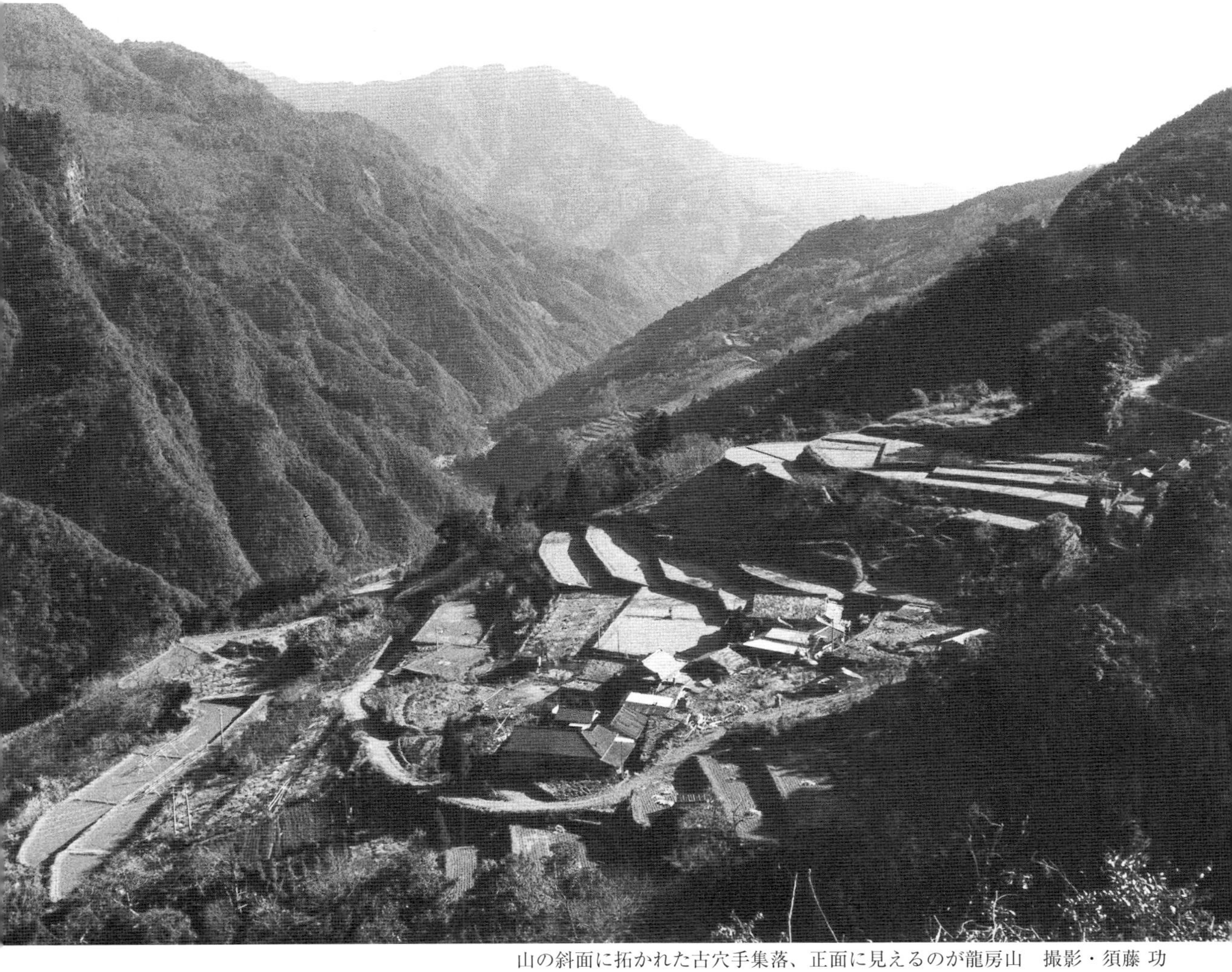

山の斜面に拓かれた古穴手集落、正面に見えるのが龍房山　撮影・須藤 功

1 神々の里

田村善次郎

奥畑付近の古い山道を行く

三月末頃に降る長雨を銀鏡《しろみ》ではキノメダシというと教えられた。

ひと雨ごとに若芽は伸び、山の緑は濃く深くなってゆく。

私たちが銀鏡にいたのはキノメダシの降る時期であった。

銀鏡神社の御神体山として崇められている龍房山も低くたれこめた雨雲にかくれて見えない日が多かった。降るともなく降る雨に濡れながら山崎や印南と銀鏡のムラをめぐり歩いた。

山桜は満開であったし、ツツジも盛りであった。そして道端には三椏《みつまた》が黄色い花を咲かせていた。かつてコバ跡にたくさん栽培され、この山里の重要な現金収入源になっていた三椏もいまはつくる人もなく、野生化して山中に点在しているにすぎない状態になっている。

雨に濡れた小さな花はいかにもはかなげでいとしげな風情があった。

米良山中の道も集落と集落をつなぎ、家から耕地に通ずる主な道は整備され、車が通れるようになっているのだが、人が踏立てた古い山の道もきれぎれになりながらまだ残っている。

私たちはできるだけそういう古い道をたどってみることにした。そういう道の端には御大師様の像や猿田彦の碑がたてられていた。忘れさられ落葉に埋れたものもあったが、花が供えられ、御幣や正月の祝木が供えられているものも多く、この山村の人たちの心情がかわってしまったのではないことを物語っていた。

山中にはたくさんのカミさまが祀られていた。屋敷まわりや畑の中には地主さまがある。柱状の石をたてたものもあり、御先祖の墓石であることもある。陰陽石に似た形の変った石を祀ってあって、これらは、コウザキさまや若宮さまであるという。コウザキさまは狩のカミであるという。狩人は狩に出る前にはコウザキさまに獲物の多からんことを祈り、獲物がとれればナナキレザカナを供えてお礼をする。コウザキさまの前にはナナキレザカナをさした竹

カクラの領域模式図

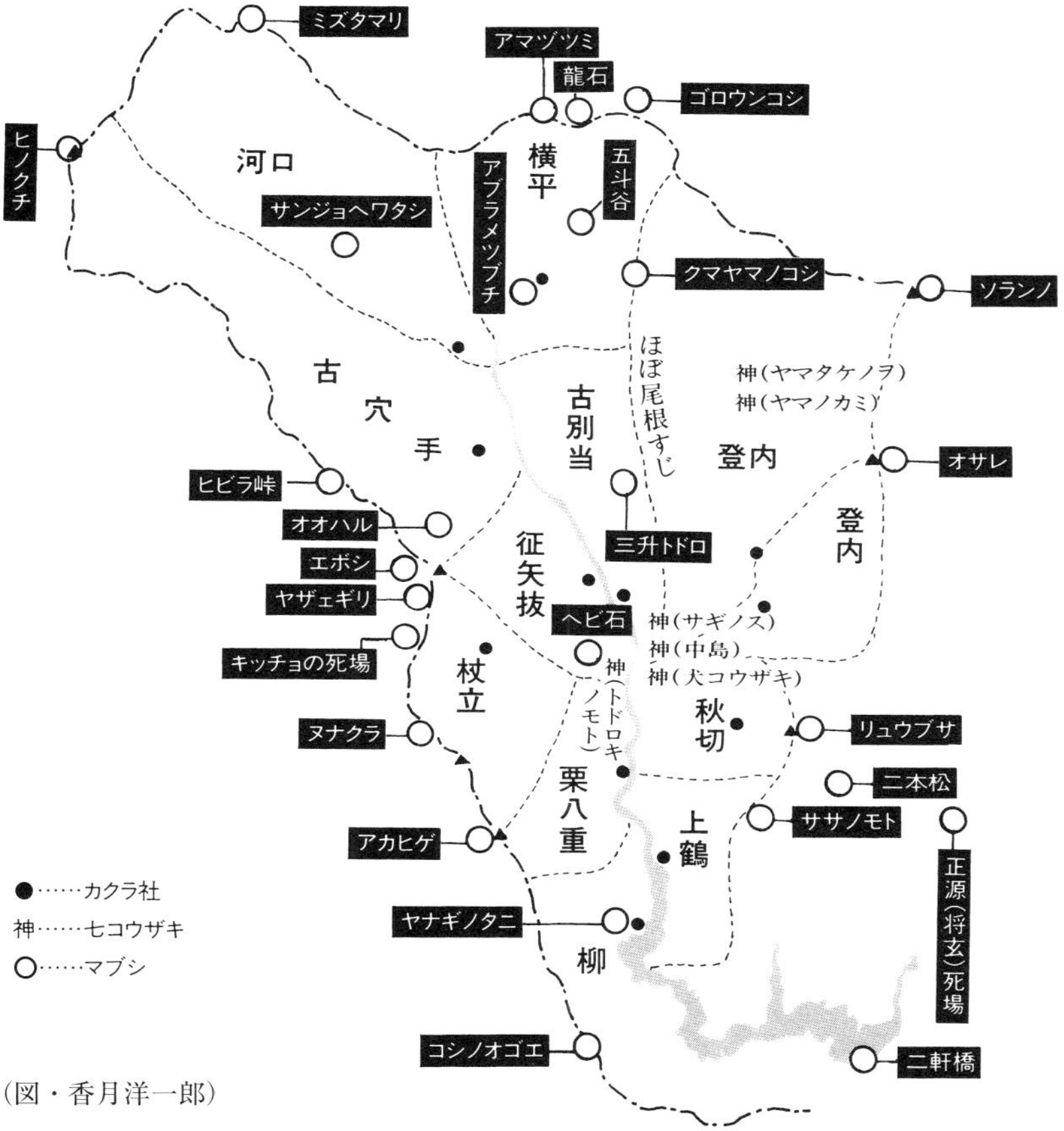

（図・香月洋一郎）

串だけが残っていることが多い。

　若宮さまは非業の死をとげた人の霊を祀ったものであるときいた。厳しい山地の暮しには危険が多かったし、動乱の世の悲運にあい、この山中に難を避け、安住の地を築こうとした人たちにとって、外からくる人を警戒しなければならない時代が長く続いたから、若宮として祀らなければならない霊もまた少なくなかったのであろう。水の取入口には水神に供えた幣がたてられているし、山の神も多く祀られている。祠が建てられているものもあるが、幣をたてただけのものも多い。家の近くには一族で祀る氏神や金毘羅、稲荷、その他さまざまのカミが祀られているのである。


それらのたくさんあるカミガミの中で特に私が目をひかれたのはカクラさまであった。

　カクラさまというのはカクラに祀られているカミである。

　カクラは狩倉、鹿倉などの漢字をあてられていることが多く、カリクラからきた言葉で狩の領域を示すものだという説がある。

　米良の山地は猪を中心にたくさんの鳥やけものが棲んでおり、現在も狩が盛んに行われている。そして狩の古風な習俗を残していることで良く知られている。特に銀鏡神社の大祭に奉納される神楽の最後に舞われるシシトギリやその翌日に行われる狩法神事は古い狩のありようや儀式をしめすものとして注目されている。

　年に一度、正月前後に夫々のカクラさままで行われるカクラ祭りにも狩の祭りとしての性格が色濃く残っているというのである。

　少し前まではカクラ祭りの前には銀鏡神社の大祭前と同じようにオニエガリを行い、猪を獲って供えたものであるという。猪がとれなかった時には豆腐を串ざしにして供えた。

いまオニエガリをするカクラはないが、猪の肉をとっておいて供物として供えるというカクラは少なくない。そしてカクラ祭りの時に、カクラさまの社前で矢立ての行事を行う。古くは弓で的を射たのだが、いまは鉄砲を撃つところが多い。

　こういう部分だけをとりあげてみるとカクラ祭りは狩の祭りとしての性格が強いように思えるのだが、それだけでない面もたくさんあるようだ。

　いくつかのカクラさまを訪ね、僅かの話を聞いただけでとうてい結論を出せるものではないのだが、私には狩のカミとしてだけではないカクラさまの本体があるような気がするのである。

　三月二四日、原《はる》の人たちが中心になって祀っているという秋切《あきぎり》のカクラさまを宮司の浜砂さんに案内していただいて訪ねた。

　秋切は地籍としては銀鏡ではなく中尾に属するもののようで明治初年にあらわされた『日向国誌』には中尾村の項に含まれており、「秋伐り。龍房山ノ南腰ニアリ人家二戸」と記されている。原に隣接しており、古くから原の人たちが耕地として、また焼畑用地として利用してきたところであるという。日向国誌には人家二戸とあるが、現在この二戸とも退転してしまい、人は住んでいない。一戸は早くに出たらしく、林の中に屋敷あとらしき石垣を残すだけになっているが、いま一戸は近年、中島《なかじま》に出た河野章家で秋切の家は空家になっているがそのまま残っており、山仕事や畑仕事にきた時に使っているという。カクラさまはこの家の裏手の森の中、急坂を五〇メートルくらい登ったところにあった。傾斜がいくぶんゆるやかになったところに間口三尺、奥行三尺くらいの小祠が三基並んでいる。中央の祠が二室になっていて鹿倉社と若宮社、右手が稲荷社、そして左手の祠が滝本権現であるという。稲荷社と滝本権現はこのカクラ社の宿をつとめる河野氏の氏神だという。どのカクラ社も宿をつとめる家は決っており、カクラさまのある地域の本家筋にあたる旧家がつとめることが多い。宿のことをミヤザとかミヤザの家とか呼んでいる。ミヤザは宮座で、銀鏡神社の祭祀と何らかの関係があるようだが確かめ得ていない。ただ、河野氏は銀鏡神社の大祭で神楽を舞う役をつとめる十二祝子《ほうり》の一軒であるという。

　祠の前にはこの正月に行われたカクラ祭りの時に奉げられた幣がそのまま残っていた。祠の中に納められている棟札や木槌にもオキヌが着せられたままであった。オキヌというのは半紙を着物状に切ったもので祭

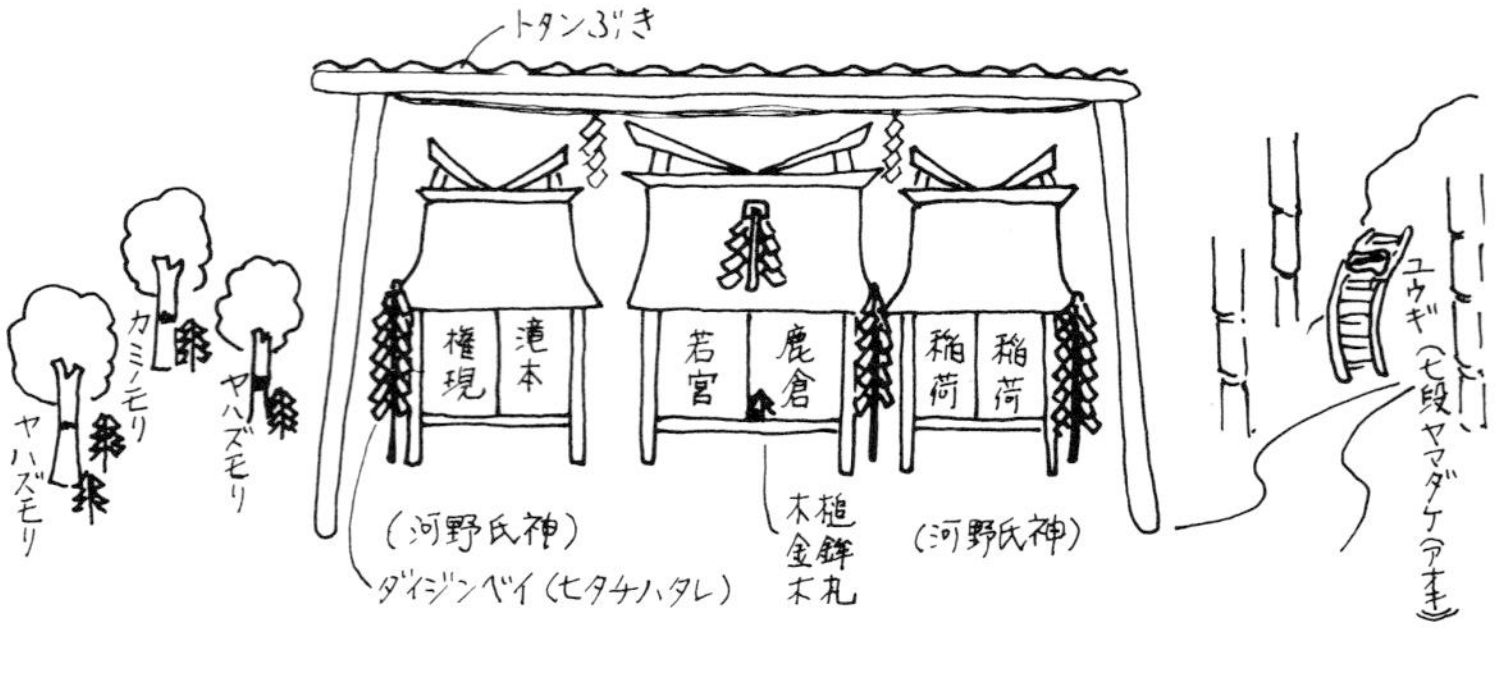

秋切のカクラさま（図・印南悠子）

りの時に毎年新しく着せかえるのだという。棟札には奉建立鹿倉社と記されており、建立は文政二年（一八一九）正月二五日であったことがわかる。銀鏡のカクラ社の中で最も早く建立されたのは川之口のカクラ社で天明四年（一七八四）であるという。

一七〇〇年代の終りから一八〇〇年代の初めの時期にこの山中でもいろんな面で大きな変化があったようで、古いカクラ社がこの時期以降に建立されているのもそうした流れと無関係ではないようだ。

山中暦日なしといい、里と隔絶されたように見える米良山であるが、外の世界とは無縁にすごしていたのではないことがこういうところにもあらわれている。

秋切のカクラ祭りはもとは正月二〇日に行われていたという。そしてこの祭りに参加するのは八戸で原四戸、中島二戸、茗荷原《みょうがばる》、囲《かこい》各一戸である。いずれも秋切に山を所有している人に限られている。

カクラの領域内に山を所有している家だけがカクラ祭りに参加する資格があるというのは秋切のカクラだけのことではなくて、銀鏡地区のカクラ全てに共通することのようである。ただし、カクラの内に山を所有する人であっても銀鏡外に住んでいる場合には正式のメンバーとして祭に参加することはできないのだという。

奥畑の畑地に祀られていた神。地主神か荒神か？　撮影・森本 孝

山を生活の場として暮しをたててきた銀鏡の人たちにとって、山は必要不可欠のものであった。カクラはその必要不可欠の山そのものだったのである。「鹿倉山＝一団地多町歩ノ面積ヲ有セルうつ蒼タル森林」（『宮崎県林制史資料』）をいう、というのは鹿児島藩の場合である。里の人たちにとってうっ蒼たる森林は奥山であり、狩の場として利用するに過ぎないところであったのかも知れないのだが、銀鏡の人たちにとって、そこは狩場として利用するだけのところではなく、焼畑地として食料生産の場でもあった。

銀鏡の人たちにとってカクラは生産領域であり、より広い生活領域そのものであったにちがいないと思うのである。

2 路傍の石仏たち

——印南悠子・山崎禅雄

奥畑の集落に近い山の頂には石に線刻された金毘羅山の石仏（上）や西国33ヵ所の観音さまなどの石碑があった

江戸時代、米良領内には一二の寺があった。その主な寺は領主米良家の菩提寺で、また神社の別当寺を兼ね、僧は神事も行う、いわゆる神仏習合であった。この米良に明治維新の波が、神仏分離令という形で及んでくると、勢い寺は廃され、家々の法事も神式に一変することになる。明治四年、米良の一二ヵ寺は全て廃寺となった。

たしかに、今、米良を歩いてみても、後に復興した中尾の一蓮寺のほかに寺はなく、寺地と伝えられる跡や米良家の墓地に寺の面影をみるに過ぎない。また家々の墓をみても明治以降のものは神式であり、家の旧仏壇は祖霊棚に変っている。それでは、米良には仏教色が全く消え去っているかというと、そうでもない。東米良を歩いてみると、路傍には庚申塔《こうしんとう》・道祖神・猿田彦の石碑にまじって、あちこちで弘法大師の座像石仏に出会う。また家の氏神を祀る「ハナヤ」というお堂にも仏像や大師像などをみることができる。これらはただ忘れられて残っているというのではなく、今も祀られ信仰されているのである。お堂の中には、たとえば横平の観音さまのように、この米良の木像を多く彫んだ大円作の秀れた像もある。

栗八重
大師石造

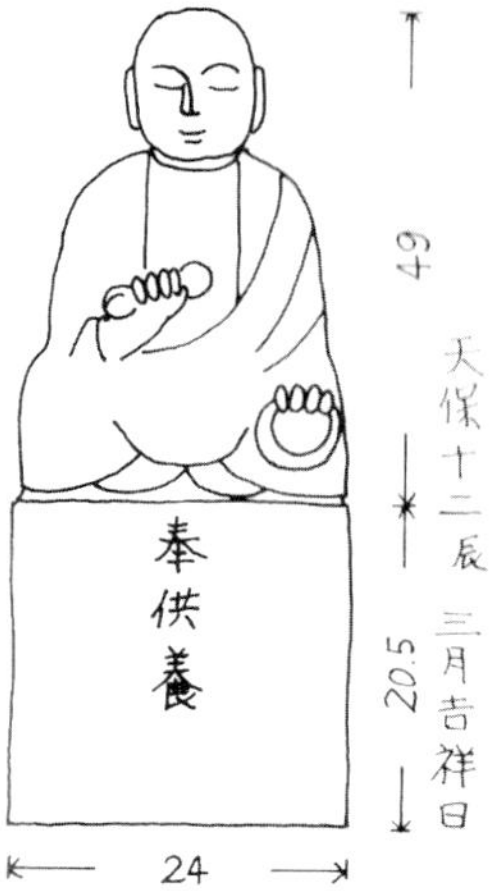

上　栗八重の石造のお大師さま
（図・印南悠子）
左　横平の観音さま

大円は村所の新立寺の僧で、文化・文政から天保期にかけて活躍した真言僧であるが、この大円の時代は、日本の庶民信仰の隆盛期で、山深い米良の地も例外ではなかったと思われる。大師石仏の多くには造立の年が刻まれていなかったが、調べた中の一基、栗八重《くりばえ》の路傍の大師石仏に天保一二年造立の銘があり、推測するに米良に大師信仰が盛んになる頃を示していると思われる。銀鏡には大師講が近ごろまで盛んであった。

講は部落ごとにあって、たいていの家が所属していた。弘法大師の命日である旧暦三月二一日に、宿の当番の家に講中が集まり、大師の軸物をかけて、料理や肴を食べ、焼酎を飲んで歓談した。各戸から奉納される餅や小豆御飯のおにぎりを人々に配ったりもした。登内《のぼりうち》の大師講の例をみると、登内川に沿った上流の茂地原では、浜砂秀一家に一体の大師石仏がある。現在、この家の大師像はハナヤに祀られているが、かつては道に面した椿の木の下にあり、旧三月二一日は村中の人がお詣りに来たものだという。

こうした庶民の信仰を背景にしたものは、廃仏といった中央政府の政策にも抗する力をもって生き残るのであろう。また、中尾の奥畑という部落に近い山頂（八〇一メートル）に讃岐の金毘羅大権現が祀られていて、そこを訪ねてみると、石を積んだ祠の中に権現様の碑とともに薬師如来の碑も祀られていた。これはかつての讃岐金毘羅山内の金堂の仏である。そしてこの奥畑の金毘羅山の祠の近くには、真言密教の仏たちの線刻された石仏や、西国三十三ケ所の観音札所の碑が並んでいた。こうした米良に残された仏たちをみると、奥深い山中で、一見すると、外の世界と隔絶しているようにみえても、日本の大きな文化の波の跡はきざまれているように思われるのである。

3 古穴手《ふらんて》の生産領域

—— 香月洋一郎

銀鏡神社から四キロほど銀鏡川の谷をさかのぼると、西側に古穴手というむらがある。急峻な山の斜面のなかの、ごくわずかな緩傾斜の地を見つけ家々は居を定めているため、銀鏡川沿いの道から見あげても家々の姿は見えない。折れ曲がった山道を登り山肌を巻くように続く道を歩いていると、深緑の木立の切れ目から黒瓦の屋根とその下に続く棚田の稲の緑の広がりが目にとびこんでくる。この時の展望は旅の者にとっては感動的ですらある。

むらは銀鏡川に注ぐ古穴手川の北に一戸、南に四戸の計五戸から成っている。かつては八戸であり、古穴手のカクラ社の講はこの家々によって構成されていた。

北の一戸と南の四戸のうちの二戸が古穴手の草分けの家であり、いずれもその祖は銀鏡神社の祖と系累にあるという。

南の草分け二戸は交代でカクラ社の神事を司っており、この二戸の間には細い道が通っている。定住の時代以来、この道が二戸の家の土地領域の境になっており、今から四、五代前に片方の家の主人が自分の墓をこの道沿いにつくらせたという。わが魂を土地境に埋めよ、ということであろう。

上　古穴手のカクラ社
左　同じく荒神さま
撮影・香月洋一郎

この道を少し上手に行くと古穴手の墓地に突きあたり、さらに行くとカクラ社がある。単に境だけの機能を負った道ではなかったのかもしれない。境といっても屋敷とその周囲の耕地、さらにその外縁の山の内での境であり、背後に連なる山の中にはまたそれとは別の権利があった。

明治二一年の土地台帳の集計によれば、大字《おおあざ》古穴手は水田一反九畝一六歩、畑一町五反五畝一八歩、屋敷二反七畝二六歩、山林一一町四反四畝二二歩となっている。前三者の数字はさほど不正確ではないと思われるが、山は千町歩余りの広大な領域を有していた。当時の為政者の山への把握能力あるいは認識はこの程度のものだったのであろう。

けれどもその山こそがこの地の人々の主要な生活の場であり、千町歩の山のほとんどが、かつて共有地であった。そして、そのなかでどの家は山のどのあたりをどれほど利用できる、ということが不文律として定まっていたという。それまでの家々の力関係や山作（焼畑）のありかたなどが反映して決められていたらしい。私が話をうかがったある

古穴手の生産領域図（明治21年）

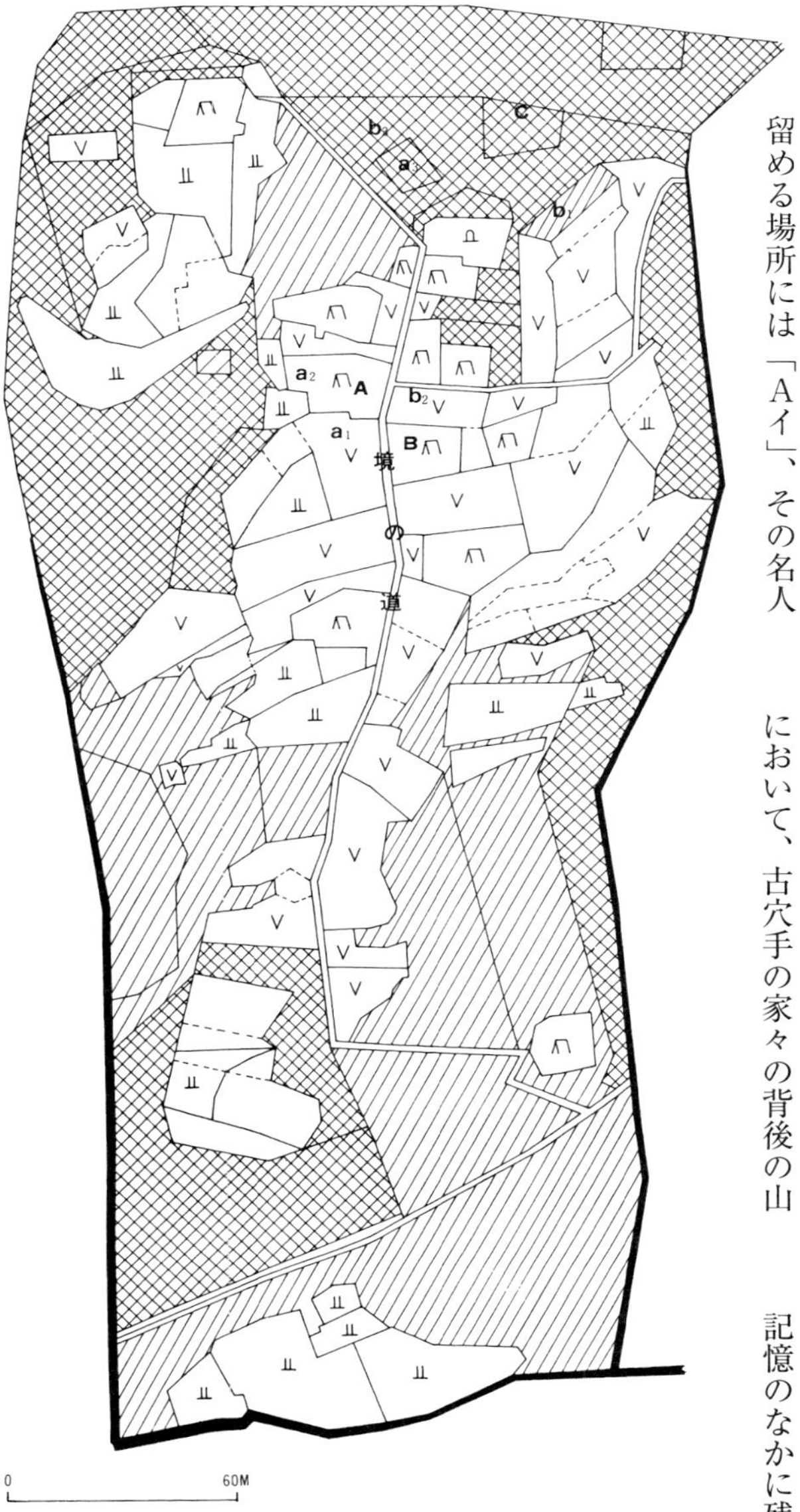

ㅛ…水田　V…畑　∩…宅地　⊠…焼畑地　///…山林
＝…道　━…谷川　─…地割　……畔
A、B…草分けの家2軒（他の宅地は各々の分家）
a_1、b_1…各々の地主様　a_2、b_2…各々の荒神様
a_3、b_3…各々の氏神様　C…古穴手のカクラ社
縮尺は厳密ではない。右がほぼ北方向。
（西都市市役所税務課の資料より）

家では、近くの共有山は使えず一時間半ほど歩いて西米良境近くの山に行くのが常だったという。ただし共有山の木を売る折などはこうした領域を無視しての区画が設けられた。

その同じ山が狩になるとまた別の世界となった。猪を待ち伏せする地点をマブシという。古穴手の山にも何十というほどマブシがあり、主要なものは何々マブシというように名をつけて呼びならわされてきた。その他にも、たとえばAという猟師が猪を仕留めそこなった場所であれば「Aタテ」、またAが名人で、よく仕留める場所には「Aイ」、その名人が失敗すると銃の弾が出なかったのだろうということで「Aダマナシ」など、この地域の狩の記憶がさまざまに地名として称され続けてきた。

その反映する意志や権利の多様さにおいて、古穴手の家々の背後の山間は、一筋の道を以て境を左右できるような世界ではなかった。それだけに山に依る暮しのもつ奥深さとともに、二軒の家の間を細く伸びる境道の線が妙に強い印象となって私の記憶のなかに残っている。

古穴手の二戸の草分け家の領域の境にある境道　撮影・香月洋一郎

4

東米良の代表的な住い

——谷沢　明

●東米良の代表的な住い

昭和三〇年代までの米良山の典型的なすまいは、下に示した間取りをしている。「でえ」と呼ばれる一〇畳の座敷の前に梁間一間の五畳が付く。その横に「うちね」と呼ぶ一二畳半の日常生活部分に寝室の「へり」が付く形式である。建築材料は、外柱がマキ、内柱がツガ、梁・桁がマツやモミ、根太がマキ、板材がモミ、ツガが使われることが多い。そして、明治にはいると、スギ材が用いられるようになる。家屋の規模はふつう、奥行四間、間口七間の二八坪前後である。

平地部農村だと、農民の階層分化がすすみ、すまいの規模や形式に、さまざまな変化がみられるが、ここ米良山では、細かな階層分化はみられない。だいたいどこの家でも、図のような家の作りをしており、そこに均質的な社会を伺い知ることができる。

銀鏡では草屋根の家はほとんど見られなくなった　撮影・谷沢　明

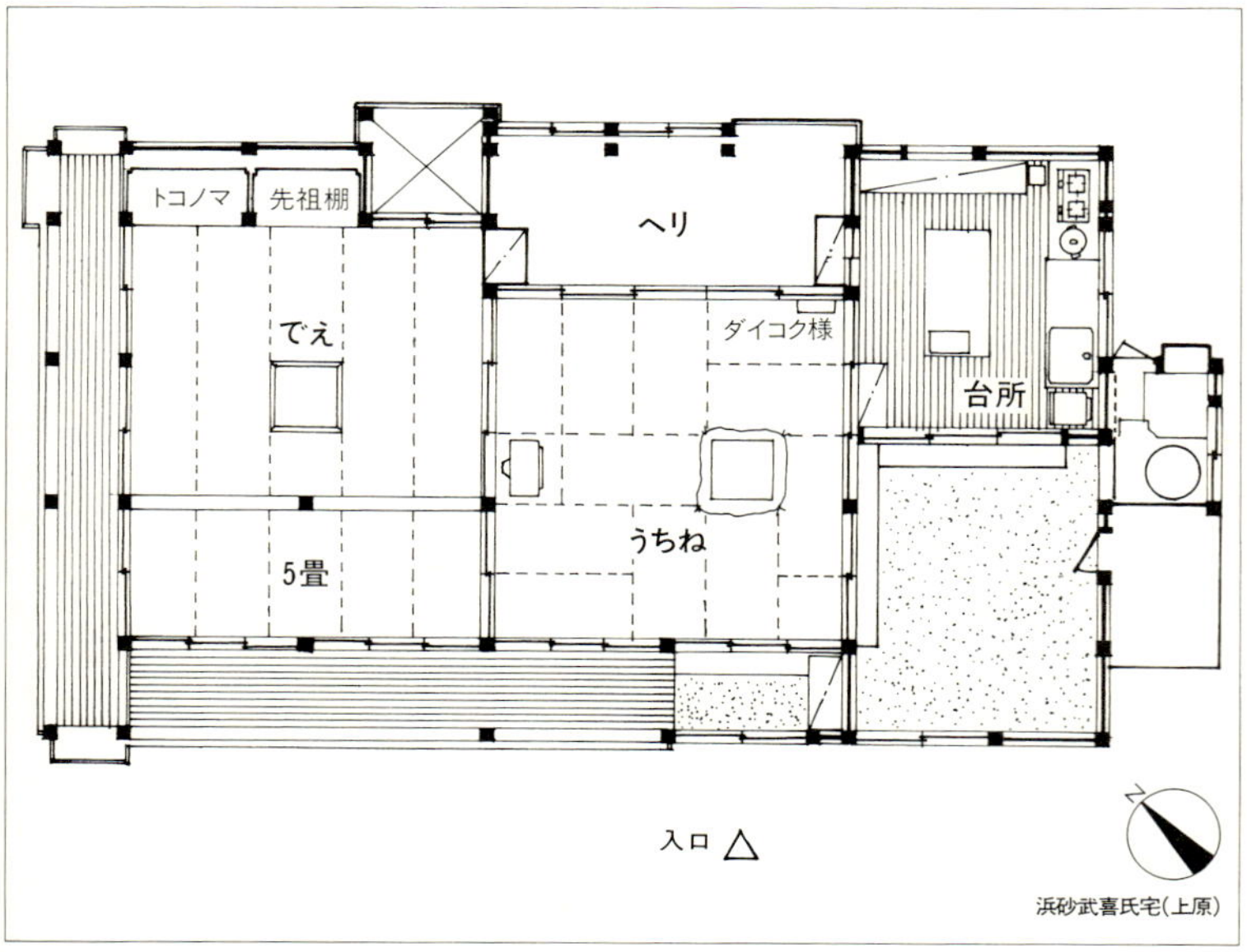

●門柱の建つ家

米良山では、役宅層の家を門柱の建つ家、あるいはベンザシの家と呼ぶ。これは、米長山の典型的なすまいに、間口一間半か二間の上座敷、下座敷を加えたもので、その部屋に、付書院、欄間を備え、玄関がある。家の作りに、武家的要素が強く感じられる。これらの家は、米良山の領主とかかわりを持ち、武士の系譜を引くものではないだろうか。集落内にこのような家が二軒ある場合、二軒の家は、台所の位置をそれぞれ川上と川下に配置するのが慣わしである。川下に台所がある家が上位とされる。「門柱の建つ家」は、銀鏡神社の祭祀において重要な役割を果たす。

このような家が二軒あるのは、一方が物忌みで行事に参加できない時に、他方がその役目を果たすためである。役宅が中心となり、祭祀組織をまとめているが、それが今日の社会にも生き続けている。

門柱の建つ家　撮影・谷沢　明

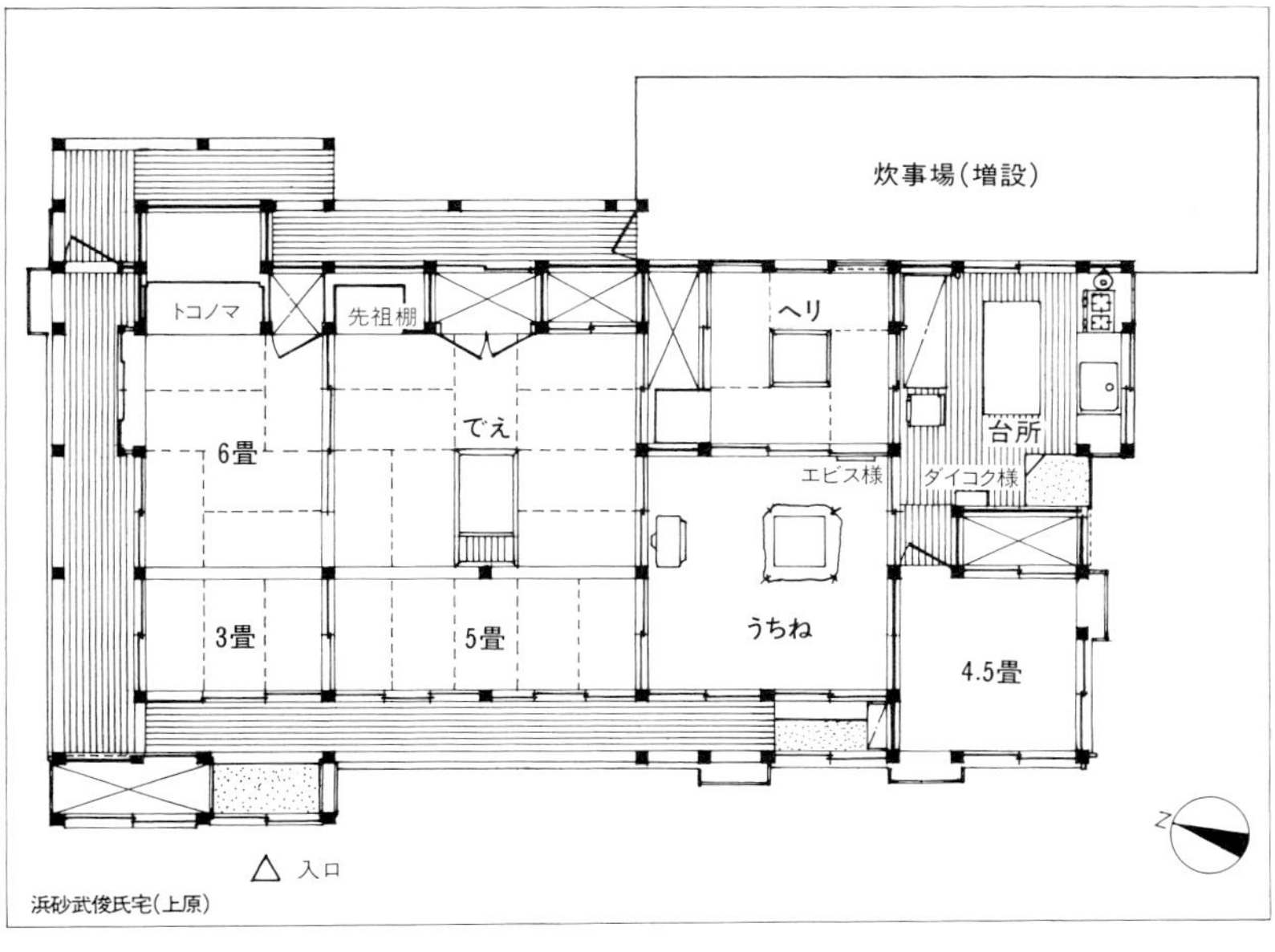

東米良の日常食

—— 賀曽利　隆

タケノコ掘り（古穴手）　撮影・賀曽利隆

上　ヒエを精白するための石臼（古穴手）撮影・賀曽利隆
下　ヒエ（左）とアワ（右）　撮影・須藤　功

東米良の上揚《かみあげ》では、昭和二〇年代後半までさかんに焼畑が行われ、秋刈、春焼の焼畑（秋コバ）では、ヒエが主に栽培された。

その当時の日常的な食事というと、朝食はヒエメシに味噌汁、漬物、昼食は弁当を山に持っていくことが多かったが、メンパ（曲物）につめたヒエメシに味噌、漬物、塩魚、夕食はヒエメシにニシメ（ダイコン、サトイモ、豆腐などの煮物）、塩魚、漬物といった献立で、夕食が一日のうち一番のごちそうだった。

夕食にはイノシシが獲れると、シシ肉をダイコンや豆腐と一緒に煮たり、トウモロコシにハト肉、青菜を入れた味噌、または醤油味のトウキビ汁をつくることもあった。塩魚は妻（現西都市）の行商人が売りに来るイワシが主だったが、サバ、シビ、フカもあり、また熊本県の球磨郡から売りに来る塩クジラを使うこともあった。

ヒエメシのかわりにムギメシ、トウキビ（トウモロコシ）メシを食べることもあり、およそ一年のうち一〇カ月分がヒエメシだったというほど、ヒエが主食になっていた。

一日三度の食事のほかに、早朝、午前、午後、夜の四回、間食をとった。午前、午後の間食をチャウケ、夜はヨナガリと呼んだ。間食には塩炊きしたサトイモ、またはふかしたカライモ（サツマイモ）を食べた。

そのほか間食にはトウモロコシ粉、コムギ粉に砂糖や蜜を混ぜたり、湯で掻いたものや、メンバにソバ粉を入れ、熱湯で掻いたソバガキなどであった。主食のヒエに対して、間食にかかせないサトイモは、準主食的な存在であったといえるだろう。

このほかに特筆すべきものとしてカシノミゴンニャク（カシノミギャー）がある。カシノミゴンニャクはカシの実をカラウスでついて殻を割り、実をとり出して流れ水に浸してアクぬきをする。アクをぬいたものに水を加えて煮て型にはめ、ヨウカンのように固まらせたものである。このカシノミゴンニャクはこの地方の代表的な木の実の加工食で、かつては重要なものであった。

さて、焼畑で収穫したヒエをどのような過程でヒエメシにしたかというと、いったん保存しておいたヒエを必要な分だけ取り出し、ムシロの上で天日に干す。それを足で踏み、ヒエトウシにかけ、ヨソリ（箕）でふるって実だけにする。それを大鍋に入れて炒り、碾臼《ひきうす》でひく。その時、下にヨソリまたはバラ（円形の平籠）を置いておく。ひいたヒエをもう一度ヒエトウシにかけ、箕でふるい、また碾臼でひく。それを二、三度くりかえし、ヒエを精白する。

このように精白したヒエ三升につき、米一升くらいの割合で炊く。ヒエと米が半々であれば、米をたべているようにうまかったという。

ヒエメシは、ツルのある鍋の五升炊きで炊いた。水加減を多めにして、最初に米を炊き、なかば煮えたところでヒエを入れる。しばらく炊いて吹きこぼれると、鍋の上の湯を捨てて火を弱くして蒸す。その間に何回も杓子でかえす。捨てた湯は牛の飼料にした。

「ヒエメシも七度かえせば米の飯」といわれるほど、よくかえせばそれだけ味がよくなったという。

カシノミギャー作り

① カシの実をカラウスで搗く。
②水でうるかして、不純物をとりのぞき塊状態になったカシの実の粉。
③塊状のカシの実の粉を袋に入れ、流水にうたせてアクを抜く。
④灰汁を抜いた粉を釜や鍋で水を加えてかき回しながら煮る。
⑤粘りがでたころにモロブタに流し込んで、冷やし固める
撮影・森本 孝

6

民具が語るもの

——工藤員功

銀鏡《しろみ》はまさしく山村である。そこには厳しくも豊かな自然がある。人々はときにはその自然と激しく闘い、一方では自然の与えてくれるさまざまな恵みを巧みに利用しながら生きてきた。しかし、山村であるがゆえに、人々の交流や物資の交流という点においては、大きな制約を受けざるを得なかった。そしてそれは独自の文化とか生活様式を生みだす大きな要因となった。

そうした銀鏡の姿を、生活のあらゆる部分に関係してくる生活道具、つまり民具を通して探ってみたい。

そういう思いで出かけて行った銀鏡であったが、結論をいうと、そのもくろみは少なからずはずれてしまった。自然素材を利用した民具が想像以上に少なく、しかも、銀鏡独特と思われる民具が極めて少ないのである。

たとえば、民具の中でも特に地域性を強く示す編組品、つまり籠・笊・編袋の類についてみてみると、

今も比較的よく見られるのにはまず、紐を付けて負い、物入れに使うテゴがある。これにはスゲ製（写真①）やシュロ製（写真②）それにワラ製やツヅラカズラ製（写真③）がある。次に食物を干したり、中に挽臼をおいて粉受けにも使うバラ（写真④）、野菜入れに使うアバラジョケ（写真⑤）、穀物をさびるのに使うヨソリ（箕）、コシツケカゴも比較的多い。山茶の手もみ乾燥に使うチャカゴ（写真⑥）やナバトリカゴ（背負籠）もある。これらはいずれも竹製品であるが、他にシュロミノや、シュロやスゲやワラで作るカニロ（負い縄）や、ワラやシュロで作るシカタ（背中当て）などもある。

これらのうちではテゴ類が使用頻度同様に自給度の高い民具であるが、それもこのごろではだれでもが作るということはなくなったとい

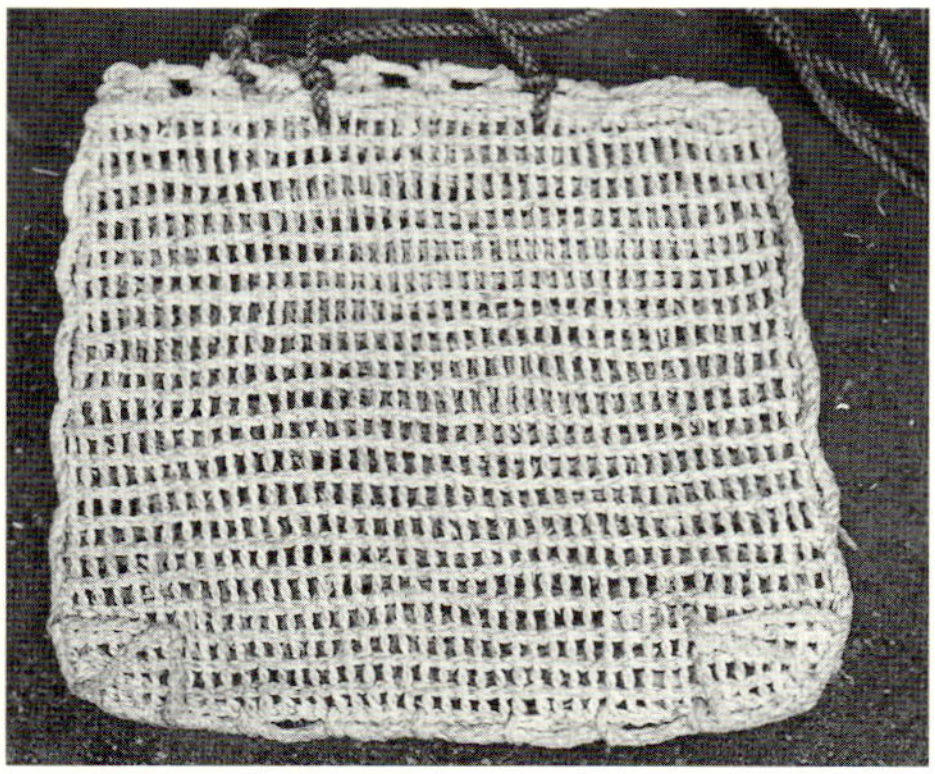

① スゲ製のテゴ

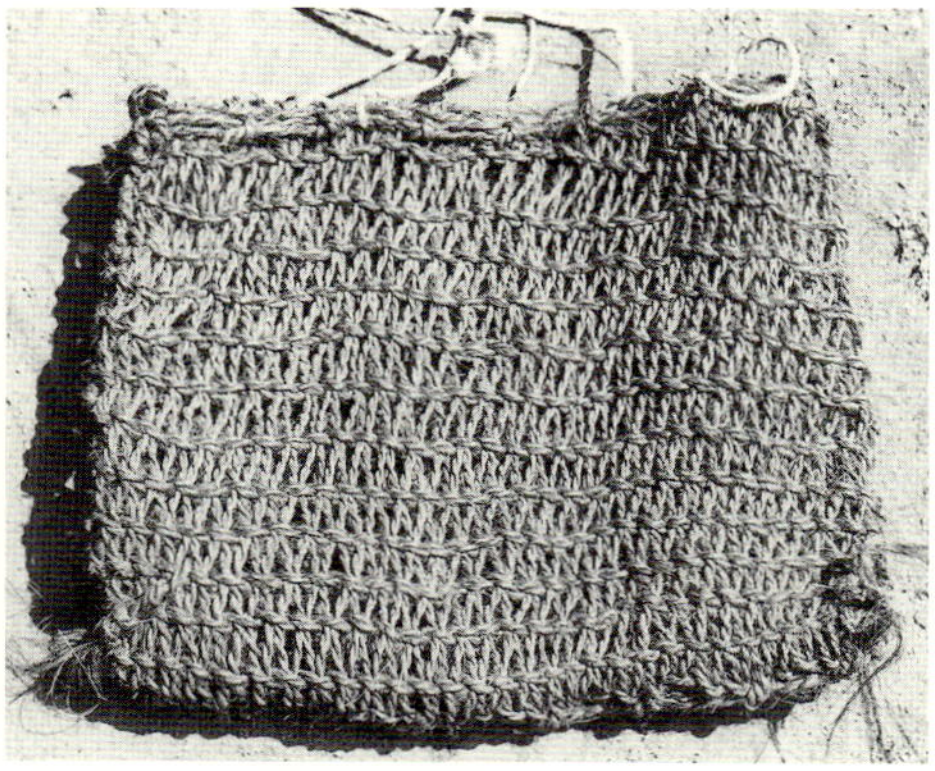

② シュロ製のテゴ

③ ツヅラカヅラ製のテゴ

う。ある家では、先のことを考えて数年前に六個ばかりまとめて作ってもらった、という話も聞いた。

　以下、七〇歳前後の土地の人たちの話を総合すると、

――シュロ細工をする人は今はほとんどいない。以前は、よそから来た人でゴンベヒコじいという名人がいて、ホーキやミノをよく作っていた。バラやチャカゴなどの竹細工は、やはりよそから来たダスライじいという人が専門に作っていた。今、銀鏡で竹細工をする人が二、三人いるが、多くはこのダスライじいさんの作ったものを参考にしながら覚えた人たちだ。ヨソリは昔から鹿児島だか、熊本だかから売りに来ていた。ただアバラジョケだけは昔からここにあったものだ――

というようなことになる。

　こうしてみると、地域性を最も強く示す民具類にも、意外と外来のものが多いのに驚かされる。利用度の高い竹細工やシュロ細工が、大正から昭和にかけてのころにすでに他所から、ものそのものが、あるいは技術者が入り込んでおり、ある程度は在来のものと思われるものでさえ、比較的限られた人々によってのみ技術の伝承がなされてきた様子がうかがえるのである。

　この他山村生活に密着した民具としては、カリンデャー（背負子）、キンマ（山ぞり）や、木おろしのカギなどいくつかあるが、そのいずれも存在例が極めて少ない。また、織物は祖母がやっていたのを見た記憶があるくらいだ、という。

　これはどういうことだろうか。

　まだまだ交通の発達していなかった時代にも、この山中を行きかう人やものが決して少なくなかったこと、銀鏡には他所者でも自分たちに必要な技術者はごく自然に受け入れる気風があったこと、そして意外と早くから技術的な役割分担の意識があったことなどを示しているように思えるのである。

④ バラ

⑤ アバラジョケ

⑥ チャカゴ
撮影・工藤員功

銀鏡神社の祭り

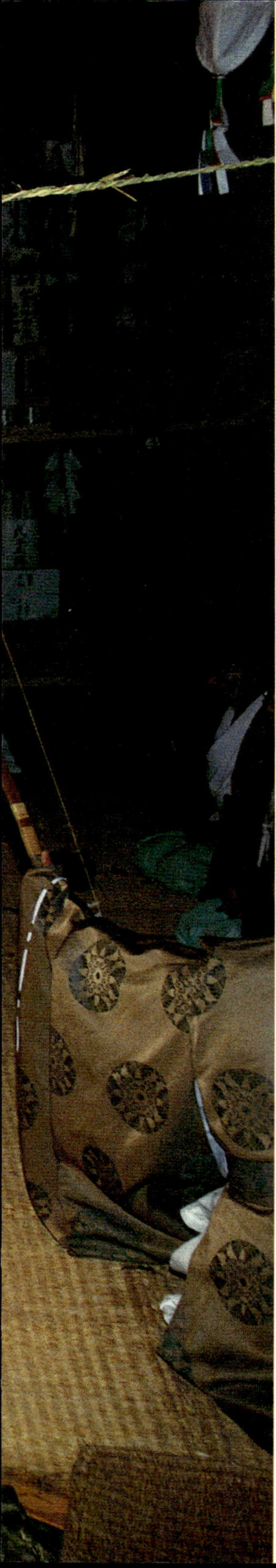

上　11月23日に銀鏡神社境内で踊る臼太鼓。旧領主の菊池氏の慰霊祭もかねて踊る
下　12月14日から翌朝にかけて行なわれる銀鏡神楽式10番・宿神三宝荒神の舞。宿神社の神主が舞う
左　銀鏡神楽式８番・西宮大明神の舞。銀鏡神社の宮司が舞う。西宮大明神の舞が終わるまで、見物の村人たちは焼酎を飲むのも止め、姿勢を正して舞を見つめる　撮影・須藤 功

7

寄りくる面さま

——須藤　功

「面さま」。銀鏡《しろみ》の人々は銀鏡神楽に用いられる六つの神面を特にそう呼んでいる。西宮、宿神《しゅくじん》、手力男命《たぢからおのみこと》、若男《わこう》大明神、七社稲荷、六社稲荷の面である。古くはししとぎりの面もはいっていたらしい。

六面のうち、銀鏡神社の主神である西宮の面は神社に安置されている。それ以外の五面は五つの集落の神社に安置されている。宿神は征矢抜《そやぬき》、手力男命は古穴手《ふらんて》、若男大明神は杖立《つえたて》（現在は征矢抜）、七社稲荷は田之元、六社稲荷は中島、いまははずされているししとぎりの面は奥畑にあった。

神楽が行われる一二月一四日、その五面はそれぞれの集落から神社に運ばれてくる。民俗学ではそれを神々が寄り集まるという。一つの解釈である。

銀鏡神社の場合もそれはいえる。だが、加えて政治的なにおいが感じられないでもない。この地に文化を持ってはいって来た者が、古代から住んでいた土地の人々を懐柔するための策、それは銀鏡の開拓の歴史ともかかわっている。まだ不明な部分が多いのだが……。

中島の集落から銀鏡神社に向かう面さまの行列（写真上）と、「面さま」の出発前の宴（写真下）

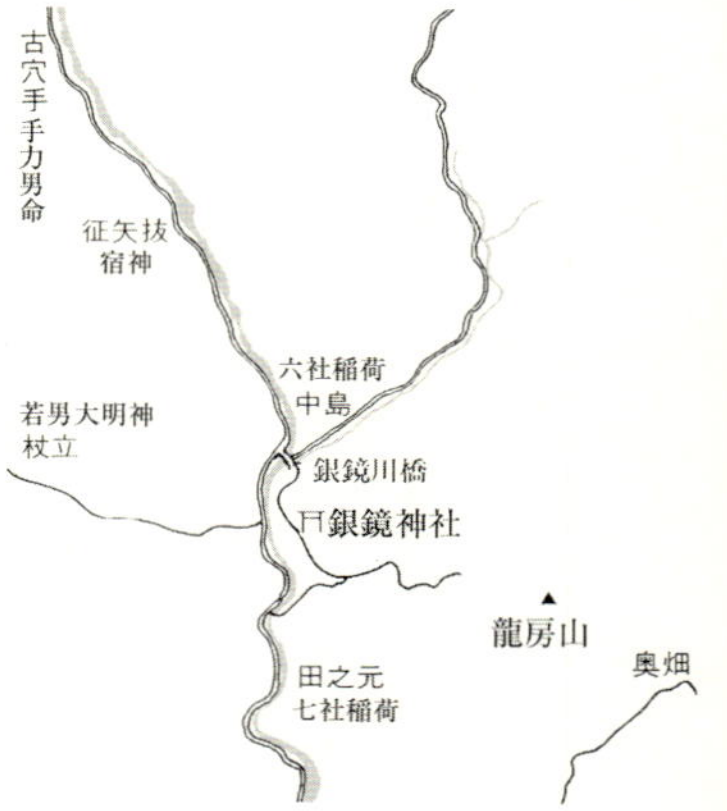

5つの集落からやってきた「面さま」とそれを迎える銀鏡神社の神官

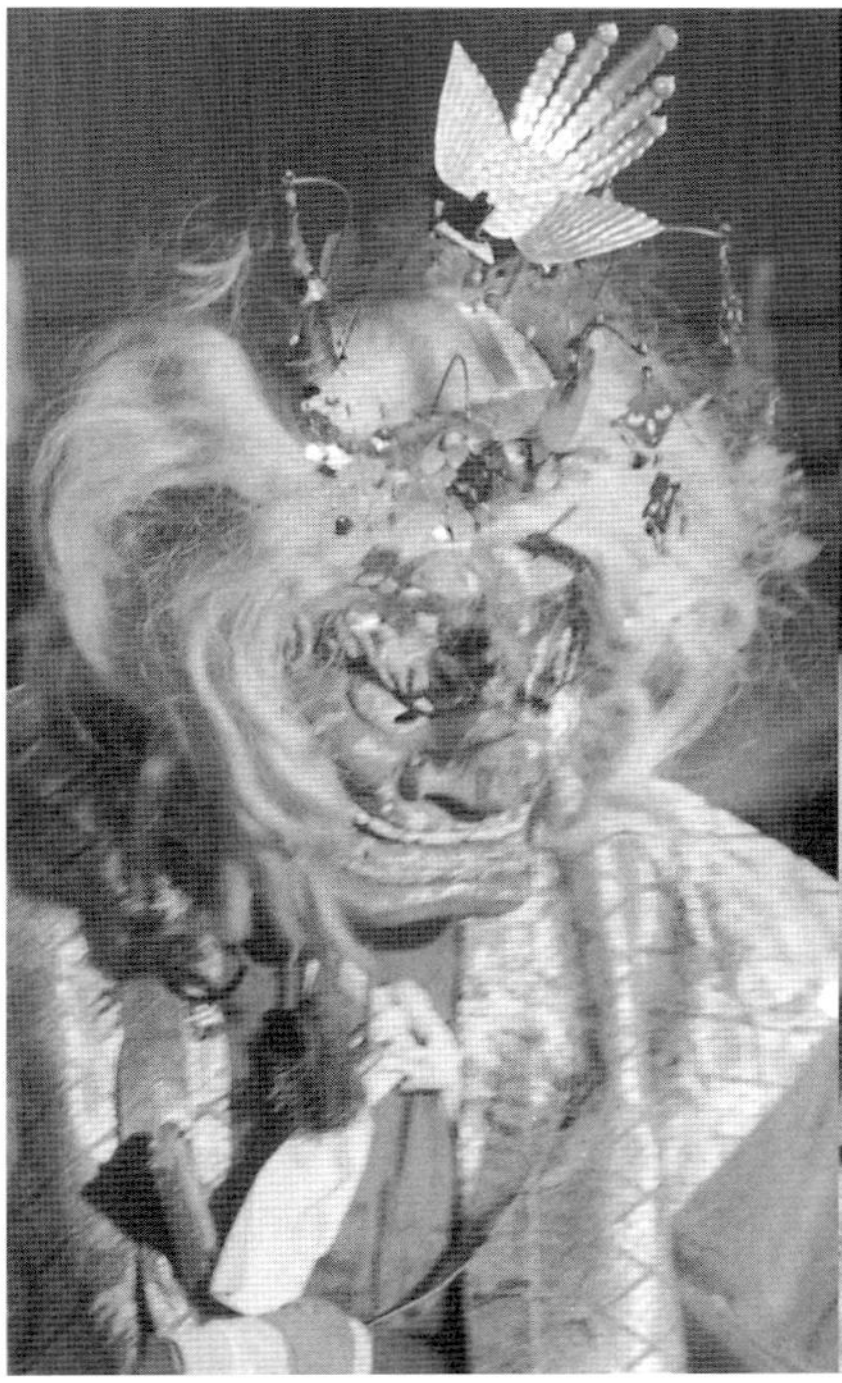

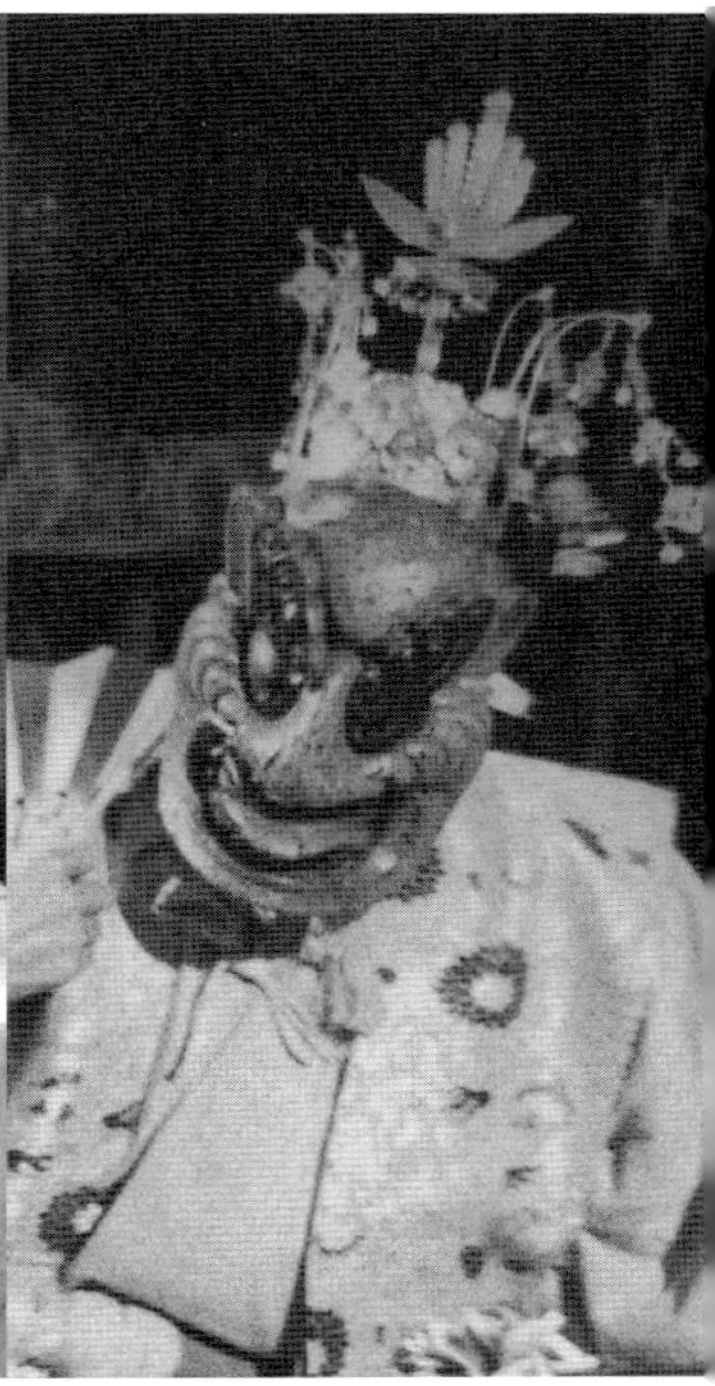

左から戸破明神の舞。西宮大明神の面。宿神三宝荒神の面。
撮影・須藤 功

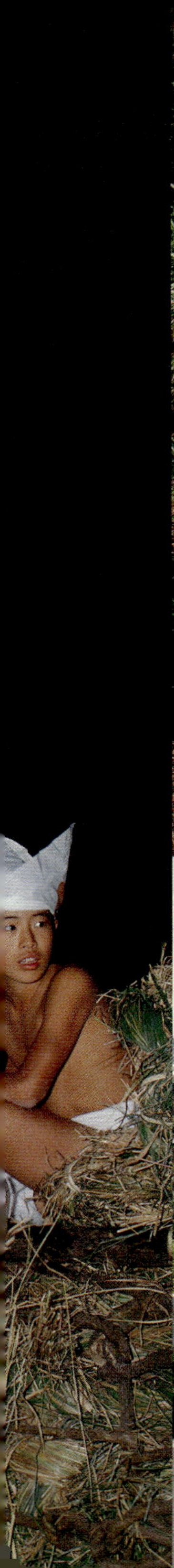

枕崎市山口の十五夜行事。カヤ刈り（上）と作ったヘゴガサを被り山を下る子供たち（下）　撮影・須藤 功

南薩摩・下園の十五夜綱引き

文・写真　伊藤碩男
写真　須藤　功

枕崎市山口の十五夜行事。茅で編んだ綱引き用の大綱に座る子供たち　撮影・須藤　功

冴えざえとした月影と物悲しい母の姿が忘れられない

満月と月見―この不思議な天体現象と人々とのかかわりあいに、初めて気づいたのは子どもの頃、小学校二年生のときだった。

母親がせっせと白玉をつくっていた。つくるといっても、白玉粉を水で練り、丸めて、湯のにえたぎった鍋におとしこめばでき上がり。後は冷たい井戸水で晒し、黒塗りの鉢に盛り上げるだけ。

経机を縁側におき、ススキを盛り花にして白玉の団子と一緒に月に供える。電灯を消し、月明りの縁側に座りこんで、母はじっと月を眺めていた。そばに父親が居たかどうか、記憶はさだかでない。

サトイモやおはぎに、ススキ、イガグリなどを飾りつけた枕崎市東鹿篭下園の十五夜行事の供えもの
撮影・須藤 功

私自身は東京の下町で生れ、この頃は小岩《こいわ》に引っ越していた。その頃の小岩は市街地を一歩出ると、まわりは蛙や蛇、フナ、ドジョウなどの棲む田や蓮沼が多かった。東京市といってもたいへんな田舎だったのである。ひなびた景色のなかで見る月の美しさを感じたのも、このときが初めてだった。

母は都会の出生ではない。岐阜県郡上八幡《ぐじょうはちまん》に近い村の貧農に生まれた。こうした月見も母の村で行なわれていた月見の形をそのまま持ってきたのだろう。

子ども心になぜ月見をするのか問うたところ、母は月見の由来なぞひとつも語らず、娘時代の田舎の話をするのだった。地主に一円で一俵の米をわけてもらうのに土下座をした爺さんの思い出、地主に対する敵愾心を、爺さんにぶっつけて泣いたこと、借りている小作田の畦を二人で帰ってくるとき、月が輝いているのに重苦しい気持のゆえに暗く感じたという話。そんな頃食べた白玉団子がどんなに美味かったかということなどであった。縁側に腰かけ、足をブラブラさせながら聞いていると、妙にさみしそうだった母の姿が目に焼きついている。そして、母の歯が白く美しかったことが今もって忘れることのできぬ記憶となっている。

田舎の貧農から脱却するために母の選んだ道はお針子となって都会に出ること。手に職をつけて爺さんを、弟たちを助けることであったようだ。都会に出た母は、他所で月見をする余裕などなかったことだろう。そして二十数年後、突然思い出したように月に供えものを東京でするということになるのだ。田舎から、貧しさから脱けたと思ったときから、急に田舎の貧乏をなつかしまなければならなかった母の心の軌跡は今もってわからない。

　わが家の月見はこれが最後だった。この年の十二月、太平洋戦争が始まったからである。

一章

下園《しもぞん》の十五夜綱引き

●宮中の月見・民間の月見

豊作への願望が月見につながったのだろうか

　四十年がまたたく間にすぎた。私には満月も名月もさして関係のない年月だった。昭和五十五年、突然、鹿児島県教育委員会からの依頼で鹿児島県の十五夜行事を記録映画にまとめる話が湧いた。月見といえば子どもの頃の思い出しかない私には、各地の月見のありようや月見の由来、意味などを学ぶいい機会となった。

　鹿児島の月見行事の撮影前に大急ぎで付け焼刃の勉強をしたところ、月見には二つあって、旧暦八月十五日の夜の名月と、旧暦九月十三夜の月を賞美することをいっているようである。普通月見というと八月十五夜で、九月十三夜は「あとの名月」といい区別している。

　八月十五夜は中国では仲秋節という季節の節目で、月に月餅や西瓜《すいか》などを供えて月を賞でた風習が日本に伝わってきたものらしい。わが国では延喜九年（九〇九）の八月十五夜に醍醐天皇が月見の宴をはって詩歌管弦を楽しんだのが、その初めという（『日本紀略』参照）。

　九月十三夜の名月は中国にはなかった。が、その十年後の延喜十九年（九一九）に太上法皇（宇多天皇）が九月十三夜に宴を催し、「我朝九月十三夜をもって名月の夜となす（『中右記《ちゅうゆうき》』）」とあるから、この頃から行なわれるようになったのであろう。そして共に最初は宮中の行事であったが、後には民間でも行なわれるようになる。江戸時代となると月を詠った俳句や詩歌がおびただしい数となってくる。小机に三宝をすえ、団子、枝豆、サトイモ、クリ、カキなどを盛り、花瓶にススキとハギ、オミナエシ等々の秋草を飾り、月を賞でたという。

　しかし、これらはもっぱら都市部の月見で、風流なものだが、地方や民間では豆名月、芋名月の名も伝わっているごとく、その頃にとれた作物を初穂として月に供え、収穫や豊作を感謝、祈願することが重要であったようだ。

　ちなみに、八月十五夜の名月を芋名月と呼ぶところは、京、大阪の近畿地方を中心に北は静岡県、南は北九州にまでひろがる。これらの地域では、九月十三夜を豆名月といっている。

　ところが、東北に行くと、十五夜を豆名月、十三夜を芋名月と呼ぶところがある。秋田、山形、宮城、福島各県である。関西地方と丁度逆の形をみせている。東北地方はサトイモのできが遅く、初穂としてあげられないことも理由となっているのかも知れない。

九月十三夜の月を栗名月と呼ぶところもある。三重県とか、広島県、静岡県にわずかにあるが断然多いのが千葉県以北で、十三夜に栗を供えるところから、栗名月といっている。麦名月という地方もある。

新月から半月、満月へとしだいに満ちていく月の運行に、昔の人々は作物が育ち実っていく様子を連想し、作物もかくあれかしとの願望が月見につながったのかも知れない。

さて、鹿児島での十五夜行事の撮影地として選定されたのは枕崎市東《ひがし》鹿篭《かご》下園という所である。選定にあたっては、県の民俗の専門委員の四人の先生（村田照、小野重朗、真鍋敏隆、下野敏見）が協議されて定められた。

先生らのレクチャーでは、鹿児島県での八月十五夜の月見行事は綱引きをともなっていて、「十五夜綱引き」と呼ばれているということであった。綱引きは日本各地で正月、五月、盆などに行なわれている。その年の農作物などの豊凶を占ったりする年占い的意味を持つ行事である。それが鹿児島では月見とセットになっているというのである。また撮影地の下園では、その綱を編む茅を子どもたちが山から刈ってくること、茅を笠のように仕立て頭から被って村に入ってくる子どもたちの姿が、まるで来訪神を思わせるように神々しいこと。綱引きの後は相撲が行なわれることなども聞いた。

このような話を聞いていて、次第にまだ見ぬ下園での月見行事にいい知れぬ興味と期待感が湧いてくるのだった。

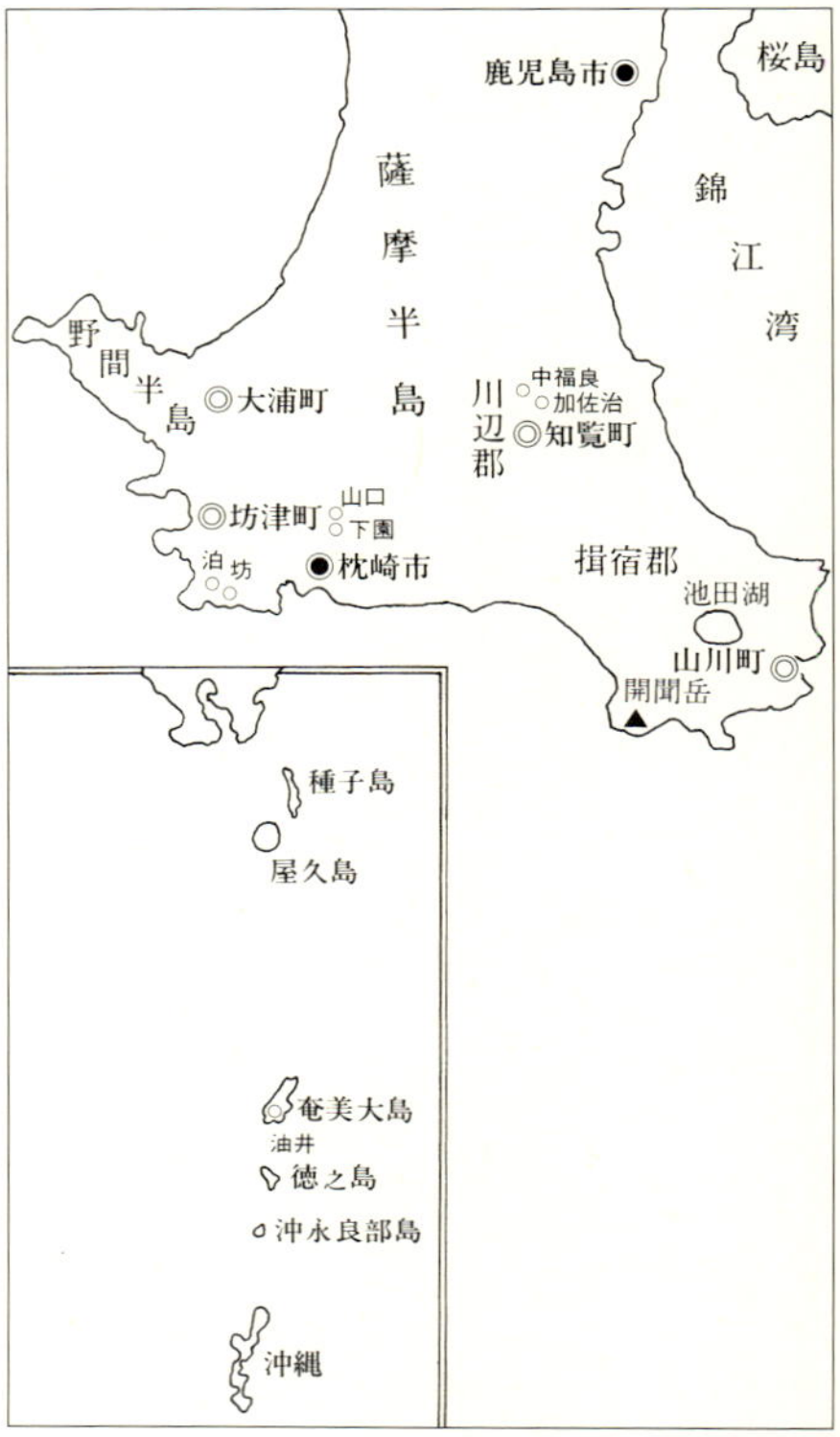

●南薩摩のシラス台地へ

下園は椎《しい》と樟《くす》の深い木立に覆われていた

鹿児島の十五夜行事の撮影隊は六名、そして日本観光文化研究所から参加した須藤功さんを入れて七名のチームだった。

薩摩半島東岸の突端、東シナ海に面したカツオ漁の盛んな町枕崎からバスで約三〇分で東鹿篭に着く。小高い丘陵状の山々に周囲を囲まれた盆地に拓けた町で、そのほぼ中央を中洲川が流れている。川沿いには水田が広がっているが、休耕田が多いようであった。その休耕田に生い茂ったヨシやススキがまだ青々としていた。

枕崎から東鹿篭にかけては茶畑、ミカン畑、サツマイモ畑などが多かった。椎や樟のある森が切れているところはたいてい畑に拓かれているのだが、まわりの木立の緑に溶けあって、ちょっと見た目には区別できない。所

下園のカライモ畑

どころ、シラス大地特有の白く輝いた表土が見える。

　薩摩半島は桜島や霧島などから吐き出された火山灰が、どっかりと堆積している。ところどころでシラスの断崖を見ることができるのだが、人工的に掘りくずしたものだ。シラスの層は、誠に厄介な土壌で、酸性値を示すＰＨ（ペーハー）は六以下ということだ。酸性シラス土壌は作物のできが悪い。石灰を入れて中和したり、腐養土をつくってまき、永年かかって表土をつくり、作物を育ててきた。サツマイモは比較的荒地向きの作物で酸性土壌にでも良くできる。

　サツマイモは薩摩七十七万石といわれながらも実質半分程でしかない藩財政のなかで、人びとを救った食糧だった。大切な食糧であったが故にサツマイモの藩外持出しを禁止にした程である。薩摩ではサツマイモを琉球芋といい、また唐芋《からいも》といっている。薩摩半島のシラス台地でカライモは良く育つ。そんな背景を背負っているからか、私の目には戦後のイモで育った青春と重ね合せて、無縁ではない風景に思われた。

　下園は中洲川浴いの山側にたてられた五十戸程の集落だった。シモゾノとは呼ばず、シモゾンという。家々は大きな樟や椎の並木、キンチクダケの生垣の奥に埋もれていて、道からは村の様子はわからない。

　下園に着くとすぐに区長さんの下竹満天氏の家を訪ねた。区長さんの家は村の中程にあった。大きな椎の木が家に覆い被さるようにして立っている。

　区長さんは畑に出ていて留守だった。畑に行ってみる。中洲川の対岸の田の中にビニールハウスが数棟たっている。近寄って見ると元は田んぼだったところを畑にしている。減反政策のせいで畑にしたようだ。鹿児島県の減反達成率はほぼ百パーセントに近いときいている。

　ビニールハウスのなかでは八人位の村人がナスの苗の植換えをしていた。区長さんもそのなかで植換え作業をしていた。早出しのナスを植えているのである。なかにはもう花が咲いているものもあった。

　来意を告げて、ついでに畑作業の撮影もさせて頂いた。このビニールハウスは近所八軒が共同で建てたもので、小規模の組合といえる仲間を組織してやっているのだそうだ。土壌の消毒から、ナス苗の共同購入、肥培管理、出荷などすべて共同でやるという。

　かつて宮本常一先生から伺った話では、村に入ったら、それぞれの家構えを見てみるが良い。とりわけ大きな家も小さな家もなく平均のとれている村だったら、だいたい村中の運営がうまく行なわれている。そして古い講とか祭りなどが比較的多く残っている。ということであった。下園は宮本先生のおっしゃられたとおりの村だという感じがした。

減反政策という、農業の危機的な極面に立たされた農民はどのように対応していくのだろうか気になっていた頃である。区長さんの組では、何軒か協同という形で乗り切ろうとしている。昔風にいえば結《ゆい》である。協同というのは文字面では格好が良いのだが、実施はなかなかむつかしい。多様化した生活の利害がからみあい、人間関係の複雑な村内では共通した目的がすぐ横道にそれてしまって軌道修正ができないままつぶれてしまうことが多いのである。とりまとめ役の区長には、気苦労が多いのだ。柔軟な姿勢でやらなければうまくゆかぬし、時間もかかる。ナスの植換えというような一見なんでもない仕事を皆でやる。小さな仕事でも皆でやるという背景には、他所者には語れない苦労が山積しているにちがいない。きびきびした手付きのなかに、そんなことを感じるのは世の中を斜めに見ようとしている私の性《さが》かも知れない。

●下園の五つの姓
竹林でカナクソを拾った。村の起源がほの見える

下園には旅館がない。旅館など必要としない村なのだ。用のある人は枕崎から通えば良いのである。私たちの宿は区長さんの世話で公民館に決まった。公民館の管理も区長の役目である。できるだけ迷惑にならぬようにと私たちはスリーピングバッグを用意してあった。食事は区長さんの家に食べに来いという。風呂は区長さんの隣でナスを植えていた人が、俺のところに入りに来いという。区長さんの家と隣の家の風呂に厄介になることとなった。他所者に親切なのは下園だけではない。

このとき以後たびたび鹿児島を訪れる機会に恵まれることになるのだが、多くは他所さまの家の御厄介になった。

公民館は村の三ツ辻にあって間口五間、奥行き六間程の木造である。最近の公民館といえば鉄筋コンクリートの建物で、それだけ見れば立派と感じるし、設備も整っている。しかし、暖かさを感じない。下園の公民館は、そうした点で誠に暖かい感じがするのである。なかに二十畳程の畳の広間と六畳程の囲炉裏を切った部屋、入口はL字型の土間になっていた。

ホームベースを設営してほっとしていると、区長さん宅から使いが来て、飯の用意ができたという。一同打ちそろって御馳走になった。

夕食のあい間に区長さんに教わったところによると、下園は大きくわけると五つの姓から成りたっているという。加治屋姓が最も多く二十軒、下園姓が十六軒、上原が九軒、下竹が八軒、上竹が五軒となっている。他の城森、宮園、田中、堂園、山口、茅野という姓の家々は、下園では新しく入ってきた家であるらしい。

最も多い加治屋姓は、村の山手の方にある。その敷地のなかから、カナクソが出るという。区長さんの案内で、

後日カナクソを見に行った。生垣代りになっている竹林の中に入って足元からひょいと拾い上げたものを見せてもらった。土だか鉄だか良くわからない。持って見るとずっしり重かった。丸みを帯びた塊のなかに細かい穴がポツポツあいていた。ノロの特徴だ。ノロは鉄を溶かしたあとの不純物が多く混じった鉄で、鉄分のなかの炭素などが気化して空気中に逃げる。そのときにできるのがこの小さな穴である。ノロのことを昔からカナクソといった。

カナクソが出るということは鉄をつくる技術者や鍛冶屋が住んでいたということだろうか。そういえば枕崎市には鉱山もあるし、付近には金山という地名も見える。おそらく加治屋姓の人々はそうした鉱山技術者や鍛冶職の人々の後裔ではないかと思えた。

●火縄づくりと歌の練習

夜遅くまで十五夜綱引きの準備が進められていく

虫のすだく音色も透き通っている。八時頃、十三夜の月が上っていた。区長さんの家から公民館に帰ってみると、大勢の青年たちが集まっていた。壮年たちも部屋の上座の方にかたまっている。これから十五夜行事の準備をするという。風呂をすすめてくださった隣の人も見える。

やがて三尺程に切った竹を一束かかえた青年がドサッとあがりがまちに竹を放り出すと、すたすたと床間にむかい、手をあわせた。床間の隣に大きな仏壇がつくりつけになっている。仏壇のある公民館は珍しい。拝み終わると、「こんばんわ」と先着の人たちに挨拶する。鹿児島の言葉はむつかしい。半分どころか三分の一もわからない。ゆっくり喋ってもらえればなんとか理解もできようが、土地の人同士の会話は早口でまるで理解できない。土地の人同士では全部を言わなくても通じ合うようだ。

鹿児島の言葉は語尾が微妙につまる。一例がダイコンはデコン、大黒様はデコッ。とても聞きわけられるものではない。ケケケッコケケ、という言葉を聞いたことがある。昨日買った貝を今日買ってこい、ということだそうだ。早口言葉でいうと鹿児島の人でもわからないこともあるらしい。

「むつかしいですねー」

隣のおじさんは笑って、

「そっかッー」

誇りに満ちた、いたずらっぽい笑いだ。

遅くきた青年たちも仏壇に手を合せてから皆に挨拶をする。土地の言葉での挨拶は、ごつごつしていて、たのもしく見える。

そろそろ始めようかということになって、竹が縁側に並べられた。

「何ができるんですか？」

と聞くと、ヒナワだという。

火縄？　意外なものに出くわしたと思った。火縄は戦国時代、種子島といわれた鉄砲につかうものだという程

ホウライタケを削って火縄を作る

度の知識はある。

ところが、この火縄は銃ではなく、護持用の火種だった。かつてマッチやライターのない時代に火種は火縄で運んだのだそうだ。煙草の火種にし、蚊やりの煙にし、野焼きの火種にしたという。

火縄の材料は竹である。キンチクダケ（和名ではホウライチク）と鹿児島でいっている竹だ。どうやってつくるのか、竹が縄になるのか興味しんしんであった。

キンチクダケの一方の端を柱や縁にあて、もう一方を腹にあててしっかりと固定する。ナタの刃を竹に直角にして、両手で一気にひく。刃先から削りかけがくるくるよじれながらできる。薄いカンナ屑のようだ。何度か引くと削りかけの束ができ、切り落す。シェルシュルシュル。公民館いっぱいに音がひびく。

次にこの削りかけを縄のようにヨリをかけながらなってゆく。これでおおよそでき上がり。あとは、六尺ずつに切りそろえ、浅めのザル（バラという）に丸めて入れ、囲炉裏の灰を被せておく。湿気をとるのだ。誠に簡単にでき上がってしまった。

次に歌の練習が始まった。一週間前から毎晩集まって練習してきたのだという。今年二才《にせ》組に入った男子が二人いる。二才というのは青年のことで、十五歳になった男子は二才と呼ばれ、村の働きの中核をなす二才組に入るのだ。二才は鹿児島だけの言葉ではない。東京は下町でも「べらぼうめ、この青二才《あおにさい》」などと啖呵をきるあの青二才である。ちなみに壮年のことを三才《さんせ》という。二才は結婚すると二才組を抜けて三才となるが、今では二才が少ないので、結婚後も二才組の役割を果たす人が多い。

二才は三才の歌を一節ずつまねている。歌は祝い歌で、有名な「めでためでたの若松さまよ、枝もさかえる、葉も茂る」である。九番まである。

うれしゅめで〜たの〜若松さまよ
枝も〜さかえる〜葉も茂る
さてもみご〜とは十五夜二才よ
白き〜はちまき〜おもしろや
しゅだれ小〜柳〜なびくな〜よそに
おろが〜心は〜みだれあお
沖のとな〜かに茶屋町〜立てて
のぼり〜下りの舟をまつ

〜の箇所は、長くのばして歌う間である。

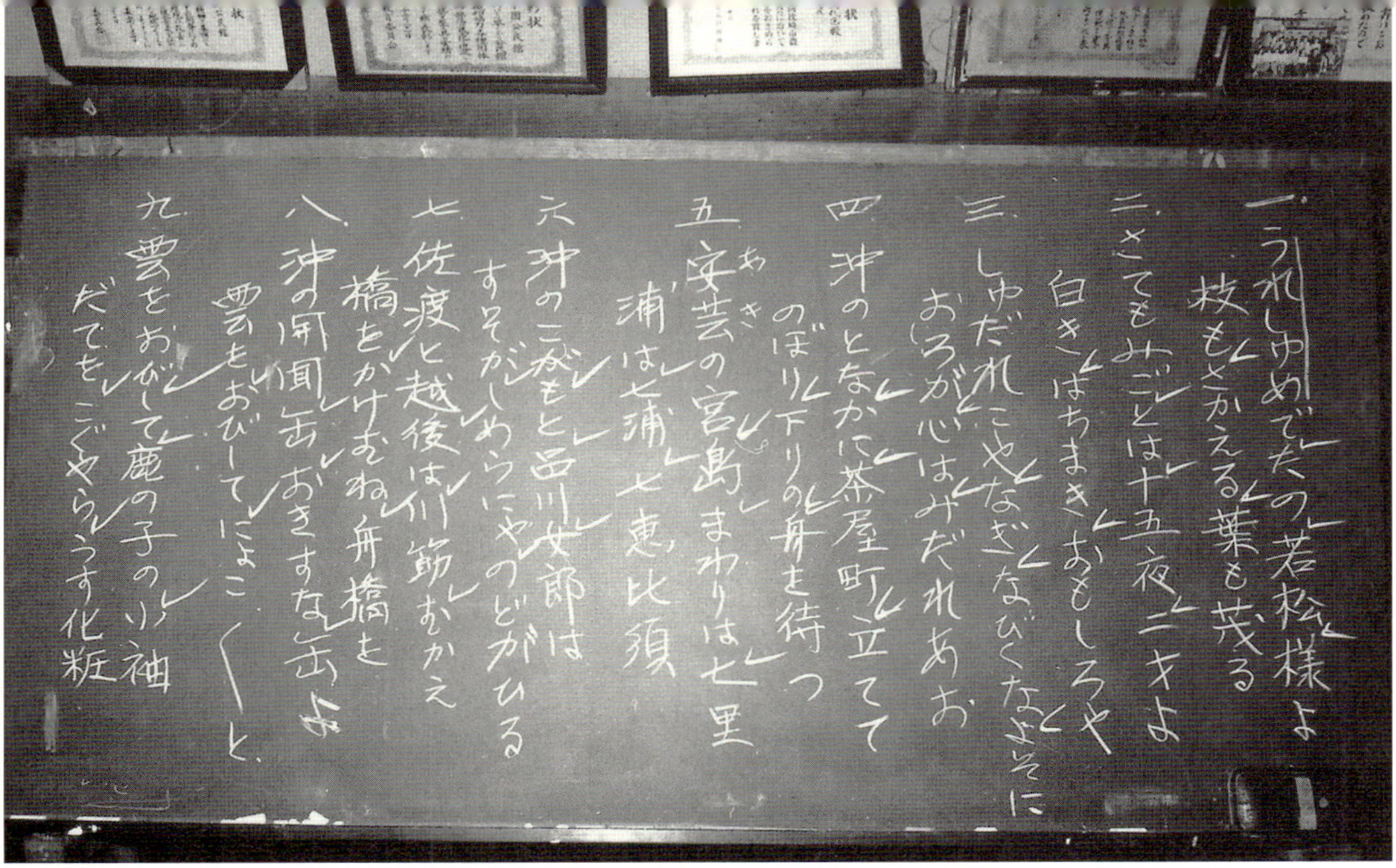

上　公民館の黒板に書かれた祝い唄
撮影・須藤　功
左　「愛宕参れ」の歌の練習。前の方は二才組にはいったばかりの青年たち

おそろしく長くのばすのだが、こまかいコブシがついていて、三才の口伝えに二才はなかなかついてゆけぬ。何べんも繰り返えして歌う。教師役の三才はなかなか満足せず、一人一人名指しで練習させる。二才の方も根気よく、練習する。十二時をすぎてやっとおひらきとなった。あとは軽く焼酎がまわり、三々五々と帰って行った。

開け放した公民館の縁側には、冴々とした月光のつくる影がおちていた。スリーピングバッグから顔だけだして、その影を追っているうちに、ボッーと眠りにおちていった。下園での最初の夜は夢のなかに溶けこんでいった。

●茅引きとヘゴガサづくり
野の草花で彩られたヘゴガサができあがった

今日は十五夜の前日、旧暦八月十四日にあたる。学校から帰って来た男の子たちが公民館に集まった。これから茅引きに行くのだという。茅は八月一日から集められていて公民館の前の広場にすでに山のように積み上げられている。村の人が刈り集めたもので、綱引きの綱にするための茅だ。

十人くらいの子どもたちと、区長さんの車に分乗して私たちも山

へ出かける。三十分ほど山に入った所が茅場であった。近頃の日本の村々では茅場は多くは植林地に変り、見かけることが少なくなった。村の暮らしも変り、茅を必要としなくなりつつあるからである。だが、下園では茅場がまだ健在であった。茅は屋根に葺くだけでなく、畑の畝間に敷いたり、田の刈敷《かりしき》としてまだ使われているという。

茅場に着くと、子どもたちは喚声をあげて走りまわり、寝ころがり、ふざけまわっていたが、区長さんの指導で一斉に茅を引き始めた。両手いっぱいにつかんで体重をかける。

「抜けないヨー」

あっちでもこっちでも茅との格闘である。

区長さんたちも刈り始める。こちらは鎌を使ってザクザク刈っていく。子どもたちから文句が出る。鎌を持ってくれば良かった、というわけだ。区長はいう。子どもの茅引きは、引くので、刈るもんじゃない。しぶしぶ子どもたちは茅引きにもどる。子どもたちの引いた茅はヘゴガサにつかうもので刃物をつかってはならないという掟があるのだそうだ。これは追々明らかになってゆく。

茅場のまわりの木に登っている子がいる。アケビをとっていた。甘そうに割れているアケビを早速口の中に放りこむ。割れていないアケビはツルごと引っ張ってとる。

野の花を集める子。ヘゴといっているウラジロをとってくる子。イガのままの栗の枝をとってくる子。

材料が集まると、年かさの子がヘゴガサをつくり始めた。根つきの茅の束を元結にして縛る。くるっとまわすと笠のようにひろがって三角錘ができあがる。これを頭からすっぽり被るので、小さい子だとカサの先は足元まで届いてしまう。頂きを栗やアケビ、ハギやオミナエシなど秋草で飾り、ヘゴを羽のようにさす。ヘゴガサができ上った。

●「草被り神」の来訪

ヘゴガサを被った異様な集団が里に降りてくる

学校の都合で遅れてきた子どもも加わって、子どもの総勢は十六人になった。夕暮れ近くになって、その十六人がヘゴガサを頭から被り、一列になって山を下り始めた。

「デーン」

ヘゴカサを被った草被り神を村はずれでお迎えする下園の人々

と誰かが叫ぶ。それを合図に景気づけの歌が始まった。

アタゴマヘンデー、デーン、ソーリヤソーデモカレタ、ソーリヤソノデモ、アタゴー、ソーリヤソー、デーンソ、カナモシヤ、サヤー

「愛宕参れ」という歌である。意味は、愛宕参りをしたら遊女に袖をひかれた、これも愛宕の御利益がかなったものか…。ということらしい。子どもの歌としてはたいへんいろっぽい。そのことを考えてみると、以前はこの役割は二才たちがになっていたのかもしれない。

ヘゴガサの集団は愛宕参れの歌を繰りかえしつつ粛々と村に降りて行く。村に近づいた頃、陽はすでに山の端に沈んでいた。美しい夕焼けの空を背景にヘゴ

ガサの集団が黒いシルエットとなって粛々と進む。静まりかえっている空気のなかを、ただ愛宕参れの歌だけが響く

村に通じる中洲川の橋のたもとまで村の女の人たちがヘゴガサの集団を迎えに出ていた。ヘゴガサの集団はいっそう声を張り上げて愛宕参れを歌う。やがて集団は静まりかえった薄暗い村内に入った。村内の薄暗い木立のなかを行くヘゴガサの集団は異様な雰囲気を漂よわせていた。映画カメラのファインダーをのぞいていた私も、その異形の集団を捕える度に背すじがゾクッとするものを覚えた。まるで魔物か神の集団が村に入ってきたかのようにも感じられた。

異形のヘゴガサ行列の終点は広場であった。子どもたちはヘゴガサをぬぎ、この日まで刈り集められていた茅の山に投げいれると、本来の子どもに戻ったようにふざけあいながら、夕闇のなかを散って行った。

ヘゴガサを被ってから広場までの行進の間は、県の民俗専門委員の先生から聞いていたように実に神々しい神秘的な時間であった。そして茅を被った異様な集団は神か魔物か、とにかく超人間的なものを思わせた。小野重朗先生はこの異様な集団に「草被り神」という名称を与えておられる。異様な集団が村に入ってきたとき、手を合せて拝んでいる婦人がいたことを考えると、村の人には神として意識され、神を迎えたという意識があるのかもしれない。それにしてもこの異様な行事が私には初めて体験する下園の月見行事、十五夜綱引きの幕あけであった。

ヘゴガサ。アケビ、オミナエシ、ヘゴなどで飾る

●お月さまへの供えもの
サトイモが古くからの供えものらしい

旧暦八月十五日の朝は快晴で南国特有の抜けるような青空が拡がっていた。

鍬をかついで門口を出てくる夫婦に行きあった。腰に篭をさげ、バラ（竹製の浅い篭）を持っている。畑に十五夜の供えもの用のイモを掘りに行くのだという。私たちもカメラをかかえてついてゆく。イモ畑は山寄りの段段畑だ。サトイモの大きな葉に水滴がたまって、風にゆられる度に、コロコロ転がる。

このあたりのサトイモは丈が大きい。大人の胸のあたりまである。三ッ鍬でおこすと親イモに子イモが沢山ついてくる。葉の大きさの割にはあまり大きなイモではない。五株ほど掘りおこすとバラに乗せ、小さい子イモは腰篭に入れて引きあげた。

井戸端で桶にイモを入れ、板を突っこんでまわす。イモを洗っているのだ。子どもの頃何度も見た光景である。

庭にむしろを敷いて、洗ったイモや大根、人参を切り、カンピョウをそろえ、油揚げを三角に切る。コンニャクもある。石油缶を切ったカマドに大きな鉄鍋をかけて、調理したものを煮る。この煮たものをお月さんの供えものとするのだという。

普通お月さんにあげるのは生のイモの例が多い。だが下園では、煮たイモをあげるとのことだ。それに家のなかのカマドで煮炊きせず、わざわざ外で煮炊きするのは何らかの意味や心情があるにちがいない。それらのことは聞きもらしてしまった。

これらの供えものは夕方頃、月の上る前に飾られるという。私たちも後刻その盛りつけを見たが、都会と比べるとたいへん野趣に富んでいた。鉢にイモを盛り、ススキ、ハギなどの秋草を箕の上に飾り、それを庭の木の臼の上に据えていたのである。

その意味するところは私には良くわからない。わからないといえば、薩摩はカライモの国なのに、なぜ月見の供えものにカライモが用いられないのかとも思った。カライモが鹿児島で栽培されはじめたのは十七世紀初め頃とも、また十八世紀初め頃ともいわれている。いずれにしても、それまではイモといえばサトイモのことであった。月見行事はカライモの栽培以前から行なわれていたであろうから、サトイモは古くから供えものに用いられてきた。そしてカライモがたくさんとれる今日でもなお、祭りの場にあっては、古い形がそのまま続けられている

上　お月さまに供えるサトイモを掘って家に帰る
下　お月さまへの供えものは、屋外で作る　撮影・須藤　功

のであろうと思えた。

●大綱をつくる

竜を想わせる太く長い大綱が練りあげられる

昼一時頃、広場では綱練《ね》りが始まった。十五夜綱引きの綱をつくるのである。材料は八朔から刈りはじめた茅である。昨夕子どもたちの被ってきたヘゴガサも材料となる。二才組や三才の人たちが大勢来て一斉に綱を練る。

まず芯となる綱を五本なう。なうといってもワラ縄をなうように手軽にできるものではない。一本の綱は直径が八センチもあるし、また、茅はワラのように柔らかくないからだ。最初に茅束を二つ折りにして、二尺程の丸太を入れ、一人がその丸太をねじっていく。人がそのねじりに合わせて茅束を二方向からさしこんでゆく。三人がかりで一本の綱をつくるのである。つまり、五本の綱を十五人がかりでなっているわけだ。綱の長さが五十メートル程になると、さらにヨリをかけるため、地面を転がしてゆく。これが綱練りだ。三十人程かかって、かたく練ってゆく。

急に綱を引張り、引きずりまわして、綱にかかっている人の足をすくおうとする。綱にまきこまれる人、足をとられて転げたままずるずると引きずられる人。逃げおおせた人の誇らかな顔。みんな大騒ぎをしながら広場は大にぎわいだ。十五夜行事の準備で、これが一番楽しい。皆、子どもにかえって綱を練る。お年寄が杖をついて見に来るのも、この綱練りの楽しさを見にくるのだ。

五本の綱を練り終ると並べて、梯子を横に倒し、ヨリかけの綱にさしこまれた丸太をひっかけておく。ヨリを落ちつかせるためだ。

次に一握りの茅束の穂先を二つ結んで、ぐるぐる振りまわす。五本の綱をまとめてしばる縄だそうだ。小

3人ひと組で茅をない綱引き用の大綱をつくる

練りあげた大綱にシベ（シデ）をさして大綱つくりは終了

縄ともいう。小縄を三尺おきに五本の綱に直角に並べる。総勢かかって小綱の上に大綱を転がしてゆく。先端が出るまで転がし、端と結ぶ。五本の綱をしっかり合せるため、結び目に人が乗り、どんどん踏みつけて締めていく。結んだあとは切らずにそのままにしておく。これは綱引きのときの手がかりになる。

綱ができ上ると、各家から集めたワラ束を綱の上にたてかけておく。綱に汚物がかかってはいけないから、というのである。綱を神聖視しているのだ。綱の頭部に御幣をつけた竹を二本、交叉させてさす。ワラを被せられて太く長々と横たえられた大綱は、まるで竜の姿に思われた。

区長さんが焼酎を「竜（？）」の頭にたらして拝む。そして、自分も焼酎を頂き、

「今夜の十五夜綱引きが怪我もなく、無事にすみますよう！」

と唱える。

綱練りの子どもじみた騒ぎようと、この真剣な祈り。あまりにも激しいコントラスト、波長の大きさに、薩摩人のリズムをみた。外見では馬鹿ばかしいとも思えることをやる。でっかいことが大好き。抽象的なもの、静的なものは具象的、動的なものに変えてしまわなければ気がすまない。そういう薩摩人だからこそ綱練りを楽しむことができるのだろうと思った。

準備が終って皆ひきあげる。家では主婦が月見の準備だ。午前中料理をつくっていたお宅に伺う。木の臼がひきだされ、箕をその上にのせる。料理されたサトイモが大きな鉢に盛られ、ススキと秋草が花瓶にさされ、箕の真中におかれる。

●村を支える二才組

頼もんで、今夜は十五夜綱引きでごわんど

広場の裸電球が再びつけられた。段々と輝きをましてくると、二才たちは、各家々をふれてまわる。

「頼もんで、今夜は十五夜綱引きでごわんど、ぜひ加勢を頼みます」

五十軒ほどある家を手分けしてまわる。

下園ではまだ二才組が生きている。農村社会から多く姿を消したのは、若衆組だった。戦争がきっかけとなり、敗戦から後の激しい社会、経済の変動に若衆組の機能は根底からくつがえってしまった。多くの若者が農村から流出し、村に若者の姿が少なくなると、若衆組が成り立つほどの人数がそろわない。こうして若衆組は消えて行くのだが、下園の十五夜行事を見るかぎりでは、まだ二才の活躍が目立つ。かつて鹿児島では二才の力は村の存立の中心だったそうだ。村の公役、防災、冠婚葬祭、そして行事に二才は大きな力をもち、村びとはそれに負う

ことが多かったという。

こんな例を聞いた。飯櫃に一人前位の飯を残しておくものだそうである。二才は家人が寝ているときでも、だまって入り、飯櫃から飯を食って、だまって帰っても良いとされていた。いつ二才がきても、飯を食わせる程の用意だけはしておくのだ。村人がどんなに二才を大切にしたかを知る話である。

下園の二才のふれごとを見ているとそうした村と二才の関係の一端を感じとれる。

●祭りのはじまり

お月サーヨ、ありがとうさんでした。来年もヨーお頼みします

大きな丸い月が山の端からのぼった。

峰の松の木がきれいにシルエットとなって少しずつ動いている。月を凝視していると、月がのぼるのではなく、山がさがってゆくようにも見える。供えたススキが生き生きとよみがえる。

「お月サーヨ、ありがとうさんでした。来年もヨーお頼みします」

と、唱え言をする。手を合せた主婦の顔は明るい。家のなかでは月見の宴が行なわれている。町から里に帰ってきた娘夫婦が同席しているらしい。昼間とはちがった華やかなにぎわいだ。ボタモチをすすめられる。お月さまの供えものにも皿にのせたボタモチが並んでいた。

「行ってきまあす」

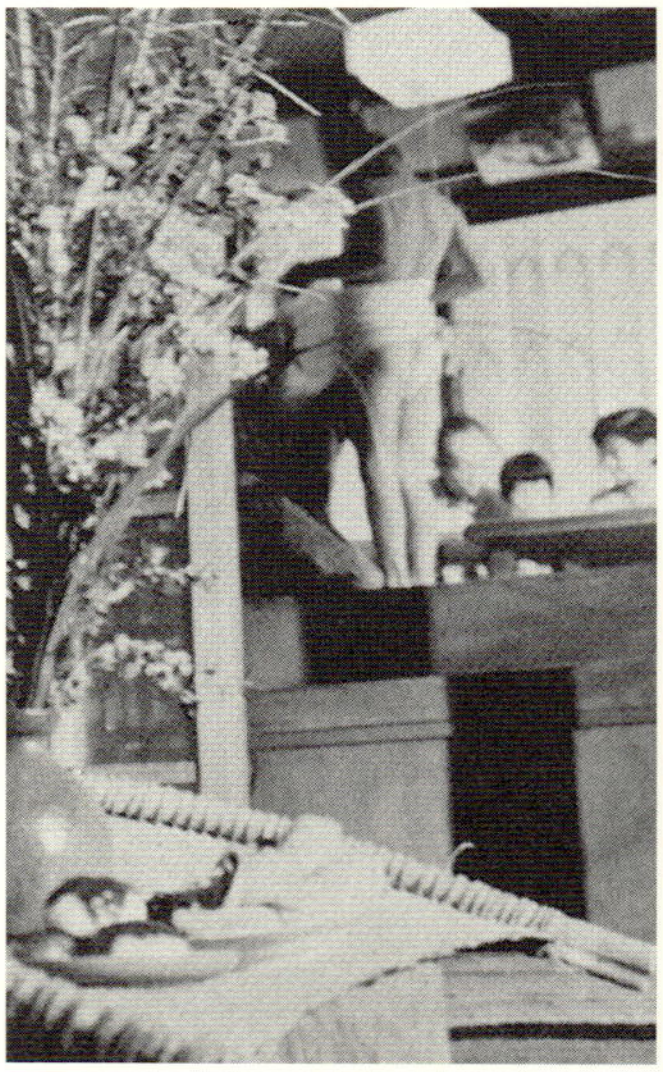
子供たちもふんどしをしめて、綱引き行事に加わる

「行っといでー、しっかりやるんだよー」

この家の子どもが、庭に据えられた臼のそばをすり抜けて飛びだした。頭に鉢まき、前だれを長くした白い褌をひらひらさせながら、裸足で広場へ駆けて行く。

広場ではもう大勢の子どもたち（七歳から十四歳までの男子）がワラを被せた大綱の上に腰をおとして、愛宕参れを歌っている。子どもたちは半裸だ。月明りに照らされて凛々しい。歌の一節が終るとすぐ誰かが「デーン」と繰り返えしを誘う。

昨日茅引きに行った顔が見える。学校の都合で茅引きに来られなかった子どもたちも、今夜の十五夜行事には残らず参加している。旧暦の八月十五日は、このとき新暦の十月の初めだ。朝晩は寒く、半裸の子どもたちの歌もふるえがちだ。寒さを払いのけるように、また誰かが「デーン」と一際高く声を張りあげる。

一方、二才たちは、公民館の囲炉裏に陣どって、焼酎を汲みかわしている。赤々とした囲炉裏の火にせっせとたき木をくべているのは年若い連中だ。今年二才の仲間入りをした十五歳の青年が二人いる。先輩にいわれなくともきびきび働くのは、親に良くいい聞かされていたせ

綱引きの行われる広場へ出陣する前に、焼酎で景気をつける二才衆。火縄が炉端に準備されている

いでもあろうか。二才組は長幼の礼節が厳しい。厳しければ厳しい程、村の衆には頼もしく見える。しかし、ただ厳しいだけではなく、和気あいあいとしてもいるのだ。こうした若者ならではの感覚は素晴らしい。

●大綱をめぐる争い
ウォー、火縄をふりまわしつつ二才衆が子どもたちに襲いかかった

子どもたちが二才組を公民館に呼びに来た。早く広場に来て欲しいという。一回二回と使いが来ても、なかなか腰はあがらない。再三出発の催促をうけてやっと腰をあげる。

村の四ッ辻に集まると、囲炉裏端に残っていた二人の二才が、火縄に束ごと、火をつける。これを「ヤーッ」と気合を入れ振りまわしながら飛び出して行く。赤い火の粉が螢のように飛びかい、火の輪が四辻に消えた。

その四ッ辻というのは村の本通りにあってかつての村の中心であったようだ。行事は村の中心と誰もが認識している場所から始まる

火のついた火縄を一本一本持って、二才衆は隊列を組む。

嬉しゅめでたの若松さま……

祝い歌を歌いながら、火縄をぐるぐる振りまわし、ゆっくりゆっくり、広場にむかう。二才衆は皆頬かむりをしている。ゆかたがけ、ぞうりばきといういでたちだ。

木立の茂った通りを火の輪の列が、月明りの広場にじわっじわっと近づく。来るでなし、来ないでなし、あるとき気がついたら広場だった、といった具合だ。

大綱の上の子どもたちは、異様な二才衆の出現にふるえ、身がまえながら、なお一層声を張りあげて、「愛宕参れ」を歌う。二才衆の「祝い歌」と子どもの「愛宕参れ」が火の乱舞のなかでシンコペーションとなり、月夜のしじまを打ち破る。心なしか椎の大木も歌にあわせてゆれているようであった。

二才衆と子どもの対峙は、美しいとも、恐ろしいとも、崇高とも受けとれる。これから何が始まるのだろうか。私は期待と緊張感で背すじがぞくぞくする。

祝い歌のある一節が終るか終らないかというち、二

才衆は突然「ウォー」とうなり声をあげ、子どもたちに襲いかかった。子どもたちはびっくり仰天して逃げだす。広場のあちこちに散った子どもたちを追いまわす火縄の赤い輪が拡がってはとまり、まとまったかと思えばひろがる。道を遠くまで逃げだす子もいる。

二才衆が元の場所に帰ってきた。子どもは誰もつかまらなかったらしい。

「あーこわかった」

胸をさすりさすり、子どもたちも帰ってきた。そしてまた綱の上で「愛宕参れ」を歌いだす。

再び祝い歌と愛宕参れの大合唱。

そして二才衆の襲撃、逃げまどう子どもたち。時刻はおよそ九時頃。月はますます冴えて、青白く広場の喚声を照らしている。この頃になると、広場の一角では村の衆が集まって、二才衆と子どもの闘争を見て一緒に喚声をあげる。二才衆の襲撃が三回も繰りかえされると、寒くなりかけた広場も熱気が渦まくようだ。

二才衆の襲撃は何を意味するのか良くわからない。追われてもしつこく大綱に帰ってくる子どもたちは、どうやら大綱を守っていることになる。

●綱ほめとハッタンナ

良か綱ができた、オー……初々しい二才が大綱をほめている

二才衆と子どもの闘争は形を変えてつづく。

二才衆四人が半裸になり、二組にわかれて綱をほめてまわる。

「良か綱ができた。オー」

相撲の四股を踏むように、大きく足を振りまわし、両手を鍵のように曲げ、一足ごとに、「良か綱ができた、オー」と叫ぶのである。この役割は今年二才組に入った十五歳の少年があたることになっている。四人のうち二人は前年に二才になった人で、人数が足りないので今年もということらしい。

大綱にかけてあったワラ束は先程の闘争で散らばっている。ワラ束をけちらし、四人は大綱をほめる。初々しい二才のほめ言葉に見物の村の衆は声援したり、笑いこけたり。次の世代を担う二才の誕生を村の衆は喜んでいるのだ。

二組の二才による綱ホメが大綱を一巡すると次はハッタンナである。

別の二才が二人登場して、綱を守っている一番小さな子をいきなり肩にかつぎあげ、

「ハッタンナ、ハッタンナ」

と叫びながら、尻をピシャピシャ打ち、二才衆の陣営に拉致してくる。一番小さい子は今年子どもの組に入ったばかりの七歳の子だ。

「ハッタンナ」で叩かれた子は、何で尻を叩かれなければならないのか、さっぱりわからない。尻をさすりながら、解放されて大綱にもどると、まわりの群集から笑いと大きな拍手、野次も飛ぶ。何だかわからないが、大変なことをやったんだ、というような誇りを顔面いっぱいにたたえて子どもの陣営にもどる。これも子どもの晴れ

火縄を振り回して祝い唄を歌い、ゆっくりとゆっくりと二才衆が綱引きの広場へ迫ってくる

の舞台だ。

「ハッタンナ」ということは、「初旦那」という意味だそうだ。子どもが村の構成員として初めて認められる儀式の意味を含んでいる。

またハッタンナは、二才の襲撃の一端でもあるらしい。大綱を守っている子どもたちを分断するということだ。無抵抗に徹している子どもを、しつこくあの手この手で襲撃しているのである。

●腹べっさいと綱引き
してんしてんかないもはんで、助人たのもんでー

ハッタンナが終わると、今度は突然二才が大綱の上をわたって、守勢の子どもたちを追いちらす。

「粟ンぞろぞろ、米ン、ぞろぞろ、腹べっさい」

こう叫び、腹を突き出し、両手で自分の腹をペチャペチャ叩きながら、子どもたちを襲う。子どもたちは二才の褌の前だれをつかもうとする。二才も子どもの褌の前だれをつかみ二才の陣営にひきこもうとする。今度は無抵抗をやめ、二人がかりで二才衆に果敢に突っこんでゆく。大乱闘があちこちで行なわれる。喚声があがる。二才が倒れ、褌がはずれそうになる。見物人は大喜びだ。子どもがつかまる。前だれがちぎれてしまった。どっと笑い声が湧く。声援もたいしたもんだ。あっちでも、こっちでも「粟ンぞろぞろ……米ンぞろぞろ、腹べっさい」の声が続いている。

この唱え言は意味がわからないが、この場限りで推察すると、粟が、米が沢山とれて、腹いっぱいだ。だから俺の方が強いのだぞー、ということではなかろうか。

二才と子どもの闘争はどうやら、大綱の奪いあいということになりそうだ。その帰属をめぐっての闘争ということになる。これはやがて綱引きにもつながる闘争である。大綱をわが陣営に引きこんでその占有権?をきめようというのである。

大綱は直径四〇センチもあり、運動会でやる綱引き競技と少々様子が異なる。大綱から出ている小綱をもって引く。大綱は重くて持ちあげることができない。これは引くというより大綱を引きずるといった方が正確だ。綱引きは二才組の方が力もあり、分が良い。最初の引き合いでは子ども組が負けてしまう。年長の子どもが綱の真中に出て二才組にいう。

「してんしてんかないもはんで、助人たのもんでー」(綱引きをやってもやっても、かなわないので助人を頼みたい)

子どもの要請で二才組から数人が子ども組にまわる。二回目の引き合いが始まった。

「エンヤーソ、オイ。エンヤーソ、オイ」

なかなか勝負のつかぬ激しい引き合いとなる。見物していた三才の衆も、女たちも、子どもたちの側の綱にとりかかる。子どもに加勢するというよりもっと真剣だ。わが身の浮沈にかかわるといった表情だ。こうなっては二才組はかなう筈もない。

勝負あった。子どもたちは

「万才万才!」

と飛びあがって喜ぶ。

綱引きは二回だけで終った。一対一の引き分けとなった。つまり大綱の占有権は両者に属するし、また両者に属さない。これで平和が保たれようというものだ。このあたりの村びとが生んだ平等感覚というものは見事なものだと思えた。

しかしこれほどしつこく帰属をめぐって闘う大綱はいったい何なのか。村の人からは何ひとつ納得ゆく返事がもらえなかった。

●相撲と綱競り

月は皓々、子どもは相撲、大人は焼酎

綱引きが終ると子どもたちの相撲が行なわれる。一人前に型通りの四股を踏み、手をついて仕切り、ぶつかりあう。行司どんは三才や二才が受けもつ。

「上竹山〜に加治屋川〜」

呼び出しと行司は一緒だ。軍配代りにうちわが使われる。押し相撲が中心だがたまには高度な技術が出る。うちわがひらめく度に、拍手と野次が飛ぶ。勝ち抜き戦だ。

「上竹山に〜………?」

大勢いる子どもの名前を忘れてしまった行司は、そっと対戦相手に、

「名前は?………」

「上竹だよ」

綱引きが終わり、皓皓とした月明かりの広場で、子供
たちによる相撲が行われた。大人たちは焼酎を飲みな
がら、次世代の村をになう子供たちに惜しみない声援
を送る　写真（下）撮影　須藤　功

行司は仕方なく、

「上竹山〜に上竹山〜」

見物人は大笑いだ。どちらを応援しているのかわからない状態になる。月はますます明るく、さえざえと広場に影をおとしている。もうかなり寒く、たき火が欲しい感じだ。裸の子どもは元気なもので土俵の上だけは熱い。

下園では二才の相撲はない。子どもたちの相撲が終って、大人たちの焼酎のやりとりが盛んになる。十一時頃になって、最後の行事である大綱の後始末が行なわれる。大綱を競りにかけるのだ。十五夜が終れば、無用の長物。大綱をいつまでも広場に占領させておくわけにはいかない。大綱には大量の茅が使われている。普段でも茅は刈敷にしたり、霜除けや肥料、推肥にしているのだだから、この大綱を競り落したいのだ。労賃を考えるとそう安くならない筈だ。何しろ八朔から手間ひまかけて運びこんだものだ。

二才が競り人となる。

「買わんか、買わんか！」

五百円から始まった。手拭をふりふり競ってゆく。

「買わんか買わんか！」

初めはしどろもどろの競り人の声も、しだいに慣れて競り値を聞きおとすこともないようになってくる。とうとう一万円になった。

「ほー！一万円かー」

溜息が出る。

「縁起もんだ、買わんか、買わんか」

「一万と一円」

どっと湧く。

「青年団が解体と運びをつけてどうだ。買わんか！」

うまい手だ。もっと値を上げたいのである。金は青年団の会計に繰入れられ、活動費となるから、競り人の役目も重い。

セリ値は解体、運び賃こみで、一万三千円程で上竹満夫さんに落ちた。手拭が勢いよくふりおろされる。

翌朝五時、二才が五人集まって大綱の解体が始まった。勤めのある人は早くきて、自分の義務を果たして、早々と切りあげるという相談が前夜のうちにでき上っていたらしい。

村中寄って練った綱はかたくしまっている。鎌では小綱を切るのがせいぜいで、あとは鉈で叩き切ってゆく。六尺程の長さに切って、軽トラックに積む。上竹満夫さんもこの頃には皆と一緒にきびきび働いていた。適確な作業でたちまち広場はきれいになった。

大綱は茶畑に運ばれ、バラバラにされて、畝間に敷かれる。二才には手慣れた作業のようだ。三アール程の茶畑の刈敷はたちまちおわる。それでも、勤め人は朝めしをかっこんで行く時間はない。五人の二才は最後まで始末をつけて帰っていく。

朝日がすがすがしく皆の顔を照らした。

これまでで下園の十五夜行事は終わる。人々は元の生活に戻っていく。不思議な行事であった。子どもの頃に体験した月見行事と比べてみると、見るもの聞くもの初めての体験であった。

二章

南薩摩の十五夜綱引き——

●坊津町上之坊の十五夜行事

若者が転倒し踏みつぶされる。海の男たちの荒々しい綱練り

坊津町上之坊の綱練りは、海の男の町らしく荒々しい　撮影・須藤　功

下園での十五夜行事の撮影がきっかけとなって、その後、同じ枕崎市の坊津町《ぼうのつちょう》の上之坊《かみのぼう》、泊、枕崎市より鹿児島市寄りの知覧《ちらん》町の中福良《なかふくら》など、他の薩摩半島南部の十五夜行事を見ることができた。

坊津町上之坊の十五夜では、ちょうど遠洋漁業に出ていた海の男たちが帰港していて活気に満ちていた。

公民館の庭に、櫓が組まれ、横桁がわたされている。ここに大綱をかけながら綱を練って行くのだ。もうすでにヨリのかかった五本の茅の綱を、ひとつにまとめあげて行く。行司どん（指揮者）の合図で、茅綱をかかえた若者二十〜三十人が櫓の下をかけまわる。若者は綱にまきこまれ、押しつぶされ、なかには転倒して踏みつぶされるものもいる。うまく逃れようと、大綱の上へよじのぼっていく者もいる。行司どんの合図で、今度は反対まわりにまわってヨリがもどされ、綱にまきこまれた若者は救い出される。桁から地面にとどきそうになった大綱の末端は大通りの方にひき出されていて、女たち三十〜四十人がとりすがっている。行司どんの合図で一勢にひく。櫓の下では、また若者がかける。勢いあまっ

右上、下　二才衆に追われて綱の周囲を逃げ惑う子供たち
左上　二本の大綱を中央でつなぎ、子供たちと二才衆が綱を引きあう
左下　見物の大人や婦人たちは子供たちに加勢して綱を引く
枕崎市山口　撮影・須藤　功

ては飛ばされ、見物している三才衆の中にボールのように飛んでゆく。下園で見た綱ネリも荒っぽいが、上之坊はその上を行く激しさだった。さすが海の男たちである。しかし怪我ひとつしない。綱は百メートル程となって、大通りに長くのびている。上之坊は綱ひきより綱練りの方が豪快で面白い。

上　ワラを持ち寄って綱引き行事で被るヨイヨイガサをつくる知覧町中福良の子供たち
下　身支度を整えていざソラヨイへ　知覧町中福良　撮影・須藤　功

●知覧町中福良の十五夜行事

ソラヨイ、ソラヨイ、ヨイ、不思議な掛声と踊りが延々とつづく

知賢町中福長の十五夜行事は下園の十五夜とたいへん良く似ていた。私が中福良を訪ねた時、中福良の小学校に子どもたちが集まり、持ちよったワラでヨイヨイガサ(ヨイヨイ笠)をつくっていた。年下の子は年上の子に教わりながらつくる。ヨイヨイガサは円錐形の帽子にワラ先が長く出ていて、被ると顔がすっぽりかくれるようになっている。頭の先はカンザシを思わせるようなさまざまな輪がいくつもついている。中学生のつくったものは、さすがしっかりしたものだった。

　月がでると子どもたちと青年たちとの間で綱引きがはじまった。綱は運動会で使うマニラ麻のロープだった。昔は茅を使って綱にしたそうで、下園と同じような太さの綱であったという。見物の大人たちは適宜に子どもの方に加勢する。かつての綱引きでは、青年が負けそうになると刃物で綱を切って、川に投げこんでしまったそうだ。だが、今使われている綱は学校の備品を借りているので、切るわけにはいかないらしい。

　月が中天にかかる頃、子どもたちはソラヨイを始めた。昼間つくってあったヨイヨイガサを被り、ワラでつくった腰ミノを着け、円陣を組んで四股を踏む。ぐるぐるまわりながら、

「ソラヨイ、ソラヨイ、ヨイ、ヨイ」

　と掛声をかける。また止まって四股を踏む。中央にはミゴと呼ばれるワラでできた大きな傘のようなものが置かれている。そのミゴの中に子どもがかくれていて、ミゴを少しずつまわしている。

　ソラヨイの不思議な踊りが延々とつづいていたが、突然合図とともにソラヨイの子どもたちはミゴに突進して倒してしまった。中に居た子どもとヨイヨイガサの子どもが折り重ってたいへんな騒動であった。

　ソラヨイという掛声を聞いていて、その囃子言葉《はやしことば》は、中央のミゴをほめることなのではないかと思った。ソラヨイは「ソラ良い」ということで、下園の綱ほめの「良か綱が出来た、オー」、というほめ言葉と同じ性質をもっているようだった。ワラ製のヨイヨイガサの装束も下園のヘゴガサと同質のものだろう。

　ミゴの象徴するものが何かは良くわからない。ミゴをめぐる子どもたち同志の争いはミゴの帰属をめぐる争いとも見れる。この意味では下園の子どもたちと二才組の綱の争奪戦と同じだ。中福良のソラヨイも、下園の十五夜綱引きも表現の形こそ異なるが、根は同じところにあると思われた。

　ソラヨイは中福良だけではなく、隣の東別府、浮辺でも行なわれている。浮辺のソラヨイではミゴがなく、子どもたちがヨイヨイガサ（アンカサという）を被って輪をつくり、

「ソラヨイ、ソラヨイ」と唱えながら、四股を踏むだけであった。

●坊津町泊の十五夜行事

大綱が人々の暮らしを守るというのだが

坊津町泊でみた十五夜行事は形をさらに変えていた。

　泊は漁業の地区と農業の地区との二つからなりたっている。十四日の昼、晴着を着て鉢まきをした女子の行列が十五夜踊をしながら、鎮守の九王神社にお参りに行くのである。この華やかな行列の後から、高校生を含めた子どもたちがシベガサと呼ばれる白い三角帽子を被って隊列をつくってついて行く。三角帽子は竹の骨組みに白い紙を張った円錐型のもので、御幣の四垂《しで》のようなヒラヒラした紙がついているところから、シベガサと呼ぶのだろう。シベガサは下園のヘゴガサの変化した形だと思えた。泊の十五夜は八月踊りの女子たちに行事の座をうばわれたようで人気は晴着姿の女子たちにある。

　十五日の行事は見ていないのだが、小野先生の著書『十五夜綱引きの研究』には、

「十五日、大通りに櫓を組んで、大綱を練る。昔は浜《はま》と在《ざい》が一本ずつの大綱をつくりそれをもちより、二本をな

知覧町中福良の十五夜行事「ソラヨイ」。中央のワラでつくられたミゴの周囲を、蓑をまといヨイヨイカサを被った子供たちが、「ソラヨイ、ソラヨイ、ヨイ」と掛け声をあげて四股を踏む仕草でまわる　撮影・須藤　功

い合せて大綱をつくっていた。夜になると女の子たちは浜にでて大きな輪をつくり十五夜踊りをする。一方男の子の組はスジマワリをして、その途中でオドリクヤシ（踊り崩し）といって、列のまま走って踊りの輪に突っこむ。女の子は輪をくずしてよけるが、男の子が去るとまた輪をつくって踊る。するとまた別の組がオドリクヤシに突っこんでくる。

　綱引きは大通りに綱をのばしておいて、子どもや青年など村の人々が出て引く。引くといっても綱につけた小縄を持って、綱を持ち上げては下しながら徐々に移動するので、引き合うのではない。大通りから一本ずつ横の路地に綱の頭を入れては、綱を持ち、上げ下げをする。こうしないとその年にはその路地が台風など風雨の被害を受けるという。これが終ると綱を引いていって川口の水の中に綱の頭を浸して終る。」

とある。

坊津町泊の十五夜行事では八月踊りの女性たちが主役の座を占める

　泊のオドリクヤシは、やはり下園や中福良で見た子ども組と二才組の闘争ではなかろうか。変っているのは女子の登場である。鹿児島の十五夜行事はほとんど女子の活躍の場がないのが普通だが、泊では女子が重要な役割を果しているのは注目して良い。

●奄美大島油井《ゆい》の綱引き
綱を引かない綱引きがある

　綱を引かない綱引きを私がみたのは、下園での十五夜の翌々年だった。場所は薩摩半島からはるか南の奄美大島である。

　奄美地方では旧の八月初めの丙《ひのえ》の日を新節《アラセツ》といい、季節の変り目の日にあたっている。新節から始まって、七日後はシバサシという日。それより一ヵ月程のちにドンガという日が来る。それぞれさまざまな行事があるのだが、奄美では新節、シバサシ、ドンガを三つの八月、三八月《みはちがつ》といって、八月踊りをする一年で最も楽しい季節だ。この三八月のなかに八月十五夜も含まれ、また、豊年祭という大きな祭も行なわれる。奄美に数々ある豊年祭で最も重要だと思われるもののひとつが、油井の豊年祭だ。

　油井は奄美大島の南部、加計呂麻島との間の海峡に面している。海峡は瀬戸内といって静かな内海だ。東は太平洋、西に東シナ海とつながっていてその中間、多くの入江の奥が油井である。深い樹々に覆われた油井岳の麓の木立に囲まれた静かな村だ。海岸に沿って道路がのび、小さな舟だまりにサバニと呼ぶ小舟が二そう大潮で干上がった砂の上に横たわっていた。

　船だまりではトビハゼがピョンピョンと飛んではエラ

を立て目玉をくりくりとさせていた。時たま頭を左右に振るのは、餌をとっているのだろう。舟だまりにつづいて村がある。海岸部の村にしては大きなミャー（広場）があり、ガジュマルが長く枝を張っている。その根元にイベカナシ（村の守護神ともいうべき自然石）が三基たっている。

　その脇にコンクリートの新築の公民館がある。私の宿舎となったところだ。瀬戸内町の了解を得て泊まらせて頂いた。油井を訪れるのは二回目で、以前来たときは、公民館は木造で素朴な雰囲気のものだった。イベカナシも地上に直接在ったものだが、今は三尺程の台座ができて高くなっている。そらぞらしい感じがして以前の公民館の方が親しみやすかった。村の家々は山から流れ出る川の両側にあってその川の奥は田が山際までつづく。家々の周囲に植えられた福木は南の太陽に葉をキラキラさせ、涼しげな木影をつくっている。

　油井の豊年祭は盛大なものだ。私たちが行ったときは丁度祭りの準備で、女子衆が公民館の外に急ごしらえのカマドをつくり、大鍋に飯をたいているときだった。飯は握りめしにして赤いサンタンカの花をさす。とてもきれいなものだ。これは祭りのなかに相撲があり、その土俵入りのときに女子衆が力士となる若者に捧げるものである。

　イベカナシに枝をのばしているガジュマルの木の根元では若者たちが綱をつくっていた。綱はワラが材料で、でき上った分だけ枝にかけ、二人がかりでなってゆく。

若者たちが土俵入りする時に、女子衆が若者にささげるサンタンカの赤い花で飾った握り飯　奄美大島瀬戸内町油井　撮影・須藤　功

でき上るとミャーの隅に蛇がトグロをまくようにして置いておく。

　祭りの当日、一番最初に綱引きだ。トグロにしてあった綱を長くのばす。蛇皮線とチヂンのリズムに乗って、村の人や袴姿の半裸の青年たちが、手をふりふり、踊りながら綱の片側にやってくる。綱を腰のあたりに持ちあげ、口笛をならしながら、綱を行ったり来たりさせる。あちらへゆらゆら、こちらへゆらゆら。真中あたりは半裸の青年

知覧町加佐治の十五夜綱引き行事。子供たちがワラで編んだソラヨイカサを被り、土俵の中央に築かれた小さな砂山の周りを輪になって踊るソラヨイ（写真上）と、綱引きが終わった後の子供たちによる相撲（写真下）　撮影・須藤　功

たちがいるが、綱の端の方はおばあさんや赤子をかかえたお母さんたちがとりすがり、行ったり来たりする。チヂンは同じような強弱のリズムを繰りかえし、蛇皮線の華やかな音がミャーを埋めつくす。

これは綱引きではない、と思えた。綱を遊ばせているのだ。枕崎市泊の例は地面を引きずっていくようにと記載されてあったが、ここは引きずるのではなく持ちあげて、まるで蛇行するようなしぐさなのである。

突然シシが現れ、鎌をふりあげて綱を切り、たちまちどこかへ消えた。一瞬の出来事だ。シシと呼ばれるように、頭はもくづのような毛をたらし、目はランランと輝き、牙が口端からとびだしている。シュロの皮のミノを着て裸足だ。半裸の青年たちは切られた綱を大いそぎで、結びなおし、再び綱をゆらしはじめる。ひとしきり

上　ガジュマルの枝にかけて綱引きの綱を練る
下　綱引き。ユーモラスな面を被った道化役が作りものの鎌をふりあげている　奄美大島瀬戸内町油井　撮影：須藤 功

土俵のまわりで稲作の仕草をしている力士たち　奄美大島瀬戸内町油井　撮影：須藤 功

綱を遊ばせると、また異形のシシがとびだして来て綱にまたがり、綱を切る。また結ぶ。遊ばせる。切る。この間中ユーモラスな面を被った道化役が凝似の鎌をふりあげて切る真似をする。

シシが三度目を切ると青年たちは切られた一方の綱を担いで、リズムに合せながらミャーの中央に運び、丸く輪にして土俵をつくる。この土俵は聖なる場所として力士以外は上らない。このあと翁の面をつけた黒衣のものが、面白い仕草で土俵をほめてまわる。お供は二人の道化で、あちこちいたずらをしながら、そして翁に叱られながら、土俵を一巡りする。この翁を何故かカンノンといい、ほめる仕草をカンノンの土俵見舞《どひょうみめー》といっている。祭りはこのあと稲刈りの仕草や、籾スリ、力士が肘を杵に見たてた脱穀など、稲作の仕草が行なわれ、相撲があり、最後は八月踊で終った。

●九州南部の綱引き

十五夜に、綱引きにたくす人々の祈りとは

何年かにわたって体験した鹿児島各地の十五夜行事はたいへん面白かった。そして鹿児島の十五夜行事が単なる月の観賞会ではなく、むしろ人々の切実な豊作への折りをこめた行事であったことに気づかされた。おそらく日本各地の月見行事も同様であろう。ただ、鹿児島の月見行事は綱引きとセットとなっていることが注目に値する。

振りかえってみれば下園でのヘゴガサの集団が山から里に下りてくるのは、村に神が降りてきたことを意味していたのであろう。また、茅でつくった綱も竜神のようなものを想定していたのであろう。子どもたちの被ってきたヘゴガサの茅が綱に編まれ、竜神に変わる。綱引きや下園での子どもたちと二才組の闘争は、要は綱、すなわち豊作をもたらす神々の帰属をめぐる争いということになるのであろう。

綱引きは下園の例のように綱の引き合いで、子どもと青年が争うかと思えば、男と女にわかれて引きあうところがある。たいてい、男が勝てば豊漁、女が勝てば豊作という。村を上下にわけて引きあえば、勝った方が豊作という例もある。このような年占い的なものも面白い。

大綱をつくる。枕崎市山口　撮影・須藤 功

綱ひきをしないところは綱を村中ひきずりまわして最後に水に流すこともある。山から茅を被って降りてきた子どもたちは、神として崇められ、その茅は竜神に変身する。村の豊凶をつげて海に去って行く。こうした共通のパターンが九州南部の十五夜行事には見られる。

ただ、私が不思議に思ったのは、その竜神でもある綱を切る「綱切り」という行為であった。

奄美大島油井の綱遊ばせでも、下園や知覧、枕崎でも綱を切る行為があった。綱をつくり、綱を切る、または流す行為は、いったい何を表現し、何を伝えようとしているのだろうか。神が来訪し、神が去ってゆくことは何とか理解できたつもりでいるが、この綱切りには深い意味が秘められているようだ。

『十五夜綱引の研究』に記載されている南九州の二〇六例の綱引き行事を当ってみると、そのうち百一例が綱が切れるまで引きあうか、積極的に刃物で切っている。三十三例が切れるまで引きあい、六十八例が積極的に切っているのである。

この例から見ると、綱は切れなければならないことになる。綱を竜神と見たてることから、竜神の死を想定しているように思える。

竜神が水を司どる水神であ

れば、水神の死ということになり、水が枯れることとなる。天の恵みを願う農耕生活者にとって綱切りは不都合な行為といわざるを得ない。綱切りの矛盾した行為には、人間の別な意志が働いているように思える。

風雨は人間を災厄に落し入れることもある。台風は家をつぶし、田畑を荒らす。梅雨末期の集中豪雨は土砂崩れをおこし、土石流が暴れまわる。人命が多く失われるのは集中豪雨の方が多い。自然の不意打ちにあうからだ。自然のなせる術を、神の意志としてとらえる一方で（竜神の来訪）、みせしめとして行動する人間の側（綱切り）の積極性は、神と人とを対等に扱かうということに他ならないのではないか。

綱切りは神へのみせしめの行為なのではあるまいか。水を司どる神といえども、もし人間に災いをもたらすならば、この通りだぞ、ということを表しているようだ。神への崇敬と威嚇が平行してあることはとても面白い。

神を崇めまつることで人間は豊作と平和を得た。しかし、神の裏切りについても人間は容赦しなかったのである。十五夜行事のなかの綱引きの解釈は複雑な要素が多いだけにむつかしいが、単純化してみると、農作物に被害を与える台風などの災害に備え、豊作を祈願する行事である。ただ単純に豊作感謝というならば、十五夜の月に供えものをし、礼拝するだけでこと足りるだろう。綱引きは災害を防ぐという人間共通のコンセンサスを儀式化したものといえるかもしれない。

したがって十五夜月を拝むことと綱ひきは元来別のもので、十五夜の月見と一緒になり、年占い的要素が加わって発達し、さまざまな形を生むに至ったのではないかと思う。

●●

下園というところは名が知られたところではない。五万分の一の地図でやっと見つかる程だ。そこにひっそりと行事がつづけられてきた。しかも、非常に重要な行事が、である。人々にとって、それが今日的意味において重要であろうとなかろうと、祖先から受け継いだものとして行なわれてきたし、日々の生活の節目をつけることとして続けられてきた。これは村の生活を平和に維持してゆくためのねばり腰だったのであろう。

その確かな日々の足腰の強さは、都会で生活する私には羨ましい限りである。短絡した考えをすれば、都会の生活を捨てて、村落に入れば良いのだが、村のなかの生活者になる自信はまったくない。自然を相手に生きていく技術がない。父祖の地という自覚がない。私にはあるとき垣間見て、直ぐに去って行くのが丁度よい。私も客人《まれびと》的存在なのだろう。来訪者は歓迎してもらえる。来訪者は必ず去ってゆくからだ。居座りは許されない。人びとから教えられ、それがいずれ我が血肉となってゆくだろう私のような存在や旅も、認められて良いだろうと思う。

母が田舎で座れる場所がなかったように、私の座る場所も地方の村にはない。月を見ながら妙に寂しい感じがした母は、人生流浪の旅を想いかえしていたのかも知れない。それは私の今後の姿であるかも知れないのだ。

思い出の「私の十五夜」——岡村　隆

宮崎県小林市真方

「ブォーッ」「ブォオーッ」

遠くから、闇に咆えるような法螺貝《ほらがい》の音が近づいていた。それに混じって、かすかに聞こえる大勢の人のざわめき……。喚声がひとたび止んでは、また始まって、次第に耳を浸している。ふだんは静かな夜道の彼方に、異様な気配が満ち満ちて、私は最初からその気配に怯えていたのではなかったか？

「ほら、綱引っが来たど。行《い》たっみいか」

父親に言われて木戸まで出ると、満月に照らされた道の向こうに、長い行列が見え、やがて私の家の前でそれは止まった。吹き鳴らされる法螺貝、湧き上がる喚声……。目の前で突然、二手に分かれて綱を引き始めた人々の必死の形相に加え、すでに焼酎の入った酔《よ》くろんぼ（酔っ払い）たちの怒声が恐ろしくて、私はただ父親の手にしがみつき、立ちすくんでいたような気がする。

「おーい、来《こ》んや、来んや」

「ほら、ワイ（お前）も行かんか」

同年輩の遊び仲間が手招きし、父親が何度も背中を押すのに、怯えて列に加われなかった十五夜の綱引き。泣きながら祖母に手を引かれて戻った縁側で、箕《み》に盛られた供えのダンゴやカライモ（サツマイモ）をあてがわれ、「よか」と慰められていた光景を不思議によく覚えている。

おばあちゃん子で心身ともに弱かった私の四、五歳の頃の記憶である。

十五夜の行事に、私が積極的に参加するようになったのは、やはり小学校に上がってからではなかっただろうか。私の生まれ育った宮崎県小林市の真方《まがた》という地域は、旧薩摩藩の北東辺境の中心地に当たり、辺境ゆえに、またその中心地ゆえに古い行事がよく残っていた。十五夜にしても郷中《ごうちゅう》のまとまりはよく、金品の寄付集めから綱引きの大綱作り、奉納相撲の土俵作りと、大勢の手で準備が進むのを見るのは、子供心にも頼もしかったものである。

いつだったか、学校のPTAで教師の側から「十五夜行事のような因習はもう止《や》めるべきだ」という愚にもつかない声が出たのを、各郷中の集まりで撤回させたという話を開いたことがある。これは、当時が戦後民主主義の最盛期で、教師たちに「進歩的な」気風があったことと、県内でも旧薩摩領以外の「異文化地域」の出身者が多かったからだろう。だが、それだけでなく、市内でも街なかではすでに行事を止めていたり、あるいは行事が形骸化して綱引きは麻のロープで、奉納相撲は地面に線を引いて行なうという地域が出始めていたのも事実だった。

しかし、実はそんな時代だったからこそ、昔ながらに稲藁で大綱を綯《な》い、正式な土俵を作って営まれる私の地区の十五夜は、行事の本拠を小林城（三山城《みつやま》＝島津家の出城）跡に置くという「本家意識」もあって、地区民みんなの誇りだったのである。

さて、そんな小中学校時代の十五夜の思い出といえば、なぜか近くの山や川の風景が連想されてくる。山は母に頼まれてススキや萩の花を採りに入ったからだろう。川は年によっては十五夜の頃まで十分泳げたからであり、泳いだあと、城山（城跡をそう呼んでいた）に行って、大人衆《オセンシ》が三本に組んだやぐらを使って綱引きの綱を掬うのを見物したり手伝ったりしたものだ。綱掬いと土俵造りは前日の夕方から始められ、大人衆はその夜、公民館で寄付の焼酎を飲むのが常だった。

十五夜の当日は、夕方になると各戸の東の縁側に萩やススキ、イガつきの柴栗の枝などを生けた花瓶が飾られ、傍らの箕にダンゴやカライモ、サトイモ、ボタモチ（お萩）などが盛られて満月に供えられた。その夜の食卓の記憶はほとんどないが、母に聞くと、十五夜にはどの家でも、なぜか必ず若い大根葉の白あえを作ったものだという。

そうして早い夕食（当時の農家にしては異例の早い時間だった）をしていると、外の道を通る「触れ」の法螺貝の音が聞こえたものだ。すると私たちは、食事もそこそこに家を飛び出し、綱引きの出発する城山めざして駆け出すのだった。

幼年時代、綱引きに怯えた私が、十五夜を楽しみに待つようになったのは、その後、身体も丈夫になり、綱引きのあとの奉納相撲でも少しは勝てるようになっていたからだろう。相撲は郷中の人々が見守るなか、学年ごとに三人消し《げ》（三人抜き）、五人消しで行なわれ、時には五人、悪い年でも三人消しはできるようになっていた。勝てばノートや鉛筆といった学用品の賞品がもらえ、さらには焼酎に酔った観客の間から「花」（現金）が出ることもあった。

小学校の一年から中学校の二年までの八年間、私はそうして綱を引き、相撲をとって名月の夜を過ごしたのだ。その年ごとに思い出があり、目に浮かぶ竹馬の友の顔がある。

しかし、そうした数々の記憶のなかで、何といっても強烈な印象として残っているのは、中学三年になり、十五夜行事の全般をとりしきった時のことだろう。どの地区でも中学三年生は一ヵ月ほど前から公民館などに集まって「語《かた》い合《え》」（打ち合わせ）を重ね、大人《オセ》に教わりながら準備を進めたものである。

準備の大半は、郷中の家を一軒ずつ回っての寄付集めで費やされ、現金ならば五十円から二百円、焼酎ならば一升、稲藁数把《わ》が各戸から集まってきた。厄介なのは藁集めで、綱引きの綱を直径二十センチ近くもあるような太さに掬うために大量の藁が必要だった。リヤカーで何台分もの藁を、数人がかりで苦労して運んだのを覚えている。

こうして集まった寄付の金品を持ち寄り、あるいは買うべき賞品のリストを作ったり、綱や土俵作りの依頼に出かけるために、私たちは毎夜のように公民館に集まった。そこでは、この時期に学校が厳しく指導していたにもかかわらず、大人の目を盗んで焼酎の瓶が回され、法螺貝を吹く練習がなされ、深夜までの騒ぎの果てに近所から苦情が出ることもたびたびだった。それまでよそよそしかった同学年の女の子と一緒にいて話ができるのも心ときめく体験で、大手を振って夜間外出できる初めての状況に、みな一様に大人の自分を夢みたのではなかっただろうか。

予定通り前日に綱と土俵の準備が終わり、当日になると、私は朝から落ち着かなかった。まず天候が気になり、次には晴れの舞台に立つのであろう自分のことが気になった。だが不思議なことに、それだけ待った日でありながら、私にはこの日の詳細な記憶がほとんどないのだ。いまとなっては、この日学校へ行ったのかどうかさえ定かではない。

覚えているのは、夕方、食事もそこそこに法螺貝を吹いて触れて回ったこと、綱引きの行列を先導して歩き、立ち止まっては戦わせた何ヵ所かの辻の風景、それに相撲の行司役を交代でやったことぐらいである。

要するに、すべての行事は順調に、あっという間に終わったのだった。みんなが家路についたあと、残った同級生だけで焼酎を飲みながら、私たちは何か、もの淋しいような嬉しいような複雑な思いを噛みしめていた。皓々《こうこう》たる満月のもと、互いに寡黙な夜が更けていき、そのわりには焼酎の瓶が空いていった。思えば、あの時が私と酒のつき合い初めであり、意識の上でも、ひとつの時代が終わって新しい時代へ入っていく最初の契機だったのではなかったか……。

十五夜は、それきりだった。高校時代は綱引きも相撲も見たことはなく、本来はあの日を境に子供《こども》から青年《ニセ》どんにならねばならないはずの私は、そうならずに、時代と意識が命ずるままに東京へと出て来てしまった。

あれから、もう二十年になる。

○月見と月待ちと——田村善次郎

月づきに月みる月は多けれど
　月みる月はこの月の月

三日月、上弦の月、満月、下弦の月、天体の運行にしたがってさまざまに形をかえながらも月は空に浮び、人の世を照らし続けてきた。新月がしだいに太って望月になり、また細くなって消える。消えた月はまたあらわれる。変化は多様であるが、また規則的である。

私たちの遠祖《とおつおや》たちは夜ごとにかわる月になにを見、なにを感じたのであろうか。人の力の及ばざる神秘なる世界に想いをいたしたのではなかったか。そして不死を見、死と再生を感じたのであろうか。

日本人は人知、人力の及ばざる神秘なる世界をカミと総称した。そしてあがめ、いのり、ねがった。人の世の幸ならんことを。世の中の良からんことを。

月もまた私たちの祖たちにとってカミが垣間みせる姿ではなかったか。

日本人は垣間みるカミの姿にカミの意志を読みとろうとした。そして世の中や人生を予知しようとした。いのりをこめ、ねがいをかけて。

見ることはそのものの中にこめられた意志をよむことである。月を見るのは月にこめられた神秘なるものの意志を読みとることであり、それに従って自らの行動を律することであったに違いない。

月みる月は多かった。公家や文人墨客の世界では仲秋の名月、つまり旧暦八月十五夜の望月が月みる月といわれるようになっていったのだが、旧暦九月十三夜の月もまた後の名月といわれみるべき月であった。そして現在、そうは考えられていないが盆の月もみるべき月ではなかったかと思うのである。

盆に帰ってくる祖霊は十三夜の月の光と共に迎えられ、十六夜の月の光に乗って送られたものではなかったろうか。十五夜の頃に行なわれる行事は秋に限らず多いのである。

正月の三日月、正・五・九月の十七夜、二十三夜、あるいは二十七夜の月もまた月みる月であった。この日、月待をする風はまた日本全国にわたって広く見られるのである。ツキマチのマチは待の字をあてているけれども、このマチは単にまつことであったろうか。手近なところで広辞苑を開いて見れば、

まち（「待」と当てる）特定の日に人々が集会し、忌み籠って一夜を明かすこと。また、その行事。まつり。

とある。月待、日待、庚申待については恐らくこれで意をつくされているのであろうが、それだけでは充分ではあるまい。

まち〔麻知〕占いで示される神聖な場所。一説に、占いで甲や骨につけておく形

というのもある。また、まちは〔区〕をあて、〔町〕をあてるものでもある。

「正月廿六日、七月廿六日の夜、月の曙方に出させ給ふ時、海中より龍燈あがるを、この御門（田安）前の臺にて拝んとて、右の夜は貴賤男女群り集て念佛を申、題目をとなへ、経を讀みおもひおもひに夜をあかす。老婆かゝの月のわるきが、月の出る時ねむき目をすりすり見るゆへ、光りちらめき眼花のとぶも、あれ龍燈こそあがれとてかしらをあげ手を合せ、なもゝなもゝと夜をあかす」

これは天和二年に編まれた「紫のひともと」に記されている江戸田安御門前で正月、七月の二十六日夜におこなわれていた月待の様子であるが、これでもある程度わかるようにある特定の場所で忌み籠りをして月の出を拝し、それにともなってあるなにかを見、占うものであったのである。

いまはかすかになっているけれども、二十三夜の月の出によってその年の豊凶を占う風は認められるのである。

月待もまたお月見と同じ意味を持つものであった。月見がより多く家庭内での行事として伝承されてきた故か、月を賞でるという意味あいを強くしているのに対して月待は共同体の行事としておこなわれることが多く、忌み籠もりや年占いの風を多く残しているようだ。

いま、その切抜が見つからないので、うろ覚えの記憶をたどってのことになってしまうが、昨年の秋であったか、縁側に供えていた月見団子を近所の子供たちにとられた母親の投書が新聞に載っていた。仲秋の名月であったか、後の月、つまり旧暦十三夜であったか明確ではないが、十五夜の方であろう。すすきをもとめ、団子をつくり月に供え賞でたのち、子供らと共に賞味することを楽しみにしていたのに、子供のいたずらとはいえ心なきことをすると悲しみ、憤慨した文章であった。

月見には団子をはじめとしてイモ、マメ、クリなどその秋にとれた初なりのものを供えるものである。それらの供物は月を拝んだのちにおさがりとして家の者も食べたかも知れないが、多くは訪れる童子等にわかちあたえたものであった。また子供等は秘かに忍んで供物をとることを許されていたものであった。願いをこめて供えた供物が知らぬまになくなることによって願いが聞きとどけられたとする信仰はあったものであり、その時しのんでくる子等は近所のいたずら小僧ではなく、童の姿を借りて来訪する神と考えたのではなかったか。

神秘なる世界の月と対応するときの人の心は俗なる世の合理・善悪をこえて大らかに澄んでいたのであった。

犂耕をひろめた人々

—馬耕教師群像

文　香月節子
写真　香月洋一郎

馬に犂を付けて田畑をすく馬耕

「昭和十二年　佐渡郡競犂会優勝記念　新穂尋常高等小学校」

新潟県中魚沼郡秋成の犂耕講習会

新潟県中魚沼郡中条村犂耕講習会。前列中央が石塚さん

アルバムに説明記述なし

高松宮殿下台覧記念郡競犂会優勝の記念写真（昭和二十二年）、新穂中学校の文字が見える。左端が石塚権治さん

佐渡農学校での指導

佐渡郡新穂村の馬耕教師・石塚権治さん（明治23年生まれ）のアルバムに残る犂耕講習会及び犂耕競技会の記念写真

佐渡の犂耕と福岡の馬耕教師たち

■佐渡島の犂耕のはじまり■

「郡民は、馬が田を耕す、というので半信半疑、その実状を見ようとして集まる者引きも切らず」

　これは『佐渡牛馬耕発達史』（昭和二十六年刊）という書物のなかの一節である。それまで佐渡には、牛や馬に犂《すき》を引かせて田を耕すという習慣はなく、人力で鍬を使って田を打ち起こしていた。明治二十三年からこの島に牛馬耕が広まるのだが、当時犂耕の講習会には見物人相手にうどん屋がでるほどにぎわったという。

　私の犂を調べる旅の折々に、何かにつけてこのくだりを思いだした。私にとって、この文が印象深いのは佐渡の地における牛馬耕の始まりを知ったことが、私の犂に対する興味の始まりであり、半信半疑で馬耕を見に集まった明治期の人々の好奇心を、思い入れをこめて読みこんでいるからでもあろう。

　犂といっても、今は農村ですら姿を消すか、納屋の奥にほこりをかぶっていて、その言葉自体も死語に近いのではないかと思う。犂は、トラクターを使う以前の時代（といってもこれらの機具の普及はたかだか二十年余りにしかなっていないのだが）に牛馬に引かせて田畑を耕していた道具の名称である。もっともスキという名をもつ農具はこの犂の他、「鋤」の字で表現されているものもある。こちらは人が足で踏みこみ土をおこしていく形状のものである。

　農業技術の参考書をひらいてみれば、日本には無床犂《むしょうすき》、長床犂《ちょうしょうすき》という二つの旧い形の犂があり、前者は深く耕せるが不安定であり、後者は安定はしているが、浅くしか耕せないこと、そして明治時代半ばに三重県名張《なばり》の高北新治郎が、両者の長所を折衷した短床犂（いわゆる改良犂）を考案し、それが各地へ普及していったことなどの記述がみられる。

　しかしながら西日本にくらべると、東日本には犂の普及がおくれていた。東日本への犂の普及は筑前（福岡県）の老農、林遠理《はやしえんり》の勧農社によるところが大きかったという。勧農社は林遠理が米作法の改良・普及を目的として、明治十六（一八八三）年に福岡に設立した私塾である。ここで改良米作法を習得した人々が、各地に農業指導に出ていくのであるが、このとき抱持立犂《かかえもったてすき》（無床犂）による馬耕が東北地方へもたらされたという。

　一方、東北地方への犂の普及が遅れたことについて宮本常一先生は、日本では犂にはほとんど牛を用い、明治になるまで馬を用いることが少なかったこと、それは日本の馬の体型小さくて、犂を引くほどの力をもたなかったことなどを指摘しておられる。よく知られているように、一部の例外を除いて、東日本は馬地帯、西日本は牛地帯であった。さらに先生は、

「東北地方へ犂の普及したのは青森県津軽地方へのものが最初といわれている。明治九年六月二日、明治天皇は東北地方御巡幸の旅に出た。そのとき青森県知事の斡旋

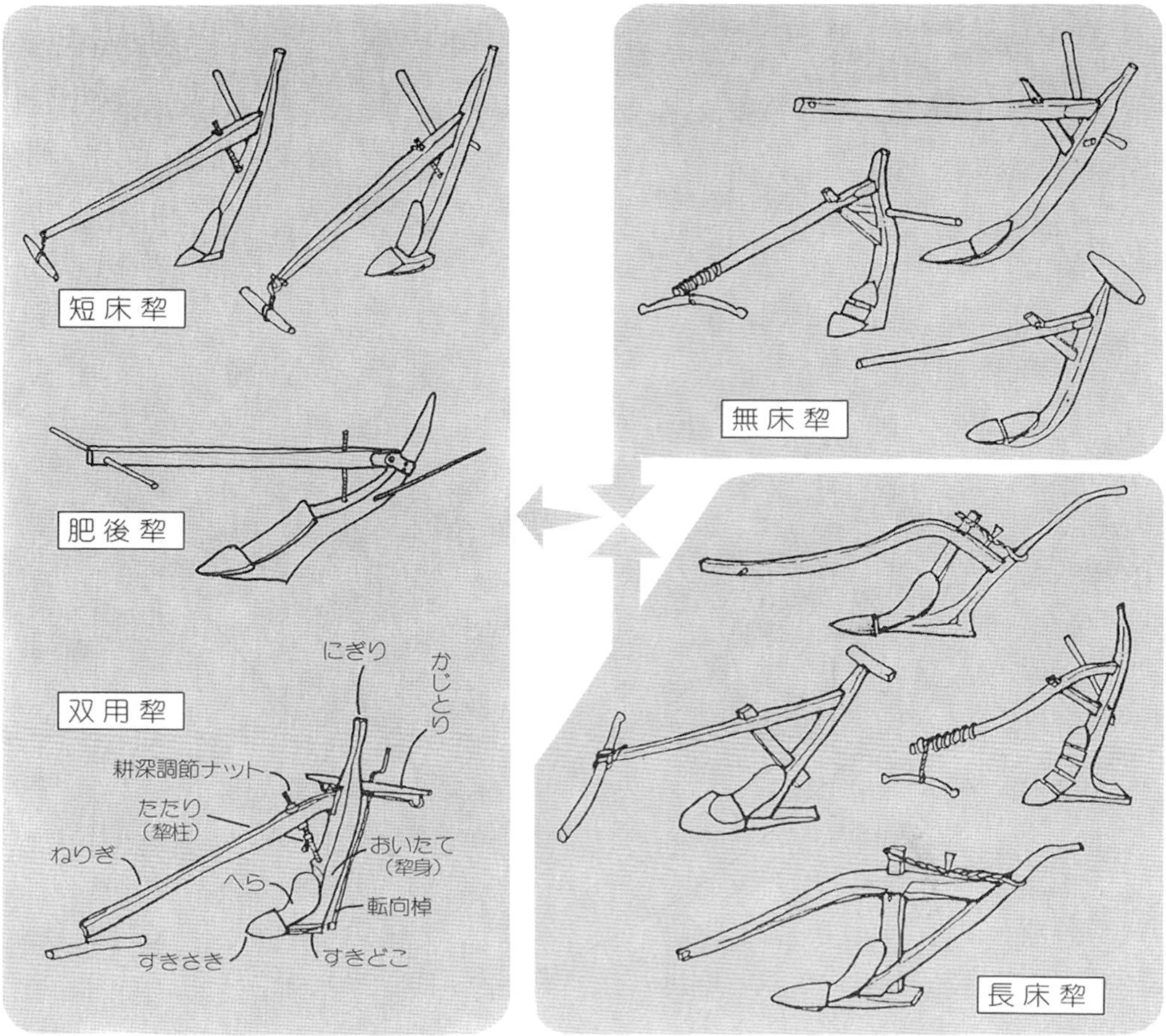

●犂の改良
日本在来犂には無床犂、長床犂があった。無床犂は犂床がなく、抱えもって使うことから別名抱持立犂ともいわれ、安定が悪いが深耕できるのが特徴であった。一方長床犂は犂床が長いので安定があり、水田の床締めにはよかったが浅くしか起こせなかった。両者の長所をとって生まれたのが短床犂である。図中にある肥後犂は明治三十三年短床犂としてはじめて特許をとった肥後 ㋵ 犂である

によって津軽の農民が犂を天皇に御覧に入れている。これは当時の知事が熊本の出身であり、熊本では早くから犂がおこなわれていたので熊本から教師をやとい、津軽の農民に学ばせしめたことにはじまるものであった。

青森についで犂の入ったのは山形県庄内地方で、福岡県から教師をまねいて学んだという。福岡の教師たちは持立犂をもってやって来た。この犂のことを庄内地方では筑前犂とよんだ。いま鶴岡市致道博物館に持立犂一挺が保存せられている。

秋田県へは、耕地整理のすすめられはじめた明治三十三年ごろからやはり福岡県から犂耕技術やその頃から農耕に適した犂が工夫せられて来る。まず世にとわれたのは福岡県でつくられた礒野犂である。これは短い床のついたもので、犂の目方もかるく、また方向を転換することも容易、その上、床のあるため、耕土の厚さが平均していることが有利であった。福岡の農民たちはこの犂をもって主

として日本海沿岸各地へ指導に出かけていったのである」（『民具論集』２―日本常民文化研究所編、昭和四十五年刊）という興味深いことを述べておられる。

勧農社以降、犂の製作、普及にたずさわった人々は、先に述べた三重県名張の高北新治郎、福岡県の礒野七平製作所の他に、これから話を進めていく同じ福岡県の長《ちょう》犂製作所、深見《ふかみ》製作所、熊本県の大津末次郎、日《ひ》の本《もと》社、長野県の松山犂製作所などが知られている。犂を田に使うには、排水をよくして乾田にすること、そして犂耕しやすい田の広さをもつことが必要であり、耕地整理や暗渠排水事業の進展とあいまって犂は広がっていった。

私の武蔵野美術大学勤務の合間をみながらの、それほど多くない調査事例においてすら、その広まりかたや犂の改良のありようは多彩で、後でふりかえって一元的に整理することには躊躇と困難を覚える。その煩雑な資料の提示は極力おさえ、この稿では犂というひとつの道具を、それを使う技術とともに広めていった人々の足跡を追ってみたいと思っている。

■北見順蔵と石塚権治■

『佐渡牛馬耕発達史』の著者は北見順蔵さんという。北見さんは佐渡の牛馬耕普及の推進者の一人でもあった。私は北見さんを佐渡郡畑野町在住の本間雅彦先生に教えていただきお宅を訪ねた。それはもう十五年も前の昭和四十五年の冬のことだった。今ふりかえってみると、一面に雪がつもった田のなかの道をやたらと歩きまわったことが、このときの旅の印象としてまず思い出される。当時畑野町にあった民俗芸能の一座、おんでこ座に宿をかりての調査だった。座長の奥さんには道案内のお世話までしていただいた。

北見さんのお宅の玄関に立ち、来意を告げると、北見さんは入院中で病状はかなり重いと、家の人が話された。あきらめて帰ろうとする時、こたつにあたっていた、おそらくお孫さんだろうと思われる娘さんの澄んだ声が追いかけてきた。

「病院に行ってみたらいいわ。犂のことだったら、おじいちゃん話すかもしれない」

そのことばに甘え、すぐ金井町の病院に行ったが、ほとんどお話を伺える状態ではなかった。けれども、その娘さんの言葉を通して、北見さんの犂の普及への情熱を垣間みたような気持で帰途についた。「犂のことだったら、おじいちゃん話すかもしれない」といったあの時の娘さんの声はその後しばらく頭の中に残った。

それからまもなく北見さんは亡くなられたと聞いた。遺品のなかに佐渡の農家の牛の血統を調べ、記録した原稿が三十センチの高さに積みあがっていたという。また、生きておられる時に長年かけてとっておかれた十台の古い犂は、佐和田町にある佐渡博物館に寄贈されていた。

その北見さんの支援をうけて、佐渡を中心に新潟一円に犂を広めた人に、佐渡郡新穂《にいぼ》村の石塚権治《ごんじ》さんがいる。小柄だが、そのひきしまった口、大きくがっしりとした手、バネのような体つきからは意志の強さが溢れて

岩船郡＝大川谷村、下海府村、猿沢村、高根村、三面村、館ノ越村、山辺里村、村上町、岩船町、神納村、西神納村、平林村、女川村、関谷村、保内村

北蒲原郡＝築地村、中条町、紫雲寺町、菅谷村、新発田町、葛塚町、本田村、水原町、京が島村、堀越村、笠岡村、米倉村、赤谷村

東蒲原郡＝三川村、津川町、小川村、西川村

中蒲原郡＝亀田町、大郷村、白根町、小林村、新津町、金津村、小須戸町、五泉町、村松町、大蒲原村

南蒲原郡＝田上村、加茂町、下条村、井栗村、栗林村、大島村、大崎村、長沢村、鹿峠村、森町、本成寺村、福島村、中之島村、今町、大百村、新潟村、葛巻村、見附町

古志郡＝下川西村、福戸村、上川西村、黒条村、新組村、長岡而、上組村、小通村、十日市村、六日市村、北谷村、栃尾町、荷頃村、下塩谷村、栖吉村、西谷村、東谷村、中野俣村

西蒲原郡＝黒崎村、中野小屋村、曽根村、味方村、鎧郷村、巻町、月潟村、ウルシ山村、道上村、小中川村、和納村、吉田村、燕町、国上村、粟生津村、島上村、小池村

三島郡＝寺泊町、桐島村、大河津村、島田村、西越村、与板村、黒川村、大津村、日吉村、大寺川村、関原村、日越村、深方村、大積村、来迎寺村、片貝村

刈羽郡＝刈羽村、中通村、西中通村、柏崎町、田尻村、高田村、上条村、北条村、中鯖石村、南鯖石村、中里村

北魚沼郡＝広瀬村、入広瀬村、小千谷町、山辺村、田麦山村、田川入村、小出町、藪神村

南魚沼郡＝浦佐村、藪神村、大巻村、六日町、塩沢町、石打村、湯沢村、伊米ヶ崎村、大崎村、城内村、十沢村、田川村

中魚沼郡＝真人村、橘村、岩沢村、下条村、中条村、十日町、水沢村、田沢村、下船渡村、中深見村、外丸村、芦ヶ崎村、秋津村

東頸城郡＝奴奈川村、安塚村、下保倉村、牧村

中頸城郡＝米山村、黒川村、下黒川村、潟町、旭村、源村、大滝村、美守村、上杉村、里五十公野村、保倉村、直江津町、有田村、津有村、高士村、諏訪村、菅原村、春日村、高田町、金谷村、和田村、斐太村、矢代村、関山村

西頸城郡＝磯部村、名立村、能生谷村、糸魚川町、早川村、西海村、大野村、今井村

佐渡郡＝内海府村、加茂村、両津町、新保村、岩首村、松ヶ崎村、赤泊村、小木町、西三川村、真野村、野村、吉井村、金沢村、河原田町、二宮村、沢根村、二見村、相川町、金泉村、高千村

●石塚権治さん（新潟県・佐渡郡新穂村の馬耕教師）が、大正10年～昭和20年代に犂を普及して歩いたところ

石塚権治さんは農業のかたわら馬耕教師としてまず佐渡から始め、新潟県内をひろく普及して歩いた。その足跡を地図に印していった。

しかし、佐渡は耕地のあるところで行かないところはなかったというから、実際にはこの地図に印された足跡よりももっと多いはずである。

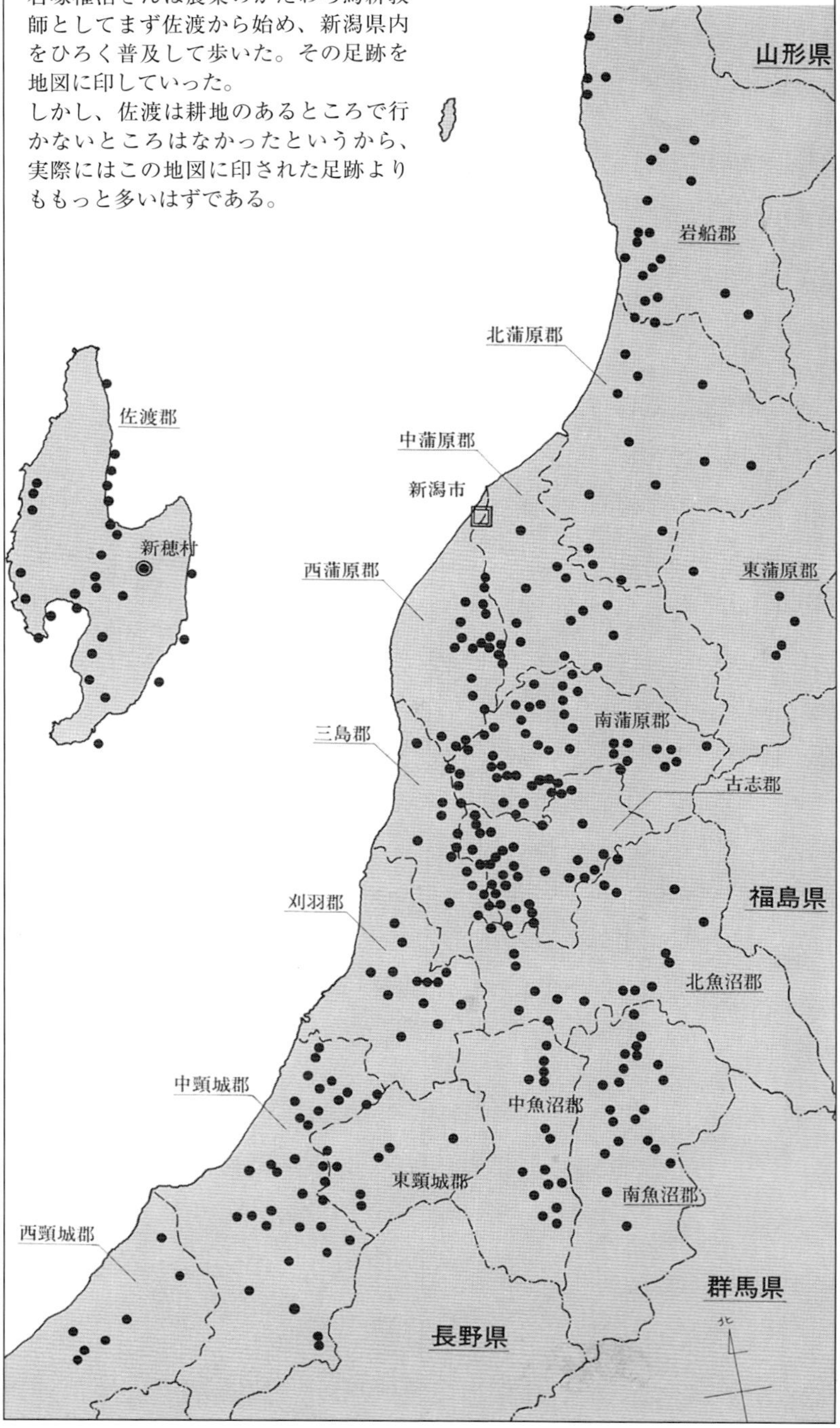

長末吉。当時、馬耕教師は地域の学校長よりも名士であったという。現在残っている写真の多くはフロックコートを着用し正装している

いる、それが石塚さんの私の最初の印象だった。

石塚さんは、明治三十三年この新穂村に生まれた。小さい頃から大変な頑張り屋であったという。

稲の株跡が残っている田を打つことは、当時の佐渡の冬の野良仕事のひとつであった。これをカブタを打つ、という。三、四人で鋤をかついで田に行くと、よく競争になったという。一日分のわりあての田を耕すのに、一番遅れた者が、帰りには皆の鍬をかつぐことになっていて、帰途は皆で佐渡おけさを歌いながら戻ったものだという。

石塚さんはカブタ打ちで、体の大きな者に負けることが、自分でも承伏できなかったという。そんなところから大正の初め頃、佐渡でも徐々に普及を始めていた馬耕に対して、まわりの者よりもはるかに興味をもってみていた。

やがて、佐渡の農学校を出ると北見順蔵さんの教えをうけた。ちょうどその頃、九州福岡から馬耕教師が新しい犂の指導にきた。講師の一人は勝永増男《かつながますお》といい、福岡の長《ちょう》犂製作所の技術員だった。長犂とは後述する長末吉《ちょうすえきち》という馬耕を広めた人物が考案製作した犂のことである。その講習会が終ったあと、勝永さんから、九州へ来てみないか、と声をかけられたという。そして大正九年、村の農会の推薦と援助を得、同じ新穂村出身者のもう一人の青年と一緒に、九州まで馬耕技術を習いに行くことになる。

■福岡市の長家での講習の日々■

汽車で二日ほど揺られた後、石塚さんは福岡市郊外の長末吉家の戸口に立った。新潟県からは初の講習生であったという。『佐渡牛馬耕発達史』によれば、それから昭和二十五年まで、佐渡からは延べ四十九人の人々が犂の技術を得るために、福岡、熊本、或いは三重へと出かけている。

長家には刈上げの終った晩秋から冬にかけての農閑期になると、各地から石塚さんのような講習生が集まってきた。

長家は子供が十一人、下男、下女、馬車引きまで含めると二十人近くの大世帯であったが、家をあげてこれらの若者達を迎えいれた。毎年、多い時には泊りがけで三、四十人、通いを加えると百人、そして田を起こす前にはおよそ二百人位の若者が習いにきたという。これだけの人数を、とても長家だけで賄いきれるものではない。あふれた若者は近所の家々に分宿した。その農家も喜んで世話を引き受けていた。

一日中、田で動きまわる青年達はよく食べた。長家で

石塚権治さんのアルバムから。右から二人目が石塚さん。「大正九年九州にて写る」と書かれている。犂耕の技術を身につけるため福岡に行った折の写真

は、その日に習いに来る人数によっては一日に米を一俵（四斗）も、ときには二俵も炊いたが、炊いても炊いても足りない有様であったらしい。もっとも習いに来る青年達は米だけは持ってきた。しかし講習料などは一切とらなかった。漬物も毎年四斗《しと》桶に十ほど漬けておいたものだという。

長さんの奥さんはその青年達の世話に追いまくられ、針仕事や洗濯などの自分の家の仕事は夜なべに時間をみつけては行なうのが常だったという。

朝は三時に起き出して米をとぐ。秋も十一月すぎると早朝の水は手を切るように冷たい。とぐ米の量もなまなかのものではない。そのために爪の先がすれてしまっていたという。子供に乳をやると、あとは子守に頼み食事の準備にあけくれた。

やがて講習生が起き出す。粕屋《かすや》郡内の講習生は自転車で通って来るのだが、夜が明けるともう来ていた。文字通り朝飯前の練習である。石塚さんの言葉を借りれば、「犂をすくあい間をぬって寝た」日々がはじまる。

長家では農閑期も忙しかった。仕事場のあがり口でそのまま朝まで寝こんだということも多かったという。

前にも述べたように無床犂は、すき床がなく抱えるようにして牛馬に引かせる犂である。佐渡の石塚さんが大正九年に長家の講習を受けた時、まずはじめに練習させられたのがこの無床犂だった。床がないので深くはすけるが、抱えて耕土の深さを保っていかねばならないから、安定が悪く技術的にむずかしかった。

犂耕の練習に使う馬は近所から二十頭ほど借りてきた。これだけの人数が使う田は、とても長家の一町四反ばかりでは足りない。馬を借りた農家からも田を借り、さらに近所一帯の田を借り、それでも足りずに方々の他村の親類の田も借りてすいた。講習は田が空いた季節、ことに晩秋に行なうことが多かった。夜や雨の日は犂鞍の作り方、手綱のつけ方などの講義が行なわれ、それが終ると互いの郷里の話ですごした。

講習生は二週間から一ヶ月の講習を終え、各自の村へともどっていった。最後の夕食に長家では心づくしのすきやきを作ったものだった。権治さんもこうして一ヶ月をすごした。寝床に入っても夢の中で犂を手にした自分が苦闘していた。

■佐渡人気質■

石塚権治さんは、長家に勤めているほぼ同年輩の後藤丈作さんと知りあった。その交遊は途絶えることもなく、今でもこまやかに続いている。

私は昭和四十七年、福岡に帰郷した折に後藤丈作さん

をたずねた。福岡市の筥崎《はこざき》宮の前に、後藤農機という会社を営んでおられた。

御自宅の裏の小山に案内していただいた時、後藤さんはそこから見える限りの田を指して、

「ここで講習をやっていたんです」

と感慨深げに話して下さった。寒々とした空の下に、稲の切り株を残した田が広がっていた。かつては、この空の下で多くの馬が黙々と犂を引き、セーセー（左へ）、ドゥ（止まれ）などの馬へのかけ声と指導の声がしきりに飛び交い、講習生達は額に汗して犂を操っていたのだろう。

「このあたりの田ももうすぐつぶされてインターチェンジになります」

小山をおりながら後藤さんは話された。当時の講習生たちの熱気が、ようやく肌で感じられるようになっていた私は、ふと我にかえり現在にひきもどされた。

そのあと、後藤さんは佐渡からきた若き日の石塚さんの話をして下さった。

「佐渡の人達は、まだこの辺で稲刈りの終らぬうちに来よりましたね。むこうでは冬がはやいので、稲刈りもはやかったそうです。県外からは新潟県から来る人が多く、それもほとんど佐渡の人たちで、通算すると百人位来ましたが佐渡の人は苗代のことを聞いても、藁細工にしても実にていねいで、ここでも馬耕の勉強には資料を作ってきちょう面にやっとりました。

雨の日には新潟県の人どうしが郷里の話に花をさかせていましたが、本州側の山間のむらでは、まだ畳がそれほど普及してなく、佐渡の人達がおどろいていました。佐渡の人と本州の人とでは、また感じがちごうとりました。佐渡の人は着物、言葉、ふるまいなどどことなく垢抜けしており、男でも花を生けたりで、佐渡の人は開けとる、と言いあったもんです。馬耕の練習が終ると、その帰途、みんなで歌をうたいながら家に引きあげてきました。これには驚きました。佐渡でもそうかと聞いたら、そうだと笑ろうとりました。佐渡おけさなど、当時まだラジオがなかったので名は知りませんでしたが、みんな、なんか知らん歌やが、いい歌やね、といいあって聞いたもんです。佐渡の人は歌も踊りも達者でした」

こんなふうに話をすすめてくると、新潟県下の中でもなぜ佐渡の人々が洗練されており、馬耕に対しての反応も早かったのだろうかという疑問が生じてくる。古くから佐渡は東日本の中でも、海を通して西日本との交流も活発であり、進取の気性に富んでいたことが、その条件の一つであろう。新しい技術の受け入れ方は複雑な条件がからんでいると思われるので、佐渡の地域性だけで片づけられない問題ではあるが、実は佐渡に犂が入ったのは前述した明治二十三年がはじめてではない。明治八年、佐渡の郷土史研究家である茅原鉄蔵《ちはらてつぞう》が東京の博覧会で福岡県の犂の見本を買ってきた。しかし使い方がわからなかったという。そこにやってきたのが福岡の馬耕教師、長沼幸七であった。彼は犂耕法のみならず、甘藷栽培、接木挿木法、稲の害虫駆除などの農業技術も佐渡に伝えている。

また長沼幸七と同行した弟子の浦山六右ェ門は何年間

かそのまま佐渡に滞在し、馬耕技術、犂の作り方、鞍の作り方などを指導したという。その普及されていくありさまがどのようなものであったかを前出の『佐渡牛馬耕発達史』より記してみたい。（ ）の中は筆者の加筆。

「浦山先生が初めて本郡（佐渡郡）の馬耕を指導された明治二十四年頃の馬は前述のような『なんかん』馬（性の悪い馬）が多かったので『佐渡の馬は油断ができない命がけのものだから、田を起すより耳と足とを注視せよ』と言われた程であった、耕鞍を嫌う馬も相当多かった。

明治四十三年十月、羽茂《はもち》村で開催した第四回牛馬耕競犂会の時、競技中双方の馬がせり合い組みついたので犂者や附近の者が漸やく引き分けたことがある。そのため時間が後《おく》れ畦形が潰れたので当日優勝旗を争った流石《さすが》の渡辺八十八、土屋仙吉両氏も他に漁夫の利をとられてしまった。又其他顎を蹴られて医師の手当を受けた者さえあった。春田の追掛馬把や追打ち鋤の時、馬のせり合い、組み付き、蹴ね廻り等で、人具畜の危険は度々であったが犂者も別に意に介せず面白半分に駁する時代であった。おとなしい馬もいるにはいたが、大半有識者や資産家が飼っていた。

こんな時代だったから持立犂の使用も一しお辛酸苦労を嘗め口取りをつけたものである。即ち鼻竿という長さ五尺位の竹を馬の口の辺りに結びつけ、一人か二人で馬を牽制し、犂者はすく一方であった、明治末期から大正初期へかけては馬の操り方にも慣れ、馬への愛情も増し口取りの必要も次第になくなって大正末期には大体独り立ちできるようになった。

それに馬質も次第に改良され、大正六年から去勢も実施されたので馬もおとなしくなった。郡外の競犂会に出場する者は、馬匹の改良状態や馭声だけで耕馬を使う先進地のありさまを見、又馬を家族の一員として遇するようになり…」。

石塚権治さんの馬耕教師への道は、このような佐渡の土壌の中で育まれていったといっていい。

■石塚権治の犂指導の旅■

さて講習を終え、佐渡に帰った石塚権治さんには多くの仕事が待っていた。すぐに新穂村の農会から頼まれ、牛馬耕指導者として佐渡中を、翌年の大正十一年には新潟県から馬耕教師の委託をうけて県下をまわることになる。その当時、新潟県下の馬耕教師は石塚さんを入れて五人であったというが、学校をでたばかりの若者たちの犂への関心は強く、その普及は意外にはやかった。

石塚さんは、教え歩いた土地には地図に赤い印をつけていった。新潟県の地図をまっかにするほどの旅はこうして始まる。（一八八ページ参照）

石塚さんは馬耕の指導に行った先々で、すきにくい田をよくすかされたという。その地の農民としては当然であろう。困難な田をうまくすけてこそ、新しい技術といえるのである。また、牛馬も扱いにくいのを連れてきた。馬や牛は、はじめはいやがって逃げたり、人に向かってくる。どうしてもいうことをきかない時には、手綱とはまた別に、馬の口に直接細ひもをつけて、引っ張ること

●牛馬を使った犂耕講習風景の写真
（石塚権治さんのアルバムより）
上右　馬の背に犂用の鞍をつける
上左　犂操作の正しい姿勢の見本
中　アルバムには「自宅へ南魚沼郡ヨリノ講習生」「帝国農会主催畜力利用講習会」とある
下　昭和20年5月5日に佐渡郡加茂村で実施された「食糧増産突撃隊牛馬耕講習会」

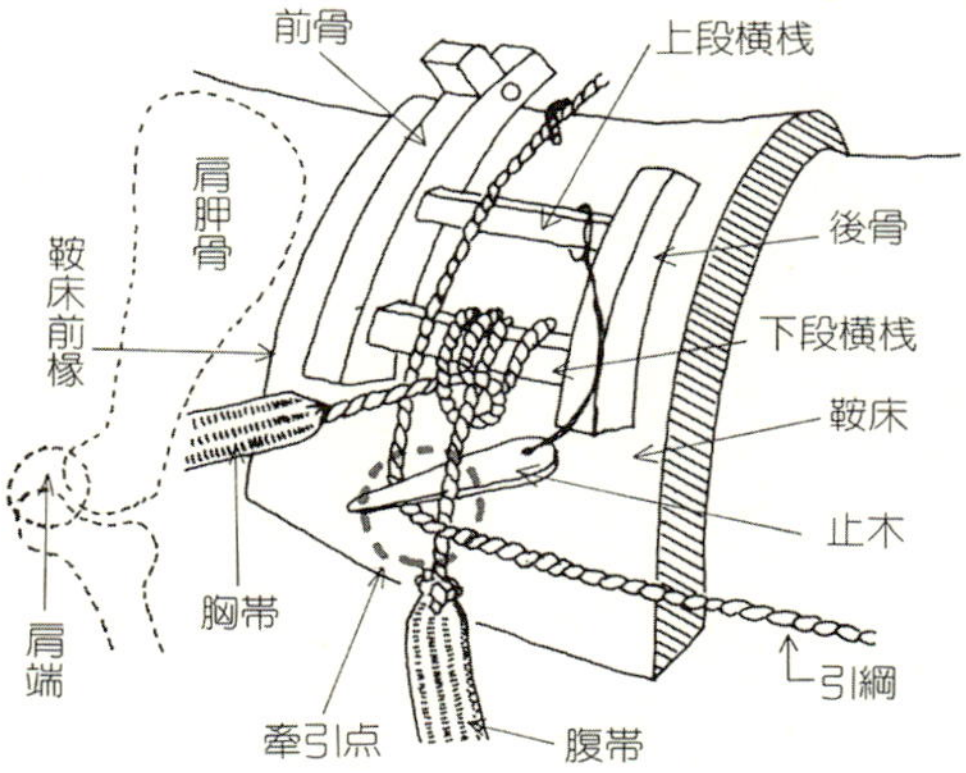

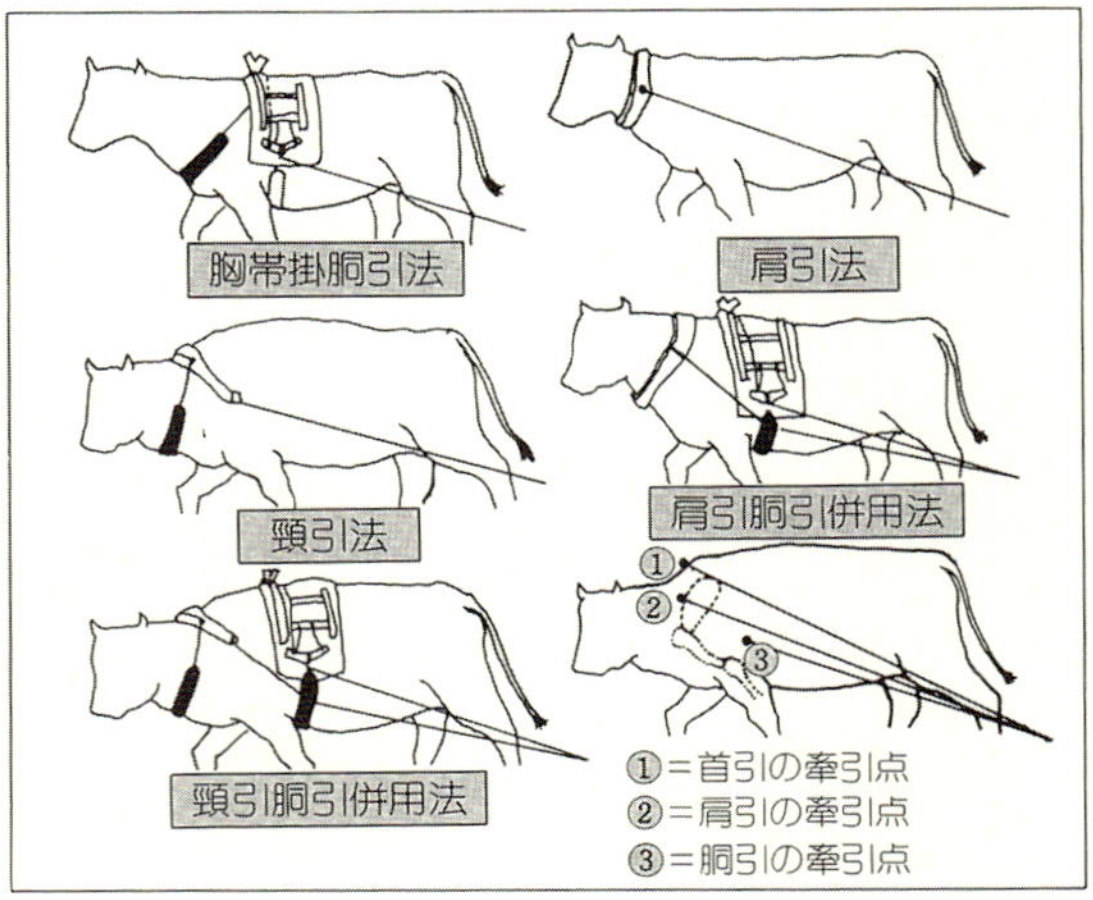

●牛による牽引方法
この図の中で全国的に最も用いられているのが胸帯掛胴引法である。肩引法や頸引法にくらべて出力は少ないが、重心が下っているので体の振れが少ない。牛を制御しやすいために犂には適していた。また胴肩併用法や頸胴併用法は両者の長所を組み合わせた牽引方法である。

にしていた。そうするとたいていの馬はおとなしくいうことをきいたという。馬にとって口は一番敏感な部分でもあり、ひっぱるといたがっていうことをきくのだという。だから石塚さんは各地へ講習に出かける時にはいつもこの細ひもをポケットにしのばせていた。

ある講習会の時のこと、石塚さんは、指導にあたっていた弟子と一緒に会場に出かけた。大勢の見物人の中、うまくすいてみせようと弟子はいきごんで田に入った。ところが、いざとなると馬は言うことを聞かない。人にのまれて、すっかりあがってしまっていた。監督者として見守っていた石塚さんは、弟子にかわって田に入った。馬耕用の服を用意していなかったので、パンツひとつになって馬と犂をあやつり、無事すきこなしたという。

犂を普及させる馬耕教師にとって、皆の前で失敗はできなかった。一回一回が真剣勝負だったという。そこで失敗すれば二度と招かれることはなかったからである。

その土地で最も上手な者よりもうまくすくことも、馬耕教師としての条件だった。

■頻繁に開かれた競犂会■

馬耕技術はますます広まっていき、各字《あざ》、町村、郡、県単位で競犂会が頻繁に開かれた。これは一定の土地をはやく、上手にすきこなす競争である。各字の競犂会から選抜されると、次に町村の連合競犂大会に出る。この中から五、六人が選抜されて郡大会に出場することになる。この郡大会は毎年十月三十日に決まっていた。競犂

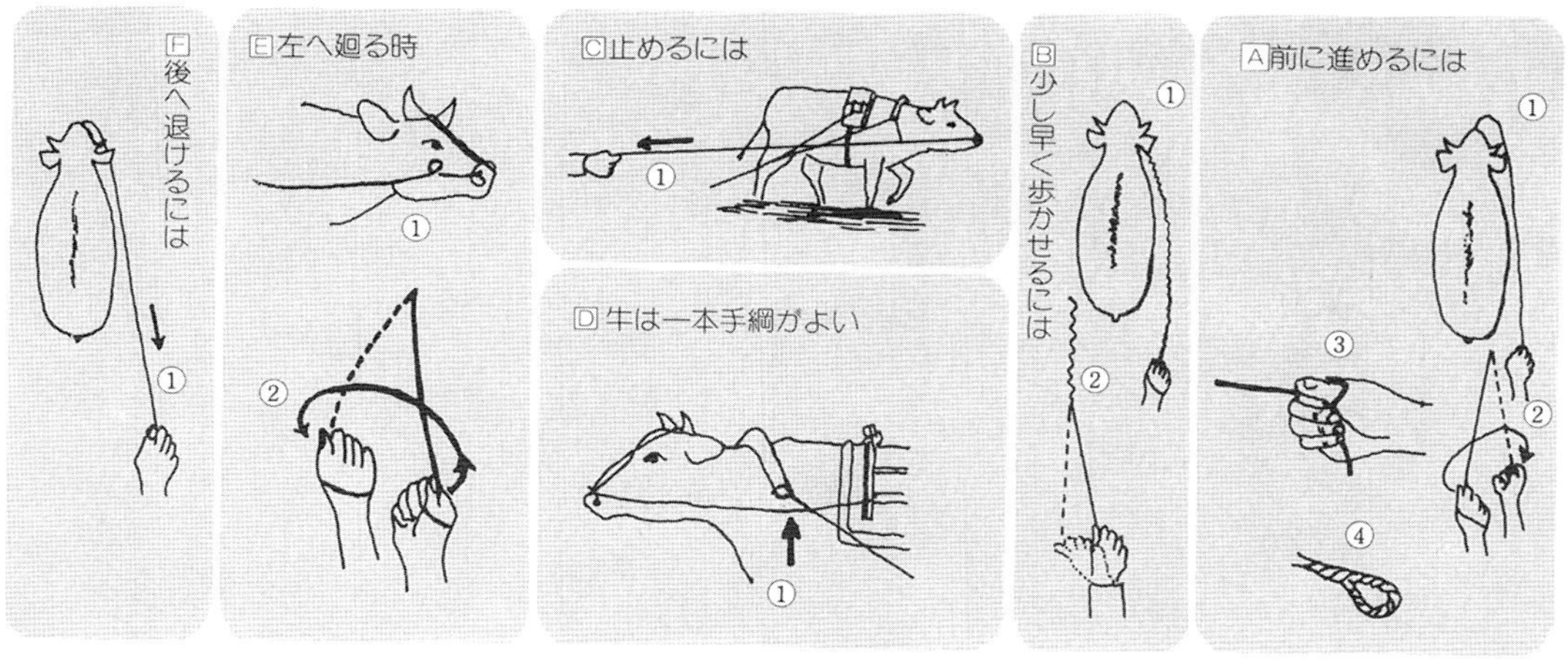

●犂耕のときの牛の扱い方

A　前に進めるには
①鼻環を前に引くように手綱を使う。
②この要領でこぶしが半回転して少し前へ出す。
③輪を親指にかけ手の甲から内側に巻いて人差し指と親指の間から出す。
④手綱の輪の作り方。

B　少し早く歩かせるには
①手綱に小波を送る。
②そうするには手首から先だけ左右にふる。

C　止めるには
①左前足が浮いているときに手綱を後へ引く。

D　牛は一本手綱がよい
①初め調教するときは、左側の手綱を鞍に結んで控えにするのがよい。

E　左に廻るときは
①鼻環に当らぬように、綱に波を送りサシと声をかけて頬を軽く打つ。右に廻るには手綱を引くだけでよい。
②この要領は、コブシをひっくり返すように前に少し出す。

F　後へ退けるには
①頭と首と体をまっすぐにして後へ強く引く。このとき初めサシ綱を入れかげんに引くのがよい。

田原虎次・中沢宗一著『日本の農業機械』による

会当日は、皆、家中からっぽにして見物に出かけたという。人々は応援の幟を押したてて会場に集まり、競犂会に出られぬ者は一人前の男とみなされぬほどの風潮をみた。今度の優勝者はどこの誰それ、その腕はどうだったなど競犂会がすんで一週間くらいはその話でもちきりであった。結婚の時などは、「あれは郡の競犂会で一等をとるような男だ」などといって決まったものだという。

試合前には連日、田を何往復もすいて練習するわけだから、何里もの距離をすいていることになる。それでも競犂会の出場一週間前というのは選手は緊張と興奮でなかなか寝つけなかったらしい。すき方の練習もさることながら、会場になる土質を考慮に入れて犂選びにもかなり気をつかった。

競犂会においては犂、鞍などの装具のつけ方、手綱さばき、すき方、牛馬の動き、そして畦の仕上り具合などが採点の対象になった。点の配分について福岡県の昭和二十五年の例をとってみると、技術（馭法・装具）は四十点、畦形は三十五点、深土耕盤は二十五点、合計百点となっており、制限時間を超えると減点されたという。そして、これらの他に人の姿勢、服装、態度なども評価の対象になった。

郡の犂耕会で優秀な成績を三回おさめると、郡の馬耕教師に推薦されたという。そして実績をつめば次に県の馬耕教師になった。ところで一般には馬耕教師といわれているが、馬だけでなく牛による犂の指導にも歩いている。そこでこの稿では牛耕、馬耕の区別なく、馬耕教師とよぶことにする。

石塚さんは馬耕教師として歩いた間に各地の犂メーカーの作った犂をもちかえってはためした。いい犂であれば競犂会に出場する教え子たちに持たせた。そして今、残った十五台ほどの犂が石塚家の納屋に保存されている。

私はその冬、これらの犂の写真を写させていただき、実測を行なった。納屋は二階建て、犂はその二階の梁にかけられていた。石塚さんは身軽に梁のところまでのぼると滑車で一台一台をおろして下さった。雪はやんでいたが、庭は一面の積雪をみていた。その中に石塚さんの馬耕の教え子による記念碑だけが黒い石肌をみせて建っていた。とにかく寒かった。この時写した写真をみるとまずその時の寒さを思い出す。

■福岡の長末吉と後藤丈作■

福岡市の後藤さんの話にもどそう。後藤丈作さんは、長末吉と同じ福岡県粕屋郡粕屋町に生まれる。そして、当時粕屋郡にはじめてできた福岡農学校に第一期生として入学する。生徒は当時郡内で五十名位だったという。そこでは、校長みずから牛馬に犂をひかせて教えていた。

長末吉はその当時、農学校の先生も兼ねており後藤さんとは親戚関係でもあった。長さんの奥さんは後藤さんのおばにあたる。田すきの腕がよいことから、うちにきて働いてみないかと声をかけられ、農学校卒業と同時、長犂製作所で働くようになった。十六歳の時のことである。

それからずっと長末吉とともに歩むことになる。後藤さんは犂の製作を担当し、それを長さんが実際にすいて改良していった。そればかりでなく、後には長さんが頭の中に描いた理想的な犂の形を、実際に形にしていくこともやってのけたという。後藤さんの馬耕教師への第一歩は、より勝れた犂を作ることから出発している。

後藤さんは長末吉の長女と結婚した。従兄同志の結婚になる。長末吉の娘である奥さんは、両親の若い頃のことについていろいろ記憶されていた。

「私の母は、よくまあ私をおぶって働いてござった。それはそれはよく働いて、私などはまねができません。うちは女七人、男三人の兄弟で、私は長女ですが、十六歳の時にこの人のとこにお嫁にきました。母にはまだ私が結婚して生んだ子供と同い歳の男の子がいました。そうです。私の弟になるのですが。

父は、ごはんの炊き方から薪のたきつけ方まで、家の者にはうるさか人でした。母が裁縫しているとおこりよりました。そういうことは、父には遊んどるように見えたんですね。それでも縫わんと子供に着せるもんはないで、よく父にかくれて縫物をしとりました」

長末吉は明治十二年福岡県粕屋郡粕屋町に生まれた。この近辺は、もと草競馬が盛んに行なわれ、筥崎宮の下手の方に馬場があった。そこに村の馬好きな者が集まり競いあったという。勝った人が村の人から優勝旗をもらうというていどのものだったが、長末吉も小さい頃から馬が好きだった。趣味といえば乗馬と獣医学だといわれるほど馬のことをよく知っていた。二十八歳頃のことで

上　犂耕競技会
下右　犂耕競技会
下左　佐渡郡新穂村で行われた婦人による犂耕競技会の優勝者の青木トヨさん
（いずれも石塚権治さんのアルバムより）

あろうか、走っている馬に犂をかついで立乗りする離れ技をみせ、人々を仰天させたという。そこにあるのは、どうも黙々と土に向うばかりの農民のイメージではない。

　十六の年にはじめて改良犂の製作を行ない、三十一の年に深耕犂を完成、明治四十三年にこれで特許をとっている。長家では、自宅に寄宿させて講習を行なう一方、県外へ馬耕教師を派遣し講習会を開いた。これは長式の黎を売るというよりも、馬耕技術の講習に重点を置くのだが、出かける土地にはあまり犂が普及しておらず長式の犂をもっていくので、結局は出張販売にもなった。

　長家から新潟へはじめて派遣されたのは、先に書いた勝永増男さん、そして実淵《さねぶち》さんという二人の人だった。そんな派遣員を一番多く出したのは今から五十年前、昭和十年頃であったらしい。

　長製作所の専属の馬耕技術員は二人で、あとは農閑期に、年間三十人ばかりを推薦して各地に派遣した。その人たちは犂のうまい農民ばかりではあったが、出かける前には長家で特訓を受けて出かけた。

　各県の要請があって出向く時には、往復の二等運賃、その間の給料と宿賃をもらったが、当時としてはかなりいい額だったという。村内一ヶ所を四、五日かけていくと、新潟県下をまわる時などは、通して二ヶ月位かかったという。現場では一回につき十人から二十人位を実際に手をとって教えるが、見学者も多かった。

明治前期に福岡県で使われていた犂のいろいろ——

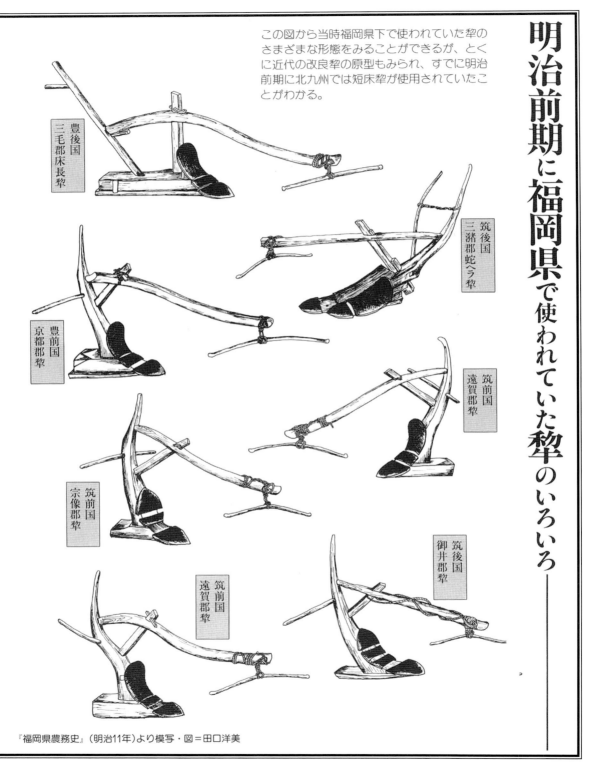

この図から当時福岡県下で使われていた犂のさまざまな形態をみることができるが、とくに近代の改良犂の原型もみられ、すでに明治前期に北九州では短床犂が使用されていたことがわかる。

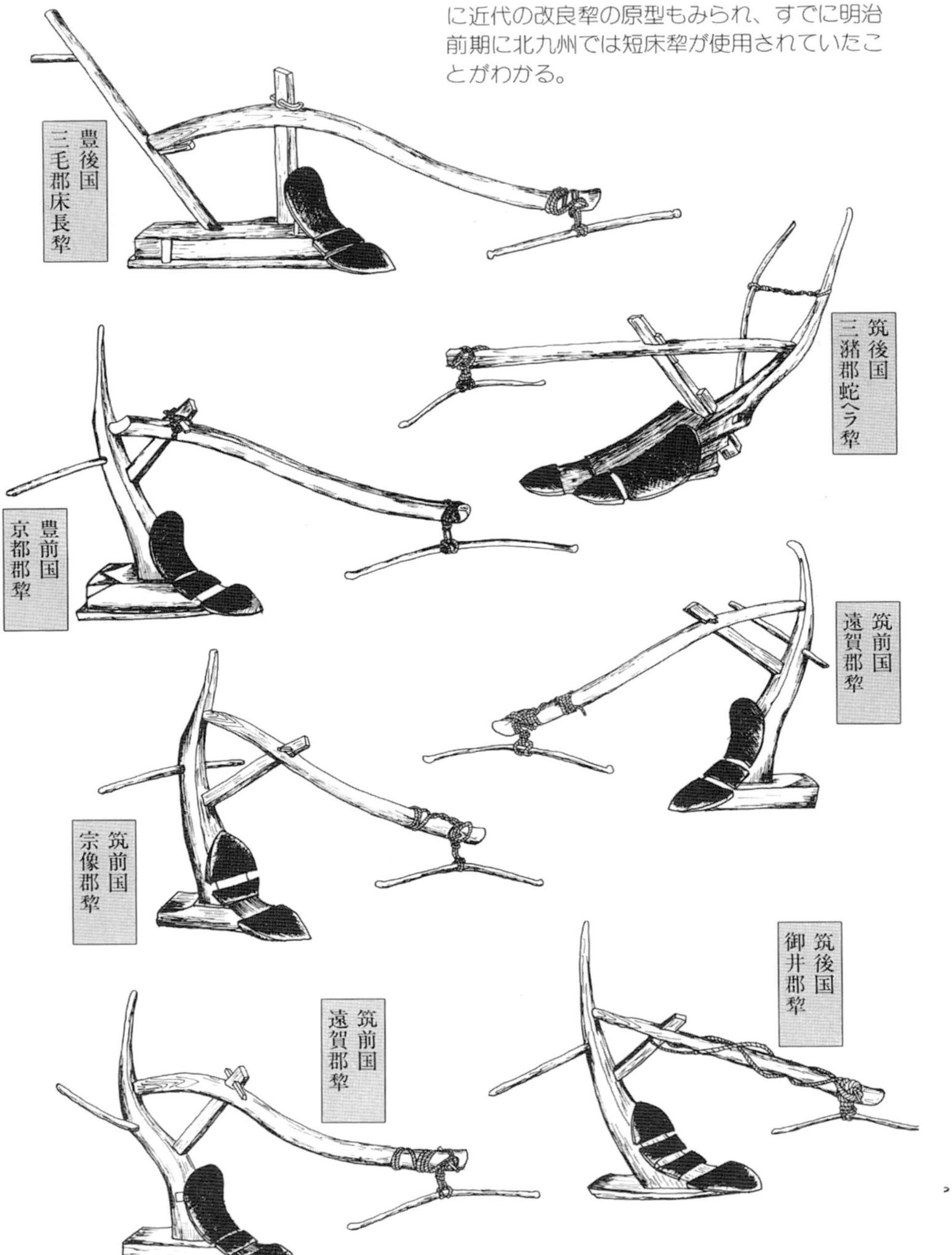

『福岡県農務史』（明治11年）より模写・図＝田口洋美

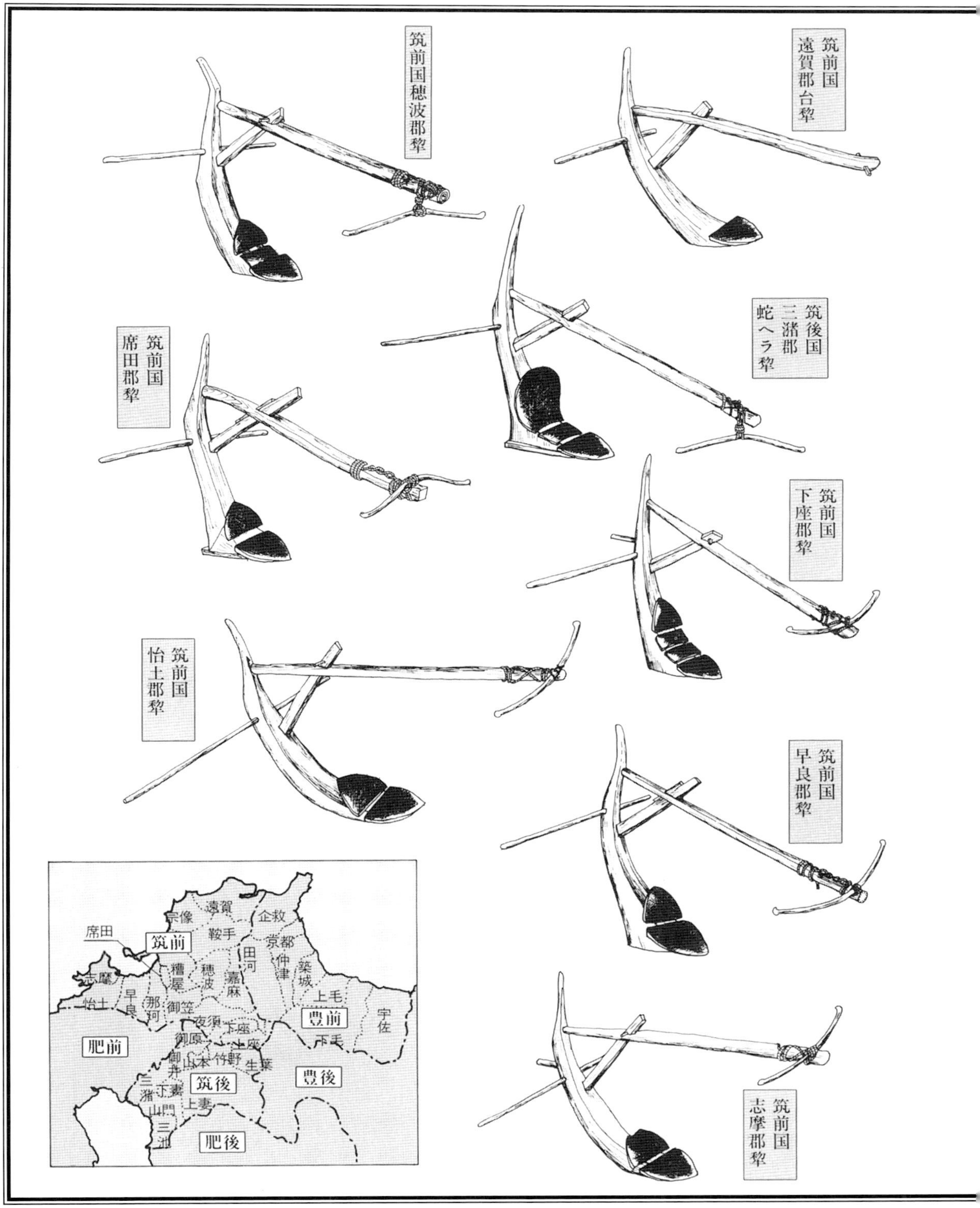

筑前国穂波郡犂
筑前国遠賀郡台犂
筑後国三潴郡蛇ヘラ犂
筑前国席田郡犂
筑前国下座郡犂
筑前国怡土郡犂
筑前国早良郡犂
筑前国志摩郡犂
遠賀
宗像
企救
席田
筑前
鞍手
京都
田河
糟屋
穂波
仲津
築城
志摩
早良
嘉麻
上毛
怡土
那珂
御笠
豊前
宇佐
夜須
下座
肥前
御原
上座
下毛
御井
山本
竹野
生葉
豊後
三潴
下妻
筑後
山門
上妻
三池
肥後

後藤丈作さんも各地の土地土地に適した犂を作るために派遣され、滋賀、岐阜、静岡、宮崎、熊本の各県、さらに満州、朝鮮まで出かけたという。

後藤丈作さんが四十七、八歳の時、静岡県に招かれて教えに行った折のことである。ある村で、犂を教える者が来たというので、ひとつ自分等のすけぬところをやらせてみようと、実にすきにくいところをあてがった。たしかにやりにくかったが、なんとかすいたという。

その夜、村の人がこういうことを話してくれた。「あの土地は、とにかくすけない土地で、そのために日本で最初に耕耘機が入ったところです。それも農商務省が援助してくれ、村の者は一銭も出さずに入手しました。しかし、やってはみたがどうしても失敗する。今日すいていたのを見て、犂だったらなんとかやれるのではないかと思う。耕耘機は不要だから、よかったらもって帰ってくれないか」と。

そんなものをもって帰ってもしょうがないが、とにかく、後藤さんは見るだけは見せてもらった。それは今、後藤さんがとり扱っている耕耘機に比べれば、きわめて素朴なものであったが、それを見たとき、これは決して耕耘機が悪いのではない、耕耘機にあわせた耕作方法が工夫されれば今後はのびていく、そう思ったという。

とはいえ犂をすすめる商売上、その場では黙っていた。しかし、そのうちに犂が旧式となる時代が来るにちがいないと感じたという。そのことが戦後いち早く農機具の販売に移ったひとつのきっかけともなった。

熊本の馬耕教師たち

■肥後㋙《まるこ》犂と大津末次郎■

福岡県から多くの馬耕教師が各地へ派遣され、犂を普及していった頃、熊本県下でも同じ動きが見られた。福岡の長末吉の目を見はらせた短床犂を作ったのは、現在の山鹿《やまが》市にいた大津末次郎であった。その犂を肥後㋙《まるこ》犂と呼んでいた。

後藤丈作さんにお会いした年の翌年、私は大津末次郎の足跡をたずねて山鹿を訪れた。

大津末次郎は元来金物商であり、鍋釜の類から筆先まで扱っていた。金物商のかたわら犂を作り、明治三十五年には特許をうけた。その犂は肥後㋙犂といって、在来の犂に比べて次のような点が改良されていた。リシンとネリギのなす角度、これはすきおこす土の深さにかかわるが、これを調節するタタリが木から鉄のボートにかわりねじ式になったこと、次にワッシャーをつけてネリギを左右に動かせるようにしたこと、さらに犂床に鉄板をはったこと、犂へラをカーブのついた一枚の鋳鉄板にしたことなどである。（一八六ページ参照）

さらに明治四十五年頃に東京の品評会で二等をとってからは、ますます注文が増え九州地方はもちろん、信州地方からも何百台もの注文が殺到するようになった。これらは五台を一包にして莚にくるんで送った。

佐賀平野で使われていた犂の変遷

佐賀平野では在来の延犂、塊返犂、水田犂のほかに、明治以後四種類ほどの犂が入っている。江戸時代以来犂耕のさかんな地帯の一つであり、役馬における一貫した作業がなされた。

①延《ハエ》犂

江戸中期から明治末期まで佐賀平野で使われた水田用の長床犂。

②塊返《クレガエシ》犂

ハエ犂とセットで用いられ、麦作を行なう場合、このクレガエシ犂で耕土を大きく反転させる。明治末頃まで使用された。

③水田《ミズタ》犂

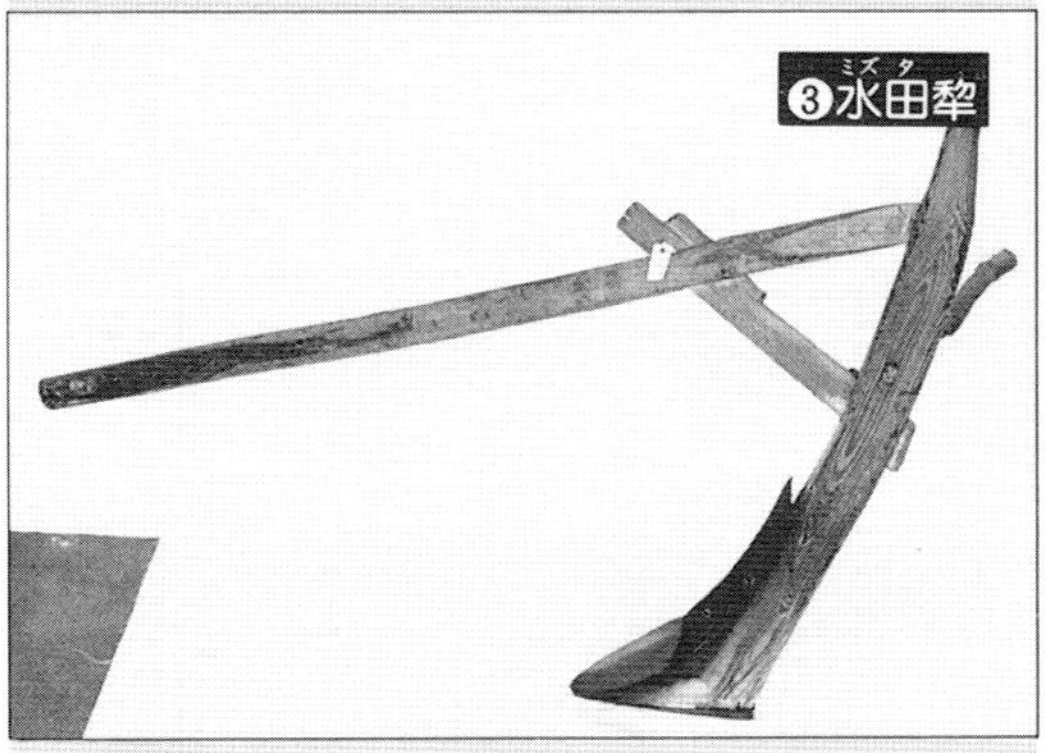

佐賀独特の水田用犂で主として水もれを防ぐための床締め作業に用いる。

④抱持立犂

福岡県筑後地方でよく使われている犂で、佐賀には大正中ごろ入ってきた。在来の長床犂とちがって犂床がないので、技術を要し、そのため馬耕教師が指導にきた。

⑤琵琶犂

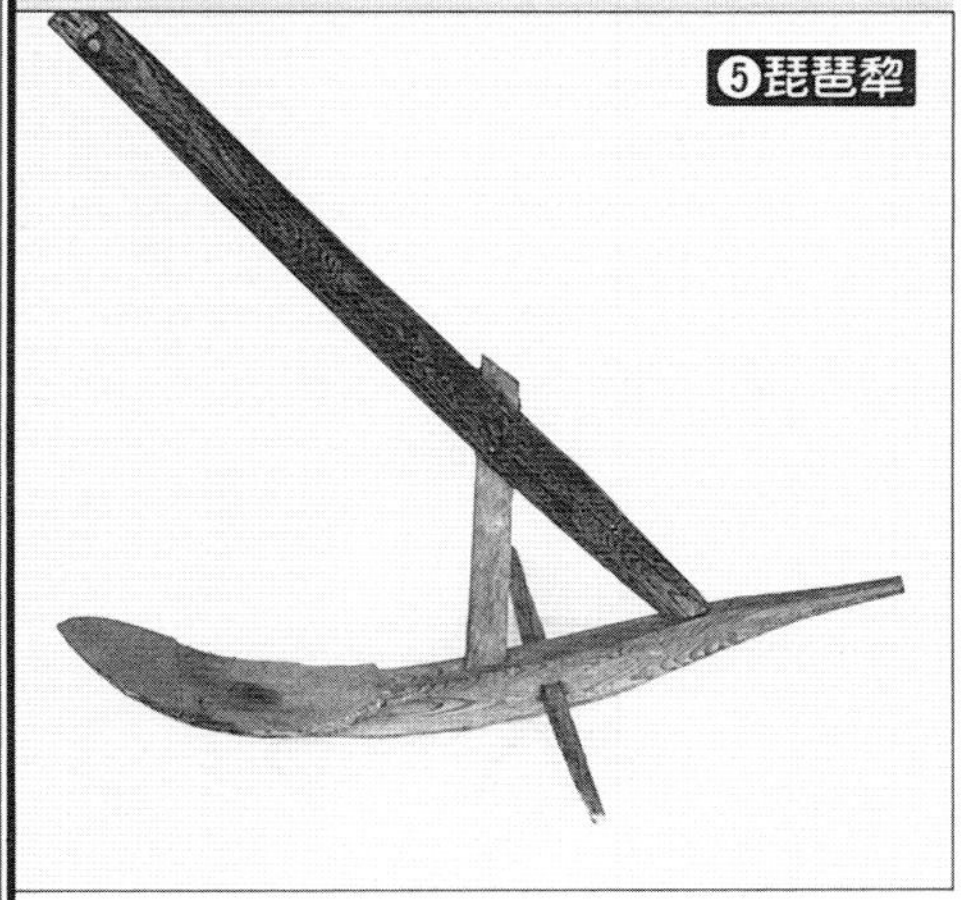

⑥モグラ犂

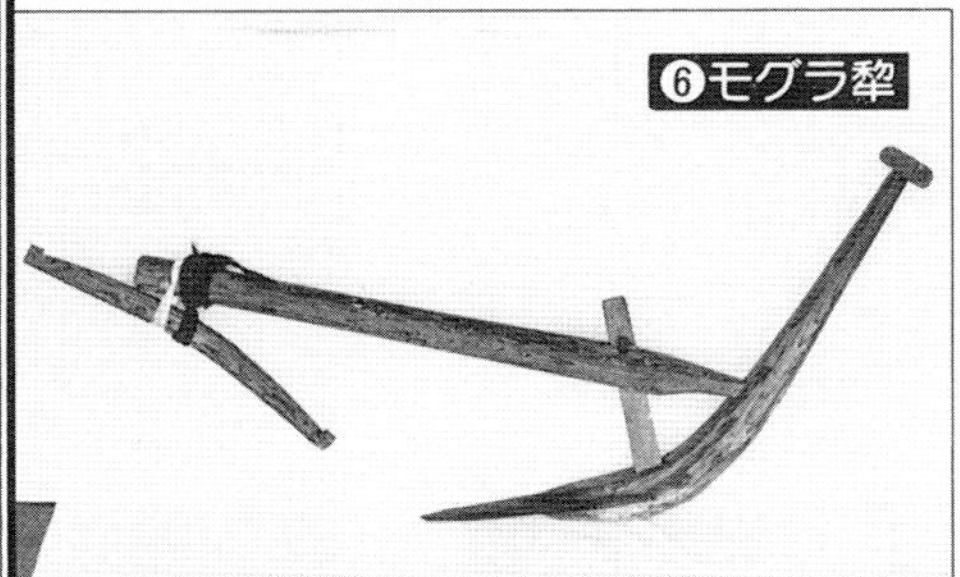

上場の畑作に用いられた。牛にひかせるが、反転はせず土中深くすいていくところからこの名前がつけられた。

⑦改良犂

大正期に入って全国的にみられる改良犂が佐賀平野にも普及し、さらに昭和に入って双用犂、二段耕犂が導入された。

①～⑥——佐賀県立農事試験場所蔵・撮影——香月洋一郎

このように一時名をはせた大津家も、大正中期の特許期限切れの折、他のメーカーの勢いにおされ、末次郎の死とともに忘れられていった。

■日《ひ》の本《もと》社の馬耕教師■

けれども熊本県において、競いあうようにして犂の改良普及にとりくんでいた人々がいた。この旅で私はその人々の動きを知ることができた。

熊本市の上熊本駅前に東洋社という農機具を扱う会社がある。その前身は日の本社といい、犂を作っていた。山鹿市の大津末次郎の作った犂が勢いをもっていた頃、ここはまだ小さな犂製作所であったが、大津末次郎の肥後㋙犂の勢いにかわるようにして大正時代の末頃から伸びて、多い時には二、三百人もの馬耕教師をやとい、各地へ派遣するようになっていった。

日の本社に犂の普及販売の名手が三人いて、三羽烏といわれていた。もちろんこの他にも三十名から四十名くらい農家の人を頼み、犂を送った土地に派遣した。派遣された農家の人々は、牛馬耕技術者としてはむらの中の第一人者といってよく、競犂会で優勝した経験をもつ人達が多かったという。

私はこの旅で三羽烏といわれた人に次々と会うことができた。最初にお会いした人は山鹿市に住んでおられる古田不二男さんで、お宅は国道沿いに農機具会社を営んでおられた。

古田さんが日の本社に入ったのは昭和五年、二十歳の

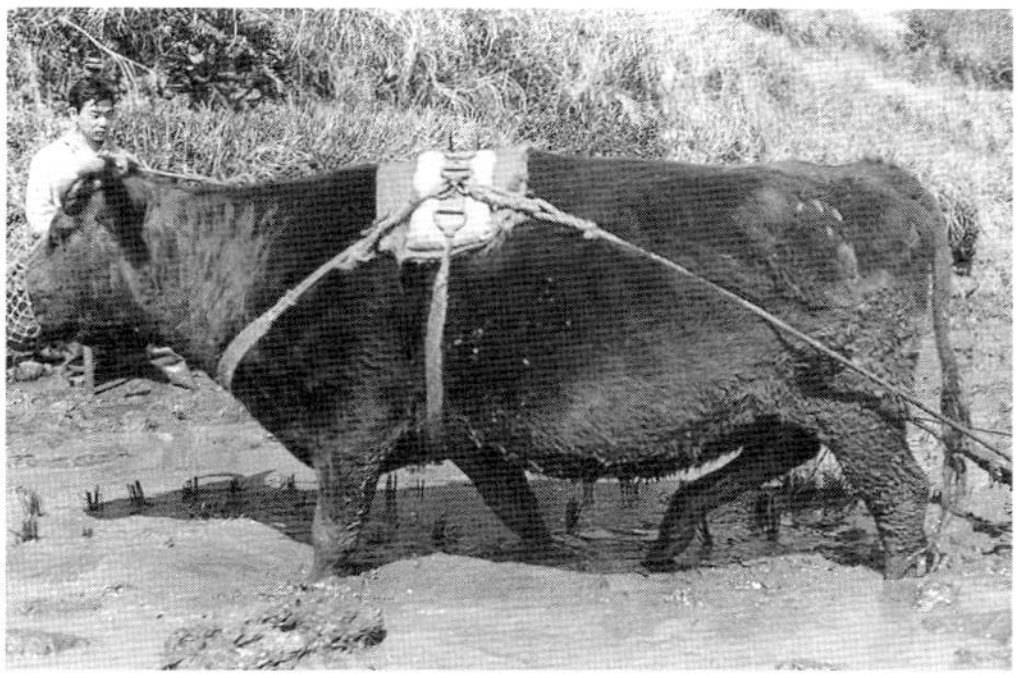

●犂耕の風景

五島列島宇久島で使っている犂は短床型の反転板の向きが左右に変えられる双用犂である。まっすぐ進むときは左手で「にぎり」を持ち、右手に「かじとり」をもって方向を一定にさせる。また回転するときは、右手に持った手綱を引いて牛を誘導する。牽引法は胸帯掛胴引法である。
右頁の写真を見ると、三日月形の棚田を、まず上端を耕起し、次いで下端にすすみ、次いではじめに起こした上端の内側を、といったかたちで次第に中にすすんでいるのがわかる
(昭和四九年春)

時のことである。それから専任技術員として五年間、昭和十年まで勤めたという。

「私は年に数えるほどしか家におりませんでしたから、最初の妻とは顔を会わせることも少なかったですもんね。二人の間には子供はできずじまいで妻は亡くなりましたがね。

日の本社では毎年、正月あけの十日頃から約一週間、全国から人を集めて講習会を開いていました。篤農家や農業会の人、そして犂耕技師など百人から二百人の人が集まりました。こうした時は専任の技術員だけでなく臨時派遣員もふくめて指導にあたったんです。その講習会が終って一週間後、参加した人達の地域も合わせて、専任技術員達は犂と犂耕の普及に各地に出かけていったんです」

古田さんの話はそんな言葉で始まった。

まず上熊本駅から当時二十五円の日本周遊券を買い、福岡県の門司（北九州市）から山陰線をまわり、舞鶴（京都府）から福井、新潟へと日本海側を北上していった。そして青森までいくと、こんどは南下していくのだが常磐沿線をまわり、山陽沿線をまわって熊本に帰るコースが主要行程であった。この間約二ヶ月、帰郷は三月頃になったという。それから十日から二十日間は、出張を休み、再び出かけたものだという。

まわってみて犂を買ってくれそうなところに何回も顔を出した。顔を出せば出すほど売れたものであった。

目的地につくと、まず日本通運（犂の運送屋）に行った。そしてこの土地の、大きくて経営の確かな農器具商を教えてもらうことにしていた。土地土地の運送屋が犂の出入りの数を一番知っていて、情報をつかむには最良のところであった。教えられた農器具商を経営の大きい順にまわっていった。当時の日の本社はまさに日の出の勢いであったので、名刺一枚見せればすぐ迎え入れられたという。

一度まわってみて、ここはかたい商売をしていると思う農器具商を再びまわった。取引が成立すれば、その契約の頭金で宿泊代を払った。当時、犂一台が七円、旅館代はいいところでも二円五十銭で泊まれた。会社から出るのは出張旅費としては周遊切符代の二十五円だけであった。あとは契約成立次第で収入が決まってくる。

ふつう取引が成立して、一軒の農器具商から受ける注文台数は十台から二十台であった。注文台数を本社に知らせると同時に、今後も有望だと思われる土地には、何月頃馬耕教師を派遣してほしい旨のことも、手紙に書いて送った。それを受けた日の本社では、要請にあわせて農家の馬耕教師を頼んで現地に派遣した。

このようにして二ヶ月間は販売の拡張をしながら注文をとり、本社に書簡を送る仕事にあけくれたのだった。「日の本」にいた五年間で、ことによくまわった地域は九州の全県と、長野県、山梨県、新潟県で、そこではむらというむらは全部まわったという。

■日の本社の犂販売の工夫■

当時、昭和五年頃から十年頃は「日の本」の全勢時代

五島列島宇久島。無床犂による畑の耕起。
五島は黒牛の産地でもあった

であったと書いたが、必ずしも行った先々で肥後犂が売れるわけではなかった。たとえば関東北部や千葉県、それに新潟県十日町周辺・高田市・柏崎市・西蒲原郡一帯の重粘土地帯では売れなかったという。たとえば新潟県柏崎市周辺では、雨が降らなければ犂が使えなかった。重粘土質のために、すいていくと犂先の反転板に土がべっとりとすいついて、離れないのである。それが雨が降って土に水分が加わると離れやすくなったという。また重粘土質の土を犂ですくと、犂床ですられて耕地の底にかたい耕盤ができる。水田においては水もれをなくす意味で大事なことなのだが、根菜類のように耕土の深さをかなり必要とする耕地では、まったく犂が使えなかった。

巡廻の先々で昔から使ってきた犂が一番適していると ころでは必ずそれを買って本社に送った。本社ではその犂を分解してよく調べ、さらに改良を加えた見本を送り返してきた。犂のよしあしは土に対する抵抗が少ないこと、そしてすきおこした深さが一定であることが、重要な条件になった。そこで製作した犂を実際に使ってみて、犂体の振動数を計り、土に対する抵抗値を調べた。またすきおこした耕地の土をきれいに除き、その深さが一定であるかどうか調べた。十五センチほどの深さで一定していれば合格であったという。このような合格品をつくるポイントは、犂先の反転板のカーブにあった。たとえば重粘土地帯では比較的なだらかなカーブの反転板の方が土の離脱性をよくするのだった。

特有な型をした犂の注文でも千台単位の需要があれば、会社では製造をすることができたが、それ以下の台数だと採算があわなかった。その土地に適合した犂先を製造するために研究を進め、さらに製造機械設備を新しくする必要があって、数百台の注文では設備投資ができなかったのである。

こうした工夫の積み重ねがあってはじめて、日の本社は全国的な販売網をひろげていくことができたのである。

■古田不二男の足跡■

昭和十年、古田さんは出稼ぎ先で懇意になり、古田さんの技量を認めてくれた長野県の上田犂の会社から誘いがあって、日の本社をやめた。その当時、小学校の校長先生の月給は七十円、日の本社で四十五円だった。そこに今までの給料の約二倍の給料で「上田犂」が古田さんを雇うというのである。

古田さんが、日の本社時代に開拓し普及した土地は、その後、「上田犂」の得意先に変わることとなった。

同じ頃、三羽烏といわれた他の二人西田さん、山坂さんの二人もやめて、それぞれに独立して犂会社を作ったという。

昭和十年ころというのは県をあげて米の増収をはかり、そのために犂による深耕を奨励したので、犂の需要は高かった。この時代が犂耕の普及の戦前の大きなピークに入る時代であったという。それだけに犂が県指定のものか否かといった商標の格が重みを増し、また馬耕教

畦立耕法の図解

作図――香月節子
（森周六著『犂と犂耕法』をもとにして作成）

畦立《うねたて》耕法は主として水田裏作に行われる耕法である。この耕法はⅠすきわけ，Ⅱすきよせ，Ⅲ溝仕上げの三工程よりなり、図は犂耕の三工程の断面図と犂耕あとを示す平面図である。耕地は矩形のものを前程とし、畦幅は稲株の六株間を示している。また犂の反転板は、土を左にかえす向きについている。

Ⅰすきわけ――株間の中心部から土を外側にかえしていく。四往復すいて左右に土をすきわける。

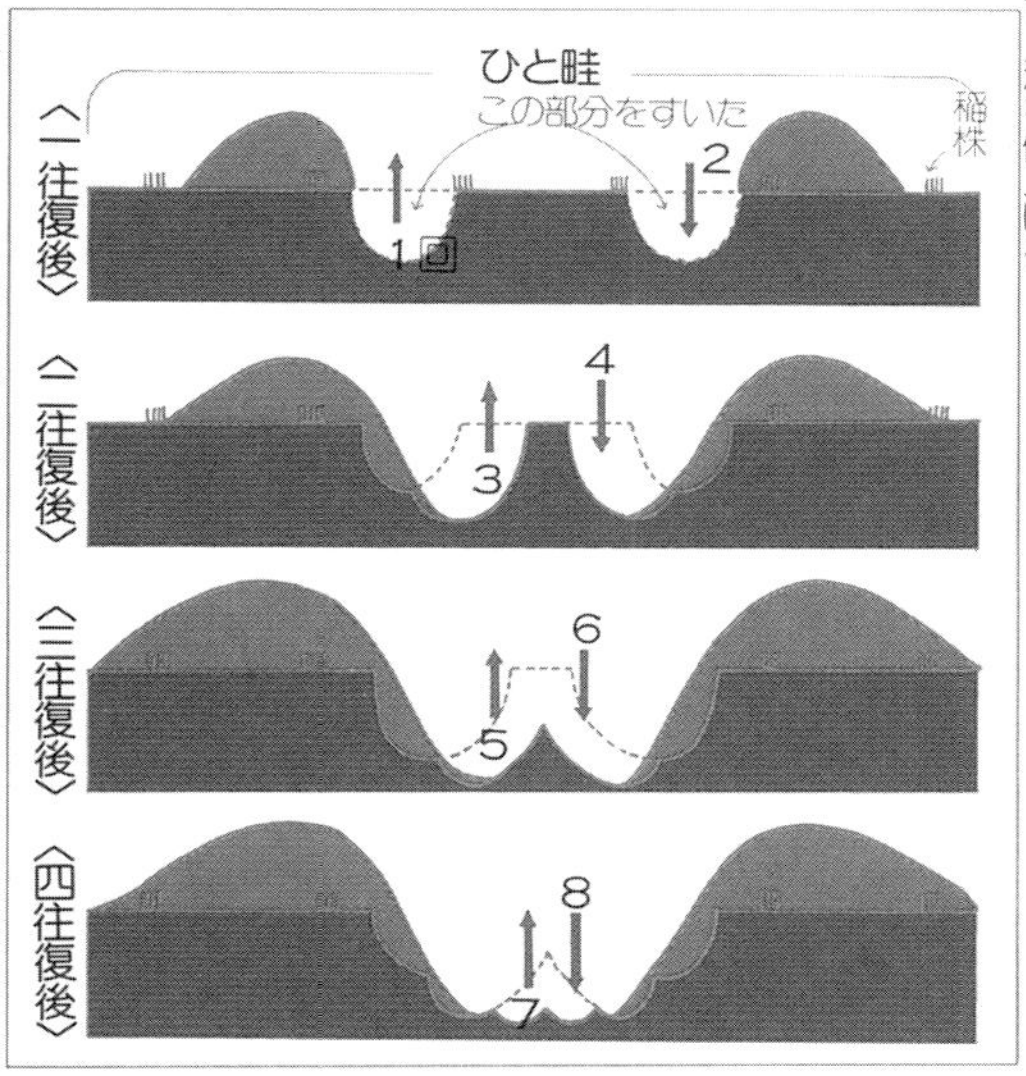

Ⅱすきよせ――次に五往復して内側に土をよせ、中央部に畦をつくる。

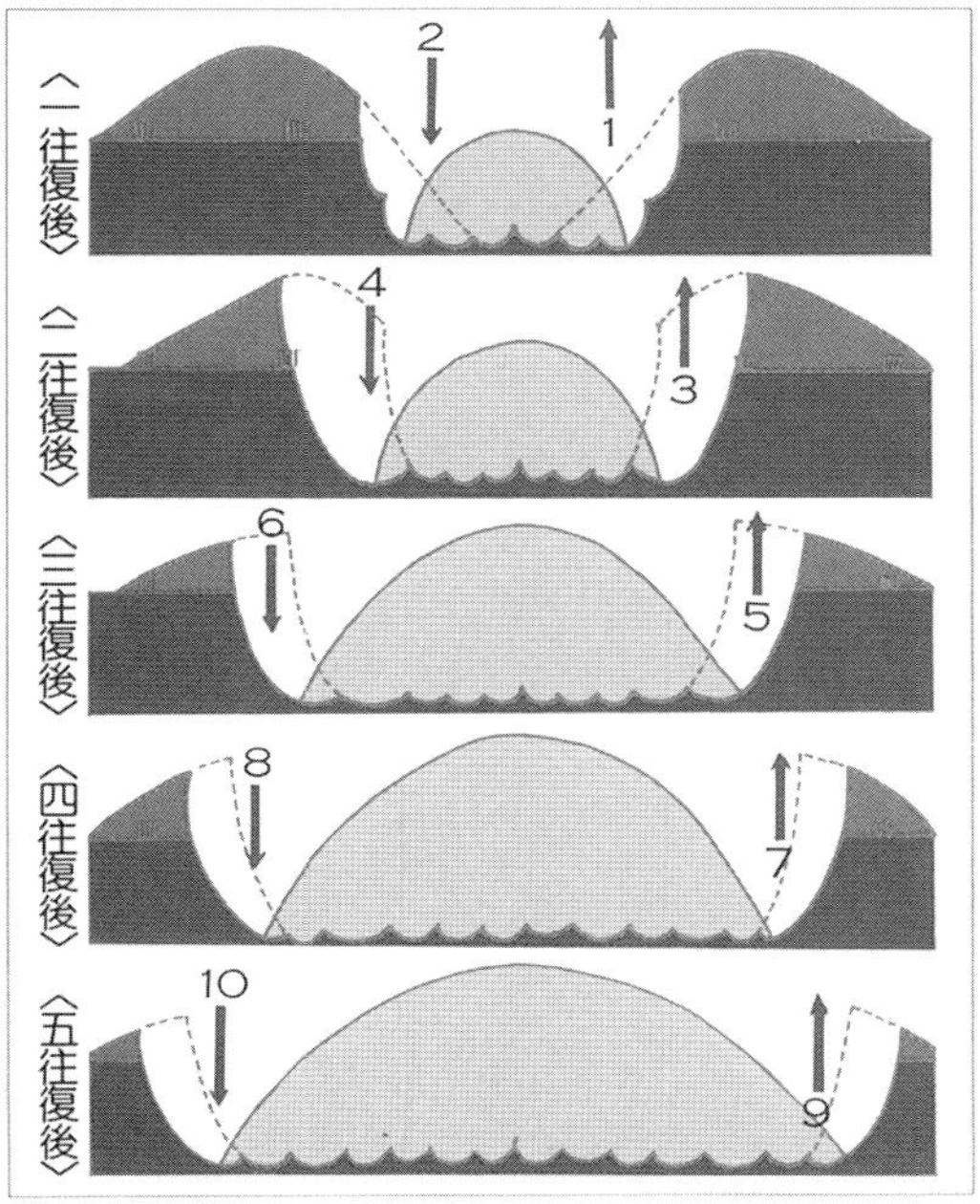

Ⅲ溝仕上げ――畦と畦の間に残った未耕起の部分をすき、左右の畦にその土をよせ、溝を仕上げる。

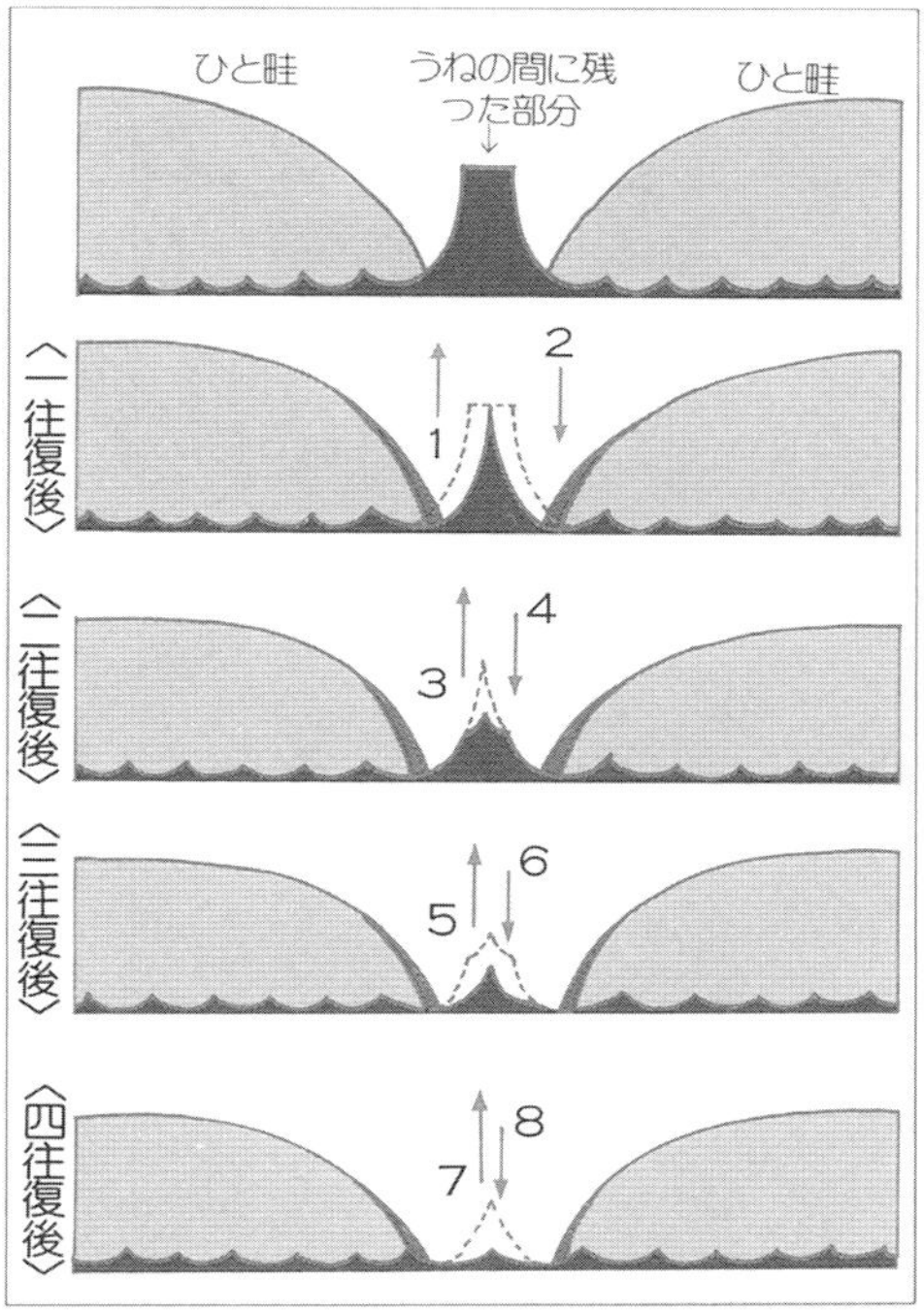

Ⅰ～Ⅲの犂耕のあと

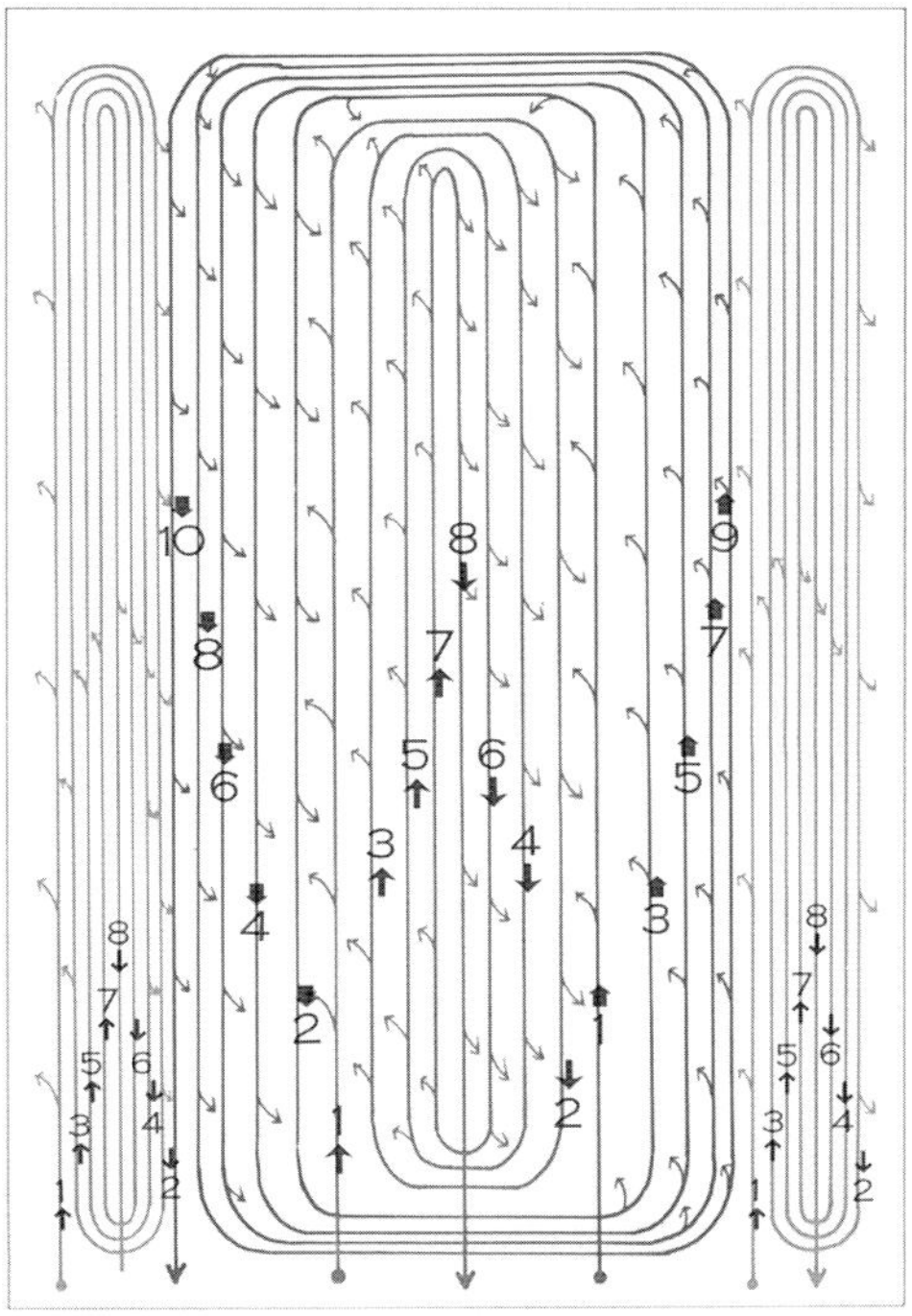

●古田不二男さん（熊本県山鹿市の馬耕教師）が、昭和4～14年に犂を普及して歩いたところ

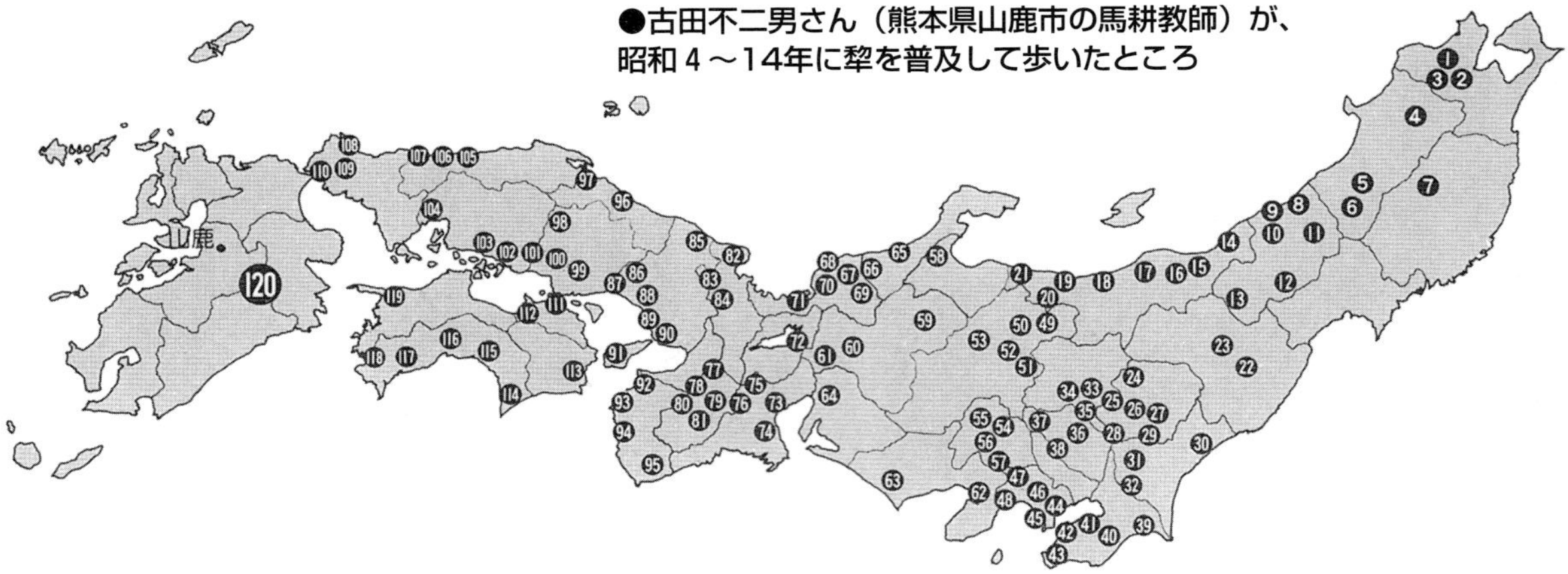

古田さんは、まず熊本の「日の本社」の専任技術員の肩書をもって全国をまわり、一年の大半を犂と犂耕の普及に費やした。古田さんの歩いた足跡は覚えているかぎりの地名を印しているが、このほかに九州は全県、そして神奈川県は中郡、足柄上郡、足柄下郡一帯にも足を運んでいる。

●以下地図と対応の地名

１五所川原　２黒石　３弘前　４大館　５大曲　６横手　７盛岡　８酒田　９余目　10鶴岡　11新庄　12天童　13米沢　14村上　15新発田　16新津　17三条　18柏崎　19直江津　20高田　21黒沢　22郡山　23会津若松　24日光　25栃木　26佐野　27宇都宮　28小山　29真岡　30日立　31土浦　32竜ヶ崎　33桐生　34前橋　35太田　36熊谷　37秩父　38川越　39銚子　40茂原　41木更津　42君津　43館山　44横浜　45鎌倉　46伊勢原　47秦野　48小田原　49中野　50長野　51小諸　52上田　53松本　54甲府　55韮崎　56鰍沢　57富士吉田　58高岡　59高山　60美濃　61大垣　62沼津　63掛川　64刈谷　65松任　66加賀　67勝山　68福井　69大野　70武生　71敦賀　72彦根　73津　74松阪　75上野　76名張　77生駒　78高田　79御所　80五条　81吉野山　82宮津　83福知山　84綾部　85豊岡　86鹿野　87赤穂　88姫路　89高砂　90明石　91淡路島　92和歌山　93有田　94田辺　95新宮　96倉吉　97米子　98新見　99岡山　100倉敷　101笠岡　102尾道　103三原　104大竹　105江津　106浜田　107益田　108長門　109美祢　110小野田　111高松　112善通寺　113阿南　114室戸　115高知　116土佐　117中村　118宿毛　119八幡浜　120九州全域

師の活動の場が大きくひろがっていった時代でもあった。

古田さんは第二次大戦がはじまるまで「上田犂」に勤めていたが兵役にとられ、いったん「上田犂」をやめることになった。戦後は長野県の伊那地方に移って犂会社を設立した。

そこで十四、五人の人を使って犂を製造して売った。それが伊那犂である。そしてこのころ二度目の奥さんをもらった。長野県の人であった。伊那犂は関東一円と岐阜方面の一毛作の水田地帯に向けて売り歩いた。注文品の納期がせまると、奥さんも犂の仕上げを手伝った。百台ほど並べた犂に次々とニスを塗り、ボルトをしめ、仕上った時には空が白みかけている、そういうことがしばしばであった。

昭和二十九年まで古田さんは伊那にいた。

お話を聞いた晩、私はそのまま古田家に泊めていただいた。また古田さんは、山鹿市内をまわって古い犂や鍬などを一緒に集めて下さった。その中には古田さんがこの山鹿に帰ってきて作った古田式の犂もあった。今それらの犂は武蔵野美術大学の民俗資料室に収蔵されている。私はそれをながめるたびに、この折の旅のことを思い出す。そう言えばちょうどあのときはメロンの収穫時であった。木陰で暑さをしのぎ一休みしている私に、とれたてのメロンを下さった人がいた。話を伺うと、この人も馬耕教師だった。しかも、福岡の長さんのところに習いにいき腕をみがいたという。思い返すとこのときの旅は、糸をたぐるように次々と馬耕教師の方々に会うことができた。

■馬つかいが九州から来る■

古田さんのお宅に泊った次の日、上熊本駅前にある「日の本社」に行って、後輩でもある工場長に紹介して下さった。「日の本社」は「東洋社」と名前をかえ、大

「日の本社」による犂耕講習会の時の記念写真。場所は埼玉県熊谷試験場。日の本社の専任技術員の後には磨かれた犂、そして埼玉県下における日の本社の特約店のある町の名前がみえる。前列左端が古田不二男さん。

きな会社になっていた。古田さんが「伊那犂」を製作、販売していた昭和二十二、三年頃には百人もの専属技術員をやとっていた。また全購連（今の全国農業協同組合）と契約したことも伸びた理由の一つにあげられるという。

「東洋社」の工場長は中川茂幸さんといい、もとは「日の本社」の専任技術員として、古田さんと同様に日本各地をまわって馬耕技術の指導をして歩いた。

さきにも述べたように日の本社は全国から農家の青年達を集めて犂耕の講習会を開き、その参加者のつてを追うようにして各地へ出かけて指導した。

中川さんは戦後間もない頃に「日の本社」の季節的技術員―農閑期に依頼されて指導に歩く者―として各地を歩いたが、のちに専属の技術員として馬耕技術の普及につとめていた。中川さんから馬耕が各地へひろがっていく過程での、さまざまなエピソードを聞かせてもらえた。新しい農法である犂耕を受け入れる側が、どのような状況であったかがわかって興味深いので、その二、三を紹介してみたい。

中川さんたちが岩手県南部地方のあるむらに行ったときのことである。指定された場所に行ってみると、その周辺の人々が二千人ほども集っており、うどん屋まで出るさわぎになっていたという。現地にはビラがはられており、それには「馬つかいが九州から来る」と書かれていた。もちろん「馬つかい」とは中川さんたち馬耕教師一行のことである。このビラを見て、曲馬団が来ると思って集った人々も多かったのではなかろうか。

馬のならし（石塚権治さんのアルバムより）

　岩手県南部地方は南部駒や南部牛の産地としてよく知られているところであるが、馬や牛を所有する者は広大な山林原野を所有する大地主に片寄っていた。そして一般の農家は所有者から牛馬を預かり、仔が生れたら利益を折半するという牛馬小作の制度が行きわたっていた。そして馬を預かっている農家では、厩肥は自家のものになったので、厩肥を得て農業生産を高めることと、そして仔馬をとることが、馬を飼う大きな目的であった。牛は荷物の運搬用に使役したが、馬を使役することはほとんどなかった。この地方では冒頭に述べた人力による鋤で、田畑を耕すことが長い間行われてきた地帯であった。

　地元の人々の心得は、馬に犂をひかせるなどということはとんでもないことであって、そんなひどいことをすれば、ばちが当ると考えていたとしても不思議ではないという。中川さん達が南部地方をおとずれたのは戦後のことで、あと十年もしないうちに耕耘機の時代になるという頃の話である。

　また種子島に行ったときのことである。土地の人が馬耕の講習に使う馬を引いてきたが、その馬はすぐつぶしにかかるというよぼよぼの馬であった。しかしそんな馬でもいざ鞍をつけようとすると、死力をふりしぼって咬みつき、蹴りあげたあげく、たんぼの中に寝てしまった。そこで中川さんはとうとう馬を横倒しにして、投げとばしたという。

　種子島を含めた西南諸島は、喜界島が馬の産地であり、そこから馬を導入していたと思われるが、ここの馬も大きくはない。人間が馬を横倒しにして、投げとばせる程度の大きさであり、したがって馬耕もさほど普及していなかったことがうかがえるエピソードである。

　こうした体験をいろんなところで味わっていたが、先に汽車で送っていた自転車の荷台に四台の犂をさしこみ、ペダルをふんでその土地の人のまつ講習会へ向かうときの快い緊張感は今でも鮮やかに思い出すという。

　日の本社が犂作りから耕耘機を作って売り出すようになるのは昭和三十年頃である。その二、三年前が犂の販売の最盛期であったという。

■西田重規と犂耕■

　つぎに私は日の本社の三羽烏のもう一人の方にもお会いできた。熊本市内に住む西田重規さんである。

　西田さんの小さい頃には家に犂耕の大変上手な男衆がいた。小学校からもどるとすぐに彼の飲み水をもって田に行くのが西田さんの常だった。そのうち彼のすいている姿をみて自分もやりたくなった。ちょうど麦刈りの終った五月、切り株がのこる空田を彼にささえられて、はじめて犂を握った。小学校五年のことであった。

次の日は一人でやってみた。犂にひきずられて腰がふらつき、あっち行きこっち行きしたあげくに、馬が犂と西田さんをひきずって田の外に五十メートルほども飛び

馬の調教風景（石塚権治さんのアルバムより）

出してしまった。この時は五日間続けてすかせてもらったという。もとより、子供にとって犂は重すぎ方向転換などできなかった。

明治末に村で行なわれていた秋の競犂会で、西田家の男衆が二等になった。優勝は西山という人であった。西田さんは負けん気の強さも生来のものであったらしい。このとき男衆が一等にならなかったことがくやしく、いつかこの人を負かしたいとひそかに心に期したという。

農学校を卒業した年の競犂会に西田さんは出場した。このとき、その西山さんも出場していたが、彼をぬいて優勝した。これが大正六年のことだという。この競犂会では短床犂の他に長床犂が併用されていて、西田さんは短床犂、西山さんは従来の床の長い犂を使っていたという。

西田さんは十七歳の時、福岡に犂の上手な先生がいるときいて単身犂耕の腕を競いにいった。その先生というのが長末吉であった。

長末吉は阿蘇産の赤牛を出してきた。赤牛を使っての試合は結局西田さんが負けてしまったが、その当時で最新の改良型の犂を一台ゆずってもらい、かついで帰ってきたという。

「なに、馬を使っていたら勝っていたんだが」と後になってそう話されていた。熊本県下は犂を馬に引かせる地域であり、これは他の西日本の地域と慣行を異にしている。西田さんはまだその時は犂を牛につけての耕起はやりなれていなかったのである。

下野《しもつけ》のむらで再び馬耕教師に会う

■十年の年月を経て■

　佐渡から出発して、福岡、熊本へ馬耕教師をたずねて歩いてから、十年ほどの年月が流れた。その間、私は瀬戸内海沿岸、土佐山中などで調査を続けていた。こうした折々に写した犂の写真やカードは、次第に手元にたまってきた。土佐山中では犂のことをウシグワとよんでおり、私は新旧合わせて百台ほどのウシグワの図面をとったり、広島県の山間部では福岡県の礒野犂を解体して、研究を重ねつつ犂を作ったという大工さんのお宅に伺ったこともあった。

　このように調査旅行の先々で、その土地の古い犂の形や、その後明治期からの改良犂の入り方などに興味をもって歩いたが、直接馬耕教師に会って話を聞くことからはしばらく離れていた。今考えてみるとこの十年間に私が主として歩いた地域は、東日本にくらべて犂耕の普及率が高いところであった。手元にある『田における牛馬耕普及率の変遷』（大日本農会刊）をみていると、明治三十七（一九〇四）年の段階で、高知県で約九十五％、香川県で九十九％の犂の普及率を示している。また広島県や山口県も九十％前後の普及率で、山口県の場合などは大正十三（一九二四）年には百％を記録しているのである。このような犂の普及率の高い地帯で、馬耕教師たちはどのような活動をしてきたかということは今後の課題として残った。

■関根貞之亟との出会い■

　昭和五十五年からは栃木県の鬼怒川中流域のむらむらを歩きはじめた。栃木県真岡《もおか》市の市史の調査にたずさわったからである。市史編纂室に集まってきた資料の中に一枚の賞状があった。真岡市荒町の関根貞之亟さんという方が持っておられたもので、その地区の競犂会の優勝の賞状であり、そこに競犂会の審査員としての西田重規さんの名前をみた。

　真岡市は栃木県の南西部に位置する東西南北ともに十二、三キロの市域を有している。市のほぼ中央に小貝《こかい》川の支流である五行《ごぎょう》川が南北に貫通する。その五行川の西岸の一角に関根さんのお宅があった。

　関根さんは、自分と馬耕とのかかわりをとつとつと語りはじめて下さったが、西田さんの名前を出すと目の色が変り、「日本一だなァ、あの先生は」、そういきおいこむように語られた。

　五行川流域はかつては葦の茂る低湿地が点在し、その間に水田が拓かれていた。基盤整理以前は、ドンとふむとまわりの水田の耕土がゆらゆらと動いたという記憶をもっている古老は少なくない。けれども五行川河岸に隣接した一帯だけは、川がはこびくる土砂で微高地が広がっており、そこは水はけがよく、米と麦の二毛作が可能であった。関根さんの家はそこにあり、農地はほとんど

右「中川式犂耕栄号製作所工場之一部」佐渡郡にあった（池田哲夫氏提供）

上　犂の型紙（板）と用材（三重県名張市・高北農具製作所）

●犂の製作所

『農用機具』（森周六著　明文堂刊　昭和十一年）によると、その当時全国に犂の製作所は多く、販売されている犂の種類は150種を越すという。そのうち「五府県以上に普及して居り且つ各博覧会・共進会等でよく入賞する犂を製作する製作者名」として次のような表が付せられている。

犂の名称	製作所製作者住所	氏名
犠野犂	福岡市上土居町	犠野七平
深見犂	福岡市上土居町	深見平次郎
高北犂	三重県名賀郡名張町	高北新治郎
松山犂	長野県小県郡鹽川村	松山源造
長式犂	福岡県糟屋郡多々良村	長末吉
菊住式犂	熊本市琴平町	菊住伊八
日ノ本號犂	熊本県御船町	東洋社
赤プラウ	北海道膽振國伊達町	小西力蔵
岩城プラウ	札幌市南二條東二丁目	岩城農具製作所

犂製作所の大半は規模も小さく、各々の土地を対象にした犂を作っていた。本文でとりあげた佐渡においては、現在わかっているだけで次のような製作所があった。（資料『佐渡牛馬耕発達史』）

郡内犂具製作所		
川原田町田町	三浦忠五郎	馬把
西三川村西三川	浅井浅次郎	持立犂
西三川村西三川	笠井静男	有底犂
羽茂村大橋	中川玉次郎	持立犂
畑野村畑野	内田潤平	持立犂、双用犂
畑野村畑野	中川磯右エ門	持立犂、有底犂
金沢村中興	浦山六右エ門	持立犂、耕具
金沢村平清水	本間武平	持立犂、耕具
新穂村北方	柳島孫太郎他数名	有底犂
二宮村	藤田、関川、両氏	有底犂
吉井村水渡田	土屋仙吉	持立、耕具
吉井村水渡田	渡辺角治	持立犂、有底犂

渡辺氏は有底犂佐州号を製作し郡外へも大量移出している。

がこの微高地上に広がっていた。

明治四十三年関根さんは真岡市荒町で生まれた。父親の代には馬耕はオオガンという在来の長床犂を使っており、それに加えて少し改良を加えた形の犂もつかっていたという。オオガンの改良型は田野《たの》犂（益子《ましこ》町で製作）、ミヤ犂（宇都宮で製作）などと呼ばれるものがあった。

一般に東日本の犂の普及はおくれていたということは前に記した。けれども改良犂普及以前に犂が皆無だったとはいえないようで、関東平野ではオオグワと呼ばれる長床犂が使われていた。これは畑には用いず、また湿田には使えず利用率はきわめて低かったといわれる。

真岡でいうオオガンも在来の長床犂のことである。真岡周辺の江戸時代の文書に「大鍬」とかかれた農具をみることができるが、これもオオガンのことであろうか。

関根さんがはじめて犂を引いたのは大正末の十五歳の時である。母親に鼻どりをしてもらった。鼻どりというのは馬の鼻をとって、馬を誘導することをいい、このため犂を使うときには二人の人手が必要だった。

また農馬は蹄鉄をつけていると田に入

	M37	T 3	T13	S 9	S 21
北海道	60.4	70.2	92.3	99.3	88.9
青森県	30.4	45.7	52.6	70.8	76.1
岩手県	3.2	10.3	44.4	63.0	69.7
宮城県	13.2	45.8	57.1	70.6	76.3
秋田県	12.7	43.3	61.6	79.5	92.5
山形県	29.7	41.1	57.7	66.4	69.6
福島県	6.2	19.5	39.7	55.4	62.8
茨城県	5.1	16.4	28.4	39.6	49.9
栃木県	78.2	80.7	86.5	90.0	63.9
群馬県	88.2	88.3	94.3	92.0	82.4
埼玉県	69.0	70.0	71.7	74.5	71.1
千葉県	21.4	26.1	31.2	47.1	49.0
東京都	33.5	28.4	47.6	36.3	49.3
神奈川県	31.2	28.7	29.0	31.0	30.7
新潟県	5.5	9.9	25.6	47.6	51.8
富山県	75.6	76.7	81.2	87.2	93.4
石川県	15.6	40.3	48.3	53.0	72.0
福井県	28.1	29.1	37.5	47.5	59.9
山梨県	85.1	83.2	90.0	91.3	70.0
長野県	29.8	40.8	68.0	60.4	87.6
岐阜県	33.9	38.2	43.1	54.7	61.4
静岡県	40.5	39.5	45.6	44.8	51.8
愛知県	8.1	11.4	18.2	27.2	42.6
三重県	62.9	64.6	66.0	69.2	59.3
滋賀県	50.4	50.6	50.0	51.3	54.5
京都府	75.4	71.0	71.9	74.4	76.9
大阪府	81.1	95.1	95.6	94.5	95.0
兵庫県	95.0	96.5	95.6	95.7	98.2
奈良県	52.8	54.9	60.2	65.8	79.1
和歌山県	95.4	56.3	95.2	91.7	89.7
鳥取県	96.5	96.5	95.5	93.3	85.8
島根県	51.4	53.9	53.1	58.3	70.0
岡山県	89.5	87.3	85.9	88.2	81.6
広島県	90.8	92.5	93.5	94.2	86.6
山口県	89.3	94.2	100.0	97.0	69.1
徳島県	89.3	94.8	89.6	92.9	94.4
香川県	99.3	99.2	98.0	100.0	100.0
愛媛県	75.8	85.5	86.8	90.7	87.4
高知県	94.9	93.5	93.7	93.5	77.5
福岡県	96.9	97.6	98.2	98.8	92.8
佐賀県	79.0	84.3	86.4	90.2	87.8
長崎県	90.5	90.9	92.5	93.8	84.8
熊本県	98.6	94.9	95.6	93.2	99.8
大分県	91.6	93.3	95.6	94.7	94.9
宮崎県	90.2	91.8	95.7	94.7	93.3
鹿児島県	81.5	90.7	93.1	94.0	91.5
全国平均	53.9	59.9	67.4	74.0	74.8

●田における牛馬耕普及率の変遷

表は明治37年から昭和21年までの水田における黎耕の普及率を示したものである。一般に東日本にくらべて西日本の普及率が高いが、すべての県にいえることではない。滋賀県、奈良県、島根県などの普及率が比較的低いのには、それぞれにどのような背景があったのか、考えさせられる問題である。また東日本の中でも本文中に出てくる新潟県や、岩手県の普及率が低い。信濃川と阿賀野川が流れる越後平野は、近年まで水はけの悪いところであったし、岩手県は本文で語っているように、馬を使って水田を耕すということは考えもしなかったところであったという。細かに数字を追っていくとさまざまなことが推測できる興味深い表である。単位＝%

『日本の鎌　鍬　犂』(大日本農会刊「農会調査農事統計表」および「畜産提要」より作成)

った時に足が土について歩きにくい。蹄鉄をつけないと爪をいためることがあり、そんな馬を運搬に使うときはワラグツをはかせた。農繁期には農家では、馬のひずめを切ったり、手入れをしたりして、「ウマツクリ」をしたものである。その頃は役場からも獣医を手配してむらむらをまわり、馬の具合をみさせていた。ただバンバ(馬車引き用)には蹄鉄をつけたものである。

さて関根さんがはじめて犂を扱った時は、天気つづきで土の状態は硬くもなっており、関根さんにとって満足のいくようなできではなかったという。この時使用したのは田野犂である。改良犂が入ってくるのは昭和四、五年、関根さん二十歳の頃のことである。その改良犂は松山犂(長野県で製作)であった。

■真岡の犂耕講習会■

関根さんがはじめて真岡で犂耕の講習を受けたのは昭和四年の十二月のことである。この講習会の主催者は真岡町農会であり、四、五日ずつ町内で会場をかえながら指導が続けられた。五人ずつで一班を作り、指導者は栃木県農会から派遣された馬耕教師であった。馬は自分の持馬か性のよい人の馬を借り集め、犂は郡の農会とその多くは主催者である真岡町農会が用意した。こうして集められた犂は礒野犂、深見犂(いずれも福岡で製作)であったという。

このときの犂法は盛上げ耕といって、すいていくと土が左側に反転してうねを高く作る方法であった。うねを作る時に使う型の犂は単用犂といい、反転板の向きは一方のみに固定されていた。この他反転板の向きを手元の操作で変換できる双用犂があり、これは主に高いうねを作らない平面耕に使われていた。長野県の松山犂がこの双用犂に力を入れており、真岡でも水はけのよい田では双用犂による平面耕がまず普及した。関根さんがまずさいしょに松山犂を使っていたのはそんな理由による。

また鼻どりをつけずにすますことも講習のひとつの目的であった。

関根さんは昭和初期から現在までずっと農事日記をつけておられる。その記述は簡潔であるが具体的である。この講習の日の日記には、

「昭和四年十二月十四日　曇　犂耕伝習会、始メニテ東光寺小林方ニテ耕具ノ作製スル　青年、処女会、公民学校、六十余名出席スル　煙草ノ葉ケスル」

当時農業を志していた若い人々のほとんどが犂耕伝習会に関心を示していたことが、この短い文章からうかがうことができる。ちょうどこの頃は稲刈りもすでに終り、秋に干しあげた煙草の葉の選別作業の最中のことである。

犂耕伝習会。栃木県真岡市

関根さんは講習を受けたあと、馬耕教師の手伝いを頼まれて歩くこととなる。その馬耕教師は年配の先生で大森利三郎といった。

こうして、逆川《さかがわ》（芳賀郡茂木《もてぎ》町）、清原（宇都宮）、瑞穂（宇都宮）、国分寺（下都賀郡）、そして真岡市内をまわった。

しかし湿田は骨が折れた。旅先では湿田をあてがわれ、荒馬で引かねばならぬときもあった。

■関根さんと西田さんの出会い■

熊本県日の本社の専任技術員だった西田さんがはじめて真岡へ派遣されたのは昭和九年、関東競犂大会直前だったという。関根さんは当時、持立犂を使う茨城県の二人の先生についていた。関東大会には地元からは男三人、女二人の計五人が出場した。真岡市内では、昭和十年近くになると競犂会も女子の参加がとくに目立ってきた。これはおそらく戦時下に向けての国策の一つであったと思われる。

西田さんはその出場者の二人の女子を指導したという。使った犂は日の本犂で、その指導をしている様をそばでみていた関根さんは思わずみとれてしまった。それほどすばらしいすき方だったという。そして、父が茨城県からこの試合のために新しく買ってきてくれた持立犂は使わず、西田さんのもってきた日の本犂を使って出場したという。

日の本犂は耕す深さの具合、すいていく幅の具合の調

節が前述したようにナットで可能だった。持立犂はそれを木のクサビを使って行なわなければならず、そうした造りの面からもはるかに優っていた。

この関東大会の二年前、昭和七年、東洋社（＝日の本社）の講習会に出席してくれないかと関根さんに声がかかった。鈍行を乗りつぎ、二日間かかって熊本に着いた。運賃は往復十二円であったという。帰途は疲れたため岡山で降りて後楽園を見学し、それから急行で帰ったという。このため帰りは一円余分に払っていた。

日の本社では講習生のために旅館を用意し、宿泊代、食事代、そして講習料はもとよりとらず、汽車賃のみが自己負担だった。講習生の数は五、六十人ほどで、その人々は全国に広がった日の本社の代理店の所在地から来ている人が多かったという。

前述したように熊本では犂をひかせるのは牛ではなく、馬が多かった。馬は日の本社が用意し、交替で実習をうけた。

犂の講習会には日の本社だけではなく、昭和十年には三重県の高北農具製作所からも招かれて行った。そしてその年には高北から頼まれて高知県後免（南国市）の農業試験場に行った。ちょうど土讃線が開通した年であったという。土佐の三千町歩の二期作地帯の収穫がふるわないということで高知の農業試験場が高北にたのんだものであったらしい。

関根さんが行って驚いたことに、まだ在来の長床犂をつかっていたという。また高知は他地域と違って、在来犂の反転が右方向という特色をもった地である。高北農具製作所では、それにあわせて右反転用の犂を作り、ここに送っていた。関根さんは、真岡ではまず松山の双用犂を使っていたため、反転の方向は関係なくすきこなせたという

■農民の血をわかせた競犂会■

競犂会においては一人当五畝、三十間×五間の田があてがわれる。その中に幅六尺のうねを五本盛りあげる。これは正条植の稲株の間隔をもとにして決めたという。まず三回往復して中心をならし、そのあとさらにうねをたてる。これには持ち時間が決まっていて、おくれると減点された。腕がせりあって優劣つけがたいときには耕盤審査ということを行なった。これは五本のうねの断面をみて耕した深さが一定しているかどうかを審査することである。

耕耘機を買ったのは昭和三十年。近郷では一番早かったという。このころまでは競犂会があって、その年には自分の子供も大会にでた。昔は耕耘機を西洋犂といっていたが、もう西洋犂の時代だと思った。

「馬耕競犂は今のスポーツみたいな面がありましたね。それに自信をもってくると人の前ですいてみたくなるんです」

関根さんのお宅をおいとまするときの、それがさいごのことばだった。関根さんも馬耕技術に情熱をもやしていどんだ一人だったことは、そのときの熱気をおびたまなざしが語っていた。それは話し始めたときとは別人の

もののようであった。

この稿を書いている最中に『真岡市史』（第四巻、近現代史料編）が送られてきた。その中に次のような資料があった。

「馬耕競技会の名目で示威運動

「社会運動通信」昭和七年四月一日

南高根沢村の

栃　争議団デモる

木　四名検束さる

二十三日芳賀郡南高根沢村大字芳志戸地主塩口豊一郎対小作人の小作軽減問題で先頃よりごたついて居たが、芳賀郡農民組合員二百名、塩谷郡農民組合員数十名が応援し、同字内馬耕競技会の名の下に示威運動をしたので、真岡署より警部補二名、巡査部長三名、巡査二十名が朝の十時頃より警戒につとめたところ、農民組合員等は赤旗を押したて労働歌を合唱し、警官の制止を聞かないので、結局芳賀郡大内村大字堀内柳政一（二十七）、真岡町大字亀山柳治吉（二十一）、山前村大字西田井細谷庄助（五十五）、七井村大字北中矢口鉄男（二十一）の四名を真岡署に検束し、午後四時頃解散した」

真岡市五行川流域の田園風景。今日では耕耘機が活躍している

当時は小作農家の集会にも強い規制がかせられていた時期であった。そのような社会情勢の中でも、犂競技会は依然として行なわれていた。農業は国の基、という考え方が根底にあったにせよ、犂耕は単に普及しつつあった農業技術のひとつというだけでなく、農民の一人一人に何か血を沸かせるものがあったのだろうか。

■馬耕教師の活力の源泉は■

これで馬耕教師とよばれる人々をたずねた私の旅の報告を終えたいと思う。仕事の合間をぬっての断続的な旅であった。しかしこの旅を続けてこられたのは、今まで述べてきたように、人と技術のあり方や関り方を、犂耕という農業技術を通してかいまみることができたからであり、また、どの馬耕教師も犂の話になると、熱気をおびてくるその語り口に、魅入られてしまったからである。明治という時代が始まったとき、多くの人々はその新しい時代に期待したのだと思う。その期待とは、自分達の意志や行為が無視され空転して消えることなく、生かされていく時代がきた、との予感の上に立っていたのではないかと思う。

そして人々が時代に対して感じた手ごたえが、あの時代のもつ若々しさを形成していたように思う。その期待がそののち次第に風化し、潰されることがあったにせよ、旅をしているとそう思わねば理解できにくい人々の動きにぶつかることがある。

明治になって、全国的に農談会という篤農家の組織が

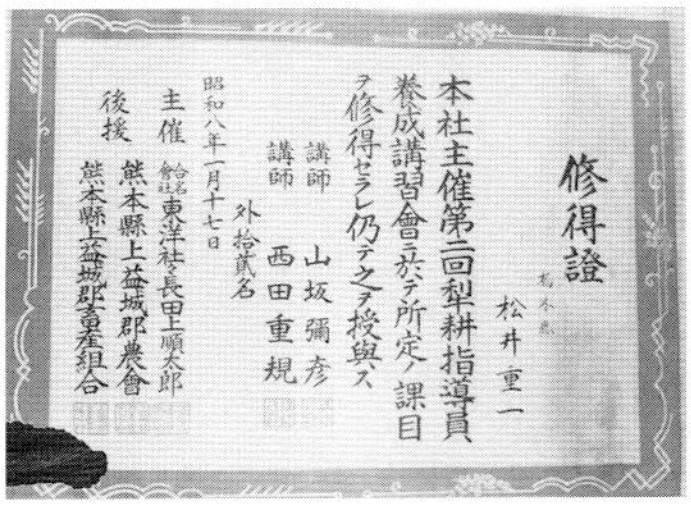

牛馬耕競犂会賞状（昭和５年）と犂耕指導員養成講習会修得証
（昭和８年）いずれも栃木県真岡市

作られ、農業技術の交流が活発になり、その動きのなかでいわゆる三老農（船津伝次平、奈良専二、中村直三、あるいは林遠里）と呼ばれる人々が新しい農業技術を広めていく。農業生産力の増進は、その当時の政府がなによりも力を入れていた施策のひとつであり、こうした動きをその延長線上でみることもできる。けれどもその施策に応ずる人々の対応のなかに、時代への大きな期待があったのではないかと思う。それほど犂耕指導にたずさわってきた人々の中に大きな夢と情熱を感ずるのである。

抱持立犂を東日本に普及した勧農社の中心人物である林遠里は、この三老農の一人になる。やがて短床犂が考案され、犂メーカーが続々とでき、それらが会社組織へと変わっていく。けれども会社に属しながらも、犂を広めていった人々の動きのなかにある気負いや意気ごみ、またそれを受け入れる人々の対応のなかに、営利的な要素とはまた違ったものがあることを強く感ずる。

あるいは、ことが技術に関るものだからだろうか、田畑の土をよりこまやかにより深く耕すという技術はそのまま農業における生産力の増加を意味し、馬耕普及の動きも犂耕競技会にみられるように国や県・郡などの行政体も関与するようになっていった。犂の普及のピークが昭和十年すぎと昭和二十五年から二十八年頃に二つの山があることは、そのまま当時の社会状況を反映していよう。前者はおそらく昭和恐慌での農村の経営の省力化をはかる意図があったと推察される。後者は農地改革後、自作農化がすすみ農家にある程度の余力ができたのに加え、食糧増産という大きな時代のうねりとも、深い関連をもっているのではないかと思われる。

けれども心身ともに馬耕にうちこんできた人たちの犂に対す態度は意外にカラッとしていたのではないかと思う。なぜなら、これまでに書いたように、はじめて耕耘機を目にした馬耕教師の人達は、例えそれが稚拙な段階のものであれ、あっさりと兜をぬいでいるからである。技術を広めることに打ちこんだゆえに、その技術の限界も、次の時代の予感もわきまえていた人々の姿をみる思いがする。

私がお会いして話を伺った十人近い馬耕教師の方々に共通していることは、どんなに苦労した話をされても、自分があゆんできた足跡をふりかえる明るさと、歯切れのよさとを一貫して表現されていたことである。だから古老の回顧談を伺うという趣ではなく、現役の人間のもつ勢いや張りが、お宅を辞すときに印象としてのこった。このことも、この人々が犂に対して情熱をもってとりくみつつも、あくまで一つの技術として、気持の底では冷静にとらえていたからではないかと思う。

また私の旅の途上で熊本で西田さんに会い、さらにその教えをうけた関根さんに栃木県で会ったことは、決して偶然ではないような気がする。農業技術を軸に全国的な規模でさまざまな交流が行なわれていた時代があった。その人的なつながりは日本各地に広く及んでいた、というふうに考える方が自然ではないかとも思う。

さらに在来犂から短床犂への犂の発展段階にしても、大まかに言いきってしまえば、それはいわゆる東日本を中心とした流れであり、西日本は明治以前から各々の土地に応じて使いわけられており、こまやかな使い分けが成り立っていた。それゆえに短床犂普及後も、従来からの犂を使っていた例は多い。抱持立犂は五島列島から北九州の畑において耕耘機が入るまで、よく使われていたし、佐賀はまた独自の犂の技術が成立していた。

近代の犂の発展のありかたは改良犂を次から次へと導入した地域もあれば、西日本で強くみられる多彩な犂の形状が並行した形で存在している地域もある。これはおそらくひとり犂のみでなく技術のありかたをみていく上で、私にとってきわめて大きな示唆をこれから与えてくれることのように思う。

技術をもった「旅人」を追うことは——それがどんな形態をとるにせよ——どうしてこんなにおもしろいのだろうか。

＊お断り＊原本に掲載されていた「佐渡にはいった犂のいろいろ」の写真一二点は、本稿では省いています。

上は古志郡荷頃村の講習会、　下は調教中の石塚さん（いずれも石塚さんのアルバムより）

著者あとがき

無人島開拓記―その頃その後

稲垣尚友

二九年前に書いた自著を読み返してみた。この間、一度も目を通すことがなかった。後ろ髪を引かれながらも、振り向かないように言いきかせていたむきがある。いまそれが無駄な抵抗であったことを知り、苦みが走る。

*

わたしは現在六十九歳であるから、本文を書いたときは四十歳である。その五年前に島暮らしを離れて、関東の山地で竹細工を生業として暮らしていた。三人の幼子の父親でもあった。カゴ・ザルの類を作っていながらも、島のことが頭から離れない。二十二歳から三十五歳までの間、島のことしか頭にないような日常であったから、五年の期間では余熱までは冷却しきれなかった。身にまとっていたモロモロを廃棄処分にできないまま、島を引き揚げてきたのだった。ふんぎりの悪さを責めてもしかたがない。宿癖とでも言うものであろうから。

モロモロのひとつに藤井富伝がある。富伝の伝記をまとめようという欲にからめとられてはいなかったが、還暦に近い高齢者が命がけで無人島に向かう姿に惹かれていた。わたしが離島後であるが、富伝を顕彰した笹森儀助の文章に触れる機会があった。『十島状況録』という本を読み進んでいくうちに、諏訪之瀬島で耳にする富伝像が少しずつずれていく。

気がかりは尾を引いた。富伝を直接知っている人びとが次々に他界してしまえば、笹森儀助の富伝像がこの世でもっとも信頼できる文書となるだろう、と想像した。世の中の伝記のたぐいに思いが走った。読む側の無知も手伝って、書き手の自在が許されるのなら、これは虚構である。虚構として楽しめばいいのだが、読み手はそうはとらない。「事実の重み」を求めているのである。

そんなモヤモヤを晴らせないでいるときに、『あるくみるきく』の編集者がわたしの取材原稿を掲載してくれると申し出てくれた。その結果はご覧の通りである。筆者本人は次なる行動を頭の中に描いているにしても、結末を後送りにした不親切が目立つ。

*

富伝の居丈だかな日常は、開拓に賛同して同行した士たちの間では、自明のことであった。体力もあり、気力も充実していた富伝が先導者として働いたのはよく分かるが、協業しているという意識が希薄だったのかも知れない。だからであろうか、海を見下ろせる高台に独り建つ富伝の墓を詣でたわたしに、「諏訪之瀬島を開拓したのは、富伝ひとりではないんですよ」と、トゲのある声が背後から投げかけられた。儀助の報告文を読む限りでは、富伝は諏訪之瀬島の開拓に心血を注いでいる。その動機は、島周辺の海で難破した船を救助するためであり、大島の過剰人口の殖産の道を開くためであった。そのことは事実であろうとも、それだけではなかったのではなかろうか。

また、諏訪之瀬島に同行している実兄の喜祖富にいたっては、鍬を握った姿を記憶していない、と孫が証言している。そのことと「開拓」という文字とがつながらない。孫の証言には説得力がある。刀が汚れることを理由に、馬の蹄でヤンチュという名の農奴を蹴り殺すことを思いついた喜祖富が、維新後は精神的に追いつめられる身となり、声を潜めるようにして暮らしていた。ヤンチュ解放令が出されて以降、旧支配層への恨みが集中したのである。喜祖富は丸木舟で鹿児島に向かうおり、途中の島に漂着したのを機に、大島や諏訪之瀬島の縁者や知人への連絡をいっさい断った。

孫のコトバを借りれば、「開拓に行ったのは役人崩れ」がほとんどであり、田畑をまったく所有していないヤンチュ階級はいなかった可能性が高い。開拓を前にして、自前で用意しなければならない物も多かった。皆が共同出資して食料や舟を準備した。また、借入金も多いのだが、それには各自が所有財産を担保に入れている。財産らしきものを持っていないヤンチュが参入できる道は閉ざされている。声も掛けなかったことだろう。開拓の事実は明らかだが、維新後の旧支配層の精神構造も知りたい。そんなあれこれを調べなければ、本文は先に進まない。

わたしは、こうした宿題を抱えたままの日々を、「後ろ髪を引かれながら」過ごしてしまった。思い返すたびに「やりのこしたままだ」という苦みが走る。同時に、二九年もの時間を重ねると、その事実を丸ごと受け止めようともする。開き直りではないか、と詰問されれば反駁はできないが。

*

文字記録が残されるか残されないかは偶然が作用している。世界に冠たる文字記録の王国は中国大陸であるが、うち続く戦乱で焼失したものも多い。万葉歌人の山上憶良の愛読書である『遊仙窟』は唐代初期に書かれた小説であるが、これは大陸には伝わっていない。日本には刊本や写本を合わせると数冊が現存する。

卑近な例であるが、わたしは一九七〇年代に『臥蛇島金銭入出帳』という孔版本を作ったことがある。これは無人島になった島の総代が預かっていた大福帳の復刻である。全島民が島を離れる直前に、世話人が古い島の記録を風呂の焚き物として処分していた。たまたまその現場を目撃したわたしは、いまだ灰燼に帰していない木箱の中の書類を貰い受けて、それを時間をかけてまとめることにした。先の本の次には『臥蛇島部落規定』が生まれた。それらの記録がどのような使い道があるのかないのかは、後日の判断にまかせることにした。

同じ処分書類でも、違った道を歩んだものもある。巻紙にしたためられた書簡があった。達筆な毛筆の文面は、明治十年の西南戦役に出征した臥蛇島の若者が島に送ったものであった。「武（たけ）」駅逓からの発信であった。現在のJR鹿児島中央駅の以前の名は西鹿児島駅であった。さらに前は武駅と言った。周辺の地名はいまでも「武」である。そこが出征兵の集結地であったのだろうか。

西郷軍は旧武士階級で固められていたから、この出征兵士も恐らくは、遠島人として島流しにあった当人かその子孫であろう。遠島人は島津の政治犯がほとんどであったから、武士階級に属していた。わたしはこの巻紙の内容を文字記録に写し替える予定でいた。それが、自宅の失火のあおりを受けて灰燼に帰したのである。貴重な歴史遺産が消えた瞬間であった。

*

富伝や喜祖富の事跡を知る人はもはやこの世にはいない。足跡を消すようにして生きた喜祖富にいたっては、文字資料が発掘される可能性は少ない。二九年前であれば、まだ、何かを誰かから聞き出せたかもしれない。いまとなっては手遅れである。そう思うとき、「人間に怠惰はつきもの」という個人の感慨と、後世に伝わる文字記録は偶然の産物であるという思いを強くした。

著者・写真撮影者略歴

（掲載順）

宮本常一（みやもと　つねいち）
一九〇七年山口県周防大島の農家に生まれる。大阪府立天王寺師範学校卒。柳田國男の『旅と伝説』を手にしたことから民俗学への道を歩み始め、一九三九年に上京し、渋沢敬三の主宰するアチック・ミューゼアムに入る。戦前、戦後の日本の農山漁村を訪ね歩き、民衆の歴史や文化を膨大な記録、著書にまとめるだけでなく、地域の未来を拓くため住民たちと語りあい、その振興策を説いた。一九六五年武蔵野美術大学教授に就任。一九六六年、後進の育成のため近畿日本ツーリスト（株）・日本観光文化研究所を設立し、翌年より月刊雑誌「あるくみるきく」を発刊。一九八一年没。著書『忘れられた日本人』（岩波書店）、『日本の離島』、『宮本常一著作集』（共に未來社）など。

須藤　功（すとう　いさを）
一九三八年秋田県横手市生まれ。川口市立県陽高校卒。民俗学写真家。一九六六年より日本観光文化研究所所員となり、全国各地歩き庶民の暮らしや祭り、民俗芸能の研究、写真撮影に当たる。日本地名研究所より第八回「風土研究賞」を受賞。著書に『西浦のまつり』（未來社）、『花祭りのむら』（福音館書店）、『写真ものがたり　昭和の暮らし』全一〇巻、『大絵馬ものがたり』全五巻（共に農文協）など。

近山　雅人（ちかやま　まさと）
一九五二年山梨県生まれ。写真家。東京工業大学像情報工学研究施設修了。日本観光文化研究所主催の「あむかす探検学校」への参加を機に所員となり、『あるくみるきく』他の研究所関連の写真撮影に携わった。著書に『新版　カメラマン手帳』（朝日新聞社）がある。

稲垣尚友（いながき　なおとも）
一九四二年東京生まれ。二十二歳から日本各地を歩き回る。歩くなかで学んだものを手書きの孔版本（『十島村の地名と民俗』他）にして記録し続ける。その後、活字本（『山羊と芋酎』未來社他）も上梓する。最新作は『灘渡る古層の響き―平島放送速記録を読む』（みずのわ出版）。

青木　章（あおき　あきら）
一九四八年島根県生まれ。立正大学文学部地理学科卒。トカラ列島諏訪之瀬島の火山をベースに桜島、雲仙、三原山他の列島の活火山を訪ね、五感による独自の火山観測を続けている。本業として出雲市で燻製屋「スモークハウス白南風」を経営。著書に『火山は生きている』（あかね書房）がある。

高木泰伸（たかき　たいしん）
一九八一年熊本県山鹿市生まれ。広島大学大学院文学研究科博士課程前期修了。〇九年四月より周防大島文化交流センター学芸員。福山市史編さん専門委員、山口県史編さん調査委員。編著書に『宮本常一農漁村採訪録12　淡路沼島調査ノート』（周防大島文化交流センター）、『宮本常一離島論集』第五巻（みずのわ出版）など。

高松圭吉（たかまつ　けいきち）
一九二〇年高知県生まれ。東京農業大学農業経済学科卒。戦後、新自治協会に関係し、宮本常一と全国を農業指導に歩く。一九四九年より東京農業大学で農村社会学を講じ、五四年より（財）林業金融調査会の理事研究員として林野政策、山村振興等の提言を行なう。六七年相模女子大学教授。九四年学長として同大を退官。宮本常一没後、日本観光文化研究所所長に就任。二〇〇五年没。著書に『米良―九州の山里』（そしえて）、監著に『日本人の生活と文化』全十二巻（ぎょうせい）など。

田村善次郎
本巻監修者。監修者略歴に記載。

岡村　隆（おかむら　たかし）
一九四八年宮崎県小林市生まれ。法政大学文学部卒。法大探検部ＯＢ。四〇年近く続くスリランカ、モルディブの遺跡探検の傍ら、日本観光文化研究所で『あるくみるきく』などの編集に関わったのを機に編集者、作家の道へ。月刊『望星』編集長などを経て現在は東海教育研究所常務取締役。著書に『モルディブ漂流』（筑摩書房）、『泥河の果てまで』『狩人たちの海』（共に早川書房）など。

山崎禅雄（やまさき　ぜんゆう）
一九四三年島根県桜江町生まれ。早稲田大学第一文学部史学科前期博士課程修了。日本観光文化研究所の『あるくみるきく』編集長も務めた。同研究所閉鎖後、帰郷し日笠寺住職。桜江町「水の国」初代館長、江津市教育委員長等を歴任。著書に『水の力―折々の表情』（淡交社）など。

印南　悠子（いんなみ　ゆうこ）
一九五二年岡山県生まれ。武蔵野美術大学造形学部美術学科油彩専攻卒。日本観光文化研究所では庶民信仰をテーマに、埼玉（寄居）・東京（府中）・宮崎県（米良）などで調査。論文に「寄居町町場の信仰」「正月のコロガキ」（共に日本観光文化研究所刊）など。

香月洋一郎（かつき　よういちろう）
一九四九年福岡県生まれ。一橋大学社会学部卒業。日本観光文化研究所所員を経て、八六年から神奈川大学経済学部助教授、日本常民文化研究所所員。九五年から〇九年まで同教授。専攻民俗学。著書に『景観のなかの暮らし―生産領域の民俗』『山に棲む　民俗誌序章』（共に未來社）、『海士のむらの夏―素潜り漁の民俗誌』（雄山閣）など。

谷沢明（たにざわ　あきら）
一九五〇年静岡県生まれ。法政大学大学院修士課程修了。博士（工学）。日本観光文化研究所所員を経て、現在、愛知淑徳大学交流文化学部教授。著書に『瀬戸内の町並み―港町形成の研究』（未來社）、『栖川村史』（共著）、『瀬戸田町史』（共著）、『東城町史』（共著）など。

賀曽利　隆（かそり　たかし）
一九四七年東京都生まれ。バイクライダー・ライター。二十歳でアフリカを一周。六度の日本一周をはじめ、一三三ヵ国、一二〇万キロを走破。サハラ砂漠、シルクロード横断など、バイクで世界各地の人や文化に出会う旅を続けている。著書に『三〇〇日三〇〇〇湯めぐり』（昭文社）、『世界を駆けるぞ！』全四巻（フィールド出版）など。

工藤員功（くどう　かずよし）
一九四五年北海道生まれ。武蔵野美術短期大学芸能デザイン学科専攻課修了。日本観光文化研究所員、武蔵野美術大学美術資料図書館民俗資料室専門職を経て、現在は武蔵野美術大学非常勤講師（民俗学）。著書に『日本人の生活と文化6　暮らしの中の竹とわら』（ぎょうせい）、共著に『民族文化双書2　琉球諸島の民具』（未來社）、『絵引　民具の事典』（河出書房新社）など。

森本　孝（もりもと　たかし）
一九四五年大分県生まれ。立命館大学法学部卒。日本観光文化研究所では漁村調査等に従事。平成元年から途上国の水産・漁村振興計画調査に参画。この間、水産大学校教官、周防大島文化交流センター参与を務めた。著書・編著に『舟と港のある風景』（農文協）、『鶴見良行著作集フィールドノートⅠ・Ⅱ』（みすず書房）、『宮本常一写真図録Ⅰ、Ⅱ』（みずのわ出版）など。

伊藤碩男（いとう　みつお）
一九三三年東京生まれ。一九五七年映像技術集団「葦プロダクション」を創設し、岩波映画などで照明技師として活躍。姫田忠義と共に「民族文化映像研究所」を創立し、記録映画の撮影・演出・編集を担当。日本観光文化研究所同人で、『あるくみるきく』の名付け親。現在はフリーランス。

香月節子（かつき　せつこ）
一九四五年福岡県生まれ。武蔵野美術短期大学卒業。専攻・民俗学。著書・共著に『むらの鍛冶屋』（平凡社）、『鉄と火と技と―土佐打刃物の今―』（未來社）、『土佐打刃物―伝統的工芸品産地指定にともなうプロセスと活動報告』（編著　高知県土佐刃物連合共同組合）など。

監修者略歴

田村善次郎（たむら　ぜんじろう）

一九三四年、福岡県生まれ。一九五九年東京農業大学大学院農学研究科農業経済学専攻修士課程修了。一九八〇年武蔵野美術大学造形学部教授。武蔵野美術大学名誉教授。文化人類学・民俗学。

大学院時代より宮本常一氏の薫陶を受け、国内、海外のさまざまな民俗調査に従事。『宮本常一著作集』（未來社）の編集に当たる。著書に『ネパール周遊紀行』（武蔵野美術大学出版局）、『棚田の謎』（農文協）ほか。

宮本千晴（みやもと　ちはる）

一九三七年、宮本常一の長男として大阪府堺市鳳に生まれる。小・中・高校は常一の郷里周防大島で育つ。東京都立大学人文学部人文科学科卒。山岳部に在籍し、卒業後ネパールヒマラヤで探検の世界に目を開かれる。一九六六年より近畿日本ツーリスト・日本観光文化研究所（観文研）の事務局長兼『あるくみるきく』編集長として、所員の育成・指導に専念。

一九七九年江本嘉伸らと地平線会議設立。一九八二年観文研を辞して、向後元彦が取り組んでいた「（株）砂漠に緑を」に参加し、サウジアラビア・UAE・パキスタンなどをベースにマングローブについて学び、砂漠海岸での植林技術を開発する。一九九二年向後らとNGO「マングローブ植林行動計画」（ACTMANG）を設立し、サウジアラビアのマングローブ保護と修復、ベトナムの植林事業等に従事。現在も高齢登山を楽しむ。

あるくみるきく双書
宮本常一とあるいた昭和の日本 3 九州 2

2011年10月30日第1刷発行

監修者　田村善次郎・宮本千晴
編　者　森本　孝

発行所　社団法人　農山漁村文化協会
郵便番号　107－8668　東京都港区赤坂7丁目6番1号
電話　03（3585）1141（営業）　03（3585）1147（編集）
FAX　03（3585）3668
振替　00120（3）144478
URL　http://www.ruralnet.or.jp/

ISBN978－4－540－10203－5

印刷・製本　（株）東京印書館

郷土の歴史・文化・資源を生かし内発的地域振興策を考える農文協の本
＜九州＞

人間選書149
ふるさとを忘れた都市への手紙
宮崎日日新聞社報道部ふるさと取材班著　1419円＋税

いま中山間の村は、地域社会の確実な崩壊につながる新たな過疎に直面している。地方紙の若い記者たちが、5つの村に泊り込み、同じ目の高さで、残された老人の生活、懸命に活性化に取り組む若者の姿をリポート。

人間選書197
タイの田舎から日本が見える
山下惣一著　1571円＋税

農民作家惣がタイの農民を訪ね歩く。「日本の台所」だったタイは一気に工業化の道を突っ走り、農村の男たちは海外出稼ぎに出かけ、森を追われた山間民族の娘たちはバンコクや日本で春をひさぐ。急激な近代化に翻弄されるタイ農村と日本の間を考える。

日本の食生活全集　全50巻
各巻2762円＋税　揃価138095円＋税

各都道府県の昭和初期の庶民の食生活を、地域ごとに聞き書き調査し、毎日の献立、晴れの日のご馳走、食材の多彩な調理法等、四季ごとにお年寄りに聞き書きし再現。地域資源を生かし文化を培った食生活の原型がここにある。

●福岡の食事　●佐賀の食事　●長崎の食事　●熊本の食事　●大分の食事　●宮崎の食事　●鹿児島の食事

江戸時代 人づくり風土記　全50巻（全48冊）
揃価214286円＋税

地方が中央から独立し、侵略や自然破壊をせずに、地域の風土や資源を生かして充実した地域社会を形成した江戸時代、その実態を都道府県別に、政治、教育、産業、学芸、福祉、民俗などの分野ごとに活躍した先人を、約50編の物語で描く。

●福岡　3333円＋税　●佐賀　4286円＋税　●長崎　4286円＋税　●熊本　4286円＋税
●大分　4286円＋税　●宮崎　4286円＋税　●鹿児島　4286円＋税

写真ものがたり　昭和の暮らし　全10巻
須藤功著　各巻5000円＋税　揃価50000円＋税

高度経済成長がどかどかと地方に押し寄せる前に、全国の地方写真家が撮った人々の暮らし写真を集大成。見失ってきたものはなにか、これからの暮らし方や地域再生を考える珠玉の映像記録。

①農村　②山村　③漁村と島　④都市と町　⑤川と湖沼　⑥子どもたち　⑦人生儀礼　⑧年中行事　⑨技と知恵　⑩くつろぎ

シリーズ 地域の再生　全21巻（刊行中）
各巻2600円＋税　揃価54600円＋税

地域の資源や文化を生かした内発的地域再生策を、21のテーマに分け、各地の先駆的実践に学んだ、全巻書き下ろしの提言・実践集。

[1]地元学からの出発　[2]共同体の基礎理論　3自治と自給と地域主権　[4]食料主権のグランドデザイン　5土地利用型農業の担い手像　[6]自治の再生と地域間連携　[7]進化する集落営農　8地域をひらく多様な経営体　[9]地域農業の再生と農地制度　10農協は地域になにができるか　11家族・集落・女性の力　[12]場の教育　13遊び・祭り・祈りの力　14農村の福祉力　15雇用と地域を創る直売所　[16]水田活用新時代　[17]里山・遊休農地をとらえなおす　18林業―林業を超える生業の創出　19海業―漁業を超える生業の創出　20有機農業の技術論　[21]百姓学宣言
（□巻は平成二三年一〇月現在既刊）